二十一世纪新闻传播学丛书

传播学原理

石庆生 著

安徽大学出版社

图书在版编目(CIP)数据

传播学原理/石庆生著. —合肥:安徽大学出版社,
2001.12(2018.8重印)
(二十一世纪新闻传播学丛书/芮必峰主编)
ISBN 978—7—81052—484—1

Ⅰ.①传… Ⅱ.①石… Ⅲ.①传播学—高等学校—教材
Ⅳ.①G206

中国版本图书馆 CIP 数据核字(2001)第 083181 号

该书得到安徽大学"211 工程"学术出版基金资助

二十一世纪新闻传播学丛书
传播学原理　　　　　　　　　　　　　石庆生　著

出版发行	安徽大学出版社	**印　刷**	安徽昶颉包装印务有限责任公司
	(合肥市肥西路 3 号 邮编 230039)	**开　本**	850×1168　1/32
联系电话	编辑部 0551—65108223	**印　张**	8.25
	发行部 0551—65107716	**字　数**	206 千
E-mail	zlqemail2008@126.com	**版　次**	2001 年 12 月第 1 版
责任编辑	朱丽琴	**印　次**	2018 年 8 月第 6 次印刷
封面设计	张　犇		

ISBN 978—7—81052—484—1　　　　　　　　定价 26.00 元

如有影响阅读的印装质量问题,请与出版社发行部联系调换

编委会名单

主　编　芮必峰

编　委　吕　萌　刘国华　蒋含平

　　　　周家群　孔正毅

关于新闻学理论研究历史与现状的对话
——代总序

　　新闻学多年来似乎处于一种在理论上无法深入、在学科体系上无法完整建构的尴尬境地,尽管近年来不少学者从不同研究视角对此进行了大量有价值的探讨,然而,这种尴尬的状况并没有在整体上有根本性的改变。因此,从历史与现实的双向度上对新闻学进行重新审视,寻求新闻学健康发展的道路,已是许多学者的共识。作为我国著名的新闻史学家,宁树藩教授在多年潜心研究新闻史的过程中,积极探索新闻传播的客观规律,形成了史论结合、以史带论的研究风格和治学特点,从新闻传播的历史演进出发,对新闻本体进行了深入研究,提出了"新闻是经报道(或传播)的新近事实的信息"的重要论点;之后,又对新闻学的本质和新闻学理论体系的建构进行了历史和逻辑的抽象和反思,具有独到的见解。芮必峰是目前十分活跃的中青年新闻学理论研究群体中的一员。本文不仅仅是芮必峰就新闻学理论研究历史与现状的种种问题对宁树藩教授的访谈,而且也能从某些方面体现出两代新闻学理论工作者在这些问题上的思想沟通与互动。现用不同字体表示两人问答情况。

问:在您为黄旦所著《新闻传播学》所作的序中,提出了"两种新闻学"的观点,认为"一是以新闻传播为研究对象而形成的,这可以说是本来意义上的新闻学;一是以报纸等新闻媒介的活动为研究对象而形成起来的,无以名之,姑称之为广义新闻学"。为什么要作如此划分?这样的划分对新闻学的理论研究有何重要意义?

答:新闻学研究是随着新闻事业的形成和发展而展开的。我觉得,一门独立学科应有自己的理论体系,而理论体系的建立应基于该学科基础理论部分的学科体系。就新闻学而言,则是基于"理论新闻学"的学科体系。然而,无论我国还是西方国家,"理论新闻学"都还没有形成较完整的理论体系。从我国现有的比较有代表性的新闻学著作来看,一方面在"新闻学"这一名称下,随着媒介的不断发展,研究的外延也在不断扩大;另一方面,对新闻学这一学科自身理论的探究,在现有的研究框架里,内涵却无法深入。作为基础理论部分的"理论新闻学",一些基本概念上的逻辑混乱始终在不同程度上存在,而且越是深入研究下去,问题越多,逻辑上越是混乱。在西方媒介发达国家,新闻学研究也存在同样问题。

我在学习和研究中也有同感。与其它社会科学相比,新闻学似乎在理论层面上始终存在着一些无法自圆其说的混乱。我国新闻学的基础理论体系基本上是在传统的"新闻活动——新闻事业——新闻工作"的研究框架中展开,一些基本的概念和范畴的界定缺乏应有共识,更别说有相对认同的理论体系了。这是否与研究的思路或框架有关?"两种新闻学"的划分是不是为了从根本上解决这一问题?

造成这种理论上的混乱局面,原因非此一端,在我看来,一个重要方面是在于没有从观念上区分"两种新闻学"。比如说,作为基础理论的新闻学,其研究对象究竟是什么?是以报刊、广播、电视为代表的新闻传播媒介的内容、结构、功能与运用方式呢,还是新闻传播的自身规律?如果是前者,新闻学当是目前这种局面,很难建立起自身的理论体系。因为媒介传播的内容庞杂、结构多样、功能广泛,运用方式也多有不同,许多方面并不等同于新闻传播自身的规律,而是与新闻传播的自身规律并行发展,或是其它学科规律在媒介传播中的具体体现。其相互之间并无必然的内在逻辑联系。如对于一张报纸或一家电视台来说,除新闻外,传播的内容还有娱乐、教育、广告等等,这些内容的传播规律与新闻规律并不相同,放在一起研究,自然没有相同的逻辑起点,也就无法建立起科学的理论体系。我认为,我们能够建构起一个科学的新闻学理论体系的部分,只能是以新闻以及新闻传播的自身规律为独立的研究对象的那一部分。其研究取向应立足于"新闻本位"。只有明确了新闻学的研究对象,理论的建构才有可能进行。这一部分即是我所说的本来意义上的新闻学,与"广义新闻学"相对应,可称作"本义新闻学"。

在我看来,您所说的"本来意义上的新闻学",应该以新闻和新闻传播为自己特定的研究对象,即在新闻和新闻传播质的规定性基础上建构自己的理论体系,而实际上我们一直在研究的所谓新闻学,其研究对象是报纸等新闻媒介的活动,这与您说的"本义新闻学"是完全不同的,属于"广义新闻学"的范畴。因此,只有"本义新闻学"即"本来意义上的新闻学",才是真正的"新闻"之学,也才是我们今天所谈论的新闻学。

我们目前新闻学研究中的混乱在于人们往往把对"本义新闻学"的体系要求移植到"广义新闻学"中,"本义新闻学"研究的逻辑起点和终点都是新闻本体和新闻传播,是一以贯之的,而"广义新闻学"的研究对象是媒介而非新闻传播本身,必然无法从新闻本体这一逻辑起点出发来建构理论体系,混乱便由此产生。除了这种观念上的问题以外,另一方面的原因则是研究者的态度问题,即如何正确认识和对待有关这两种新闻学的划分;新闻传播的历史和现状并不混乱,混乱的是人对它的认识。对于"本义新闻学"来说,作为其研究对象的"新闻"和"新闻传播",应是历史与逻辑的抽象意义上的"新闻"和"新闻传播",而非某一历史时期或某一特定媒介的具体的新闻作品和新闻传播活动。在这样的抽象基础上,理论研究的逻辑混乱是完全可以避免的。

抽象对于理论研究确实非常重要,没有抽象就没有理论。科学研究的意义即在于从混乱中整理出秩序,而其起点则是对明确的研究对象的理论抽象。"广义新闻学"与"本义新闻学"所依据的逻辑线索和针对的研究框架各不相同,如果不区分开来,逻辑上的混乱确实不可避免。我觉得我们以往的新闻学研究不但缺乏对"两种新闻学"的区分,即使在相对统一的研究框架当中也在不同程度上缺乏应有的理论抽象,而是太囿于实际,跟在新闻实践后面为实践作解释,为政策找依据。面对这样一种现实状况,您认为,"本义新闻学"应如何从历史和逻辑的抽象中具体把握新闻传播的客观规律?这种抽象对我们当前的研究活动有何具体的指导意义?

所谓历史的抽象指的是从人类社会的种种传播活动中抽象出属于"新闻传播"的那部分活动,即新闻传播区别于人类其它传播(思想、观念、情感、态度等等)活动的质的规定性。所谓逻辑的抽象则更多的是指我们研究的理论思维和向度,即从人类社会形形色色的新闻传播实践中抽象出新闻本体,这是一种哲学意义上的抽象,是我们进行理论研究的基础。

就像我们在哲学本体论层面上谈论抽象的物质、人或美一样。

对。而且,一个现象只有放在历史过程中来考察,方可显示出其本质和规律性。就像我研究新闻的本质,是从研究新闻文体的历史演进过程中得出的结论,我在研究中发现有一只看不见的手在支配和指挥着新闻文体的演变,这就是传播新近事实的信息。记得80年代初有人提出我的关于"新闻本质上是一种信息"的观点是从信息论、传播学中得出来的,其实不然。

·代总序·

  这就是从历史研究中抽象出来的新闻传播质的规定性。

  这只是一个方面。另一方面是进行横向比较,拿新闻与文学、新闻与历史进行比较,在比较当中我们来把握新闻的特征。人们常说,新闻必须完全真实,而文学可以虚构,其实这里讲的是新闻作品与文学作品的区别。就本质论,新闻是一种事物的信息,而文学则是一种艺术,二者属不同范畴,不能作上述比较,至于真实,是新闻的前提,不是它的属性,人们拿新闻和历史作比较时,总爱说"今天的新闻是明天的历史",其实讲的是,今天的新闻作品是明天的历史材料,而不是新闻和历史的本质上的区别与联系。历史本质上是一个"过程",而新闻本质上是一种"信息",属不同范畴,也不能作上述比较。可见不了解新闻的本质就会产生很多混乱。

  这使我想起19世纪80年代初新闻界开展的那场"新闻与宣传"关系大讨论,现在看来它的理论与现实意义都是十分明显的,但从严格的理论逻辑着眼,新闻与宣传这两个概念本身是没有可比性的,因为新闻是一种信息而宣传是一种活动,我们能进行比较的,只是新闻传播活动与宣传。

  这事实上从一个侧面反映出我们的新闻理论工作者不善于准确地使用概念,科学地界定范畴。因此,对新闻学的研究对象进行明确的界定和理论的抽象,对于我们今天的新闻理论研究十分重要,特别是对于从理论上对新闻学的一些极易引起混乱和误解的基本概念和问题进行重新梳理,尤为必要。如究竟什么是新闻?新闻、新闻作品、新闻事业的关系如何?我们通常划归意识形态的究竟是新闻还是新闻学?在新闻传播的客观规律面前,人的主体性应当如何介入、介入到什么程度为宜?等等。

  由此看来,中国的新闻学研究大都是"广义新闻学",而并不是把新闻作为研究对象的"新闻"之学,新闻的实质始终是模糊不清的。西方同样也认为一百个新闻记者就有一百个新闻定义,而没有新闻学自身的理论生长轨迹可循。"新闻无学"无论在中国或西方都同样被相当多的新闻业内人士乃至于不少理论研究者认同。新闻学何以成为目前这种状况,这是否只是历史的偶然?

不!这并不是人们的主观原因造成的,而是历史的必然。从新闻传播的历史看,新闻存在比报纸早得多,但新闻的产生并没有导致新闻学研究的出现,在新闻已经成为普遍的社会现象时,并没有人研究新闻学。有学者认为这是由于新闻在人类社会早期是一种日常生活的常态和情境,太多,太普遍,似乎并不值得专门研究,文学则不同,文学艺术源于生活但高于生活,不研究不行,因此很早就有人不断研究了。新闻与新闻传播现象在早年不曾引起人们足够的重视。研究"新闻"之学,一开始就被漠视,命该如此,能怪谁呢!

应该说,新闻学的形成与发展是历史性的,也是世界性的。新闻学的产生始于17世纪中叶的德国,1884年,巴塞尔大学和莱比锡大学正式开设了新闻学课程。而新闻学在全世界真正发达则是在19世纪末20世纪初,是在报纸蓬勃发展之后。

正是报纸最早放大了新闻的作用,扩大了新闻的功能,将新闻从日常生活常态中凸现出来,新闻的社会意义是由于报纸而被社会认同的,正因为如此,"新闻学"研究的着眼点一开始就被引向报纸或报馆上,而非新闻本身。我国第一篇有关新闻学的研究文章是《东西洋考每月统记传》上的"新闻纸论",不是"新闻论",可见其着眼点在报纸而不是在新闻本身;到后来王韬、郑观应等有关新闻学的文章,都是针对报纸或报馆而言,是报学而非新闻学。其实不单单是文章,在新闻学相对成熟后,仍然是以报纸或报馆为研究对象,探讨新闻是如何被报道的,新闻的功能和作用怎样,而非新闻究竟是什么,对于新闻本体并不研究。从西方到东方,都是如此,如我国第一部国人自著的新闻学著作《新闻学》(徐宝璜著1919),在第一章"新闻学之性质与重要"中,认为:"……新闻学,亦名新闻纸学。"并将新闻学定义为"新闻学者,研究新闻纸之各问题而求得一正当解决之学也"。其它国家重要新闻学著作也同样表现出这种研究取向,美国较早的新闻学经典著作《新闻学原理》(卡伯斯·S·约斯特著 1924),日本历史上的第一本新闻学著作《新闻学》(松本君平著 1899),其研究对象和重点均在新闻事业上。

这是一个十分有趣的现象。就像放大镜,本来可以通过它把物体放大许多倍,使人们看得更清楚,可当它在实现这一"放大"功能的同时,却把人们的兴趣和目光吸引到放大镜身上,而并不是去更好地关注被放大的物体。

新闻引起社会重视,是报纸或媒介之功,但新闻学研究的目光完全被报纸或媒介吸引,则使新闻学在一开始就显得内容庞杂、缺乏自身的逻辑生长点和发展轨迹。因为媒介本身是多元的,实践如此,理论当然如此。另外,新闻学的实践性建构方式也同样是因此而确立的。这与文学研究是多么的不同!文学从来不研究如何办文学刊物,而新闻学则重点研究如何办报。新闻学以报馆为研究对象,自然涉及如何办报,重在运用。

也就是说,新闻现象开始引起人们重视,是因为其在媒介的推动下与社会生活发生越来越密切的联系。而社会需要和关注的是新闻的功能、社会作用,并不是新闻自身的内在规律,即着眼点非其本质而是功能。这时新闻学研究的体例模式便已经确定了。其实,功能的充分发挥必然建立在对本质规律认识的基础之上。

是的,就像戊戌变法时,康有为、梁启超所重视的,当然不是新闻本体是什么,而是"报馆有益于国事",是利用新闻媒介传播西学、倡导变法维新。西方的情况与中国类似。美国新闻学最重要的理论部分莫过于其自由主义报刊理论和社会责任论,其着眼点也不是新闻本身,而在于媒介的性质和功能。所以说新闻学成为报学甚至报馆之学,是历史的必然,如此多元化、实用性的研究取向同样是历史的必然。

不过,我想,新闻学发展的这种历史的必然,也应有其合理性的一面。

当然,这里涉及到一个新闻学"名"与"实"的关系问题,也就是说为什么如此多元、庞杂的报学的内容,都被统一地冠之以"新闻学"之名,这自然是有理由的,有其合理的一面。因为新闻是报纸的主体,无新闻则不成其为报。但"名"与"实"的矛盾一开始就已潜伏下来,只是那时报纸所包含的范围有限,人们从主观上以为可以用一个"新闻学"来解释报纸的全部内容,如认为报纸的言论与一般言论不同,报纸副刊也与一般文艺刊物不同,是具有新闻性的,等等。但实际上用"新闻学"来包罗和涵盖报纸上的各种内容,是不可能自圆其说的。这种"名"与"实"的潜在矛盾是在广播电视等电子媒介发展之后才明显地暴露出来。

报纸本质上是其拥有者手中的工具,它必须服从于一定的目的,以至于有人误以为"合目的"即是"合规律";新闻是社会信息的一个种类,它有其自身质的规定性,新闻学的逻辑起点在这里,新闻传播自身的规律也植根于此。"合规律"才能"合目的"。报学与新闻学是两回事,新闻学研究中的种种问题和矛盾,一个主要根源即在于此。

可以这么说,首先,报学的研究对象是报纸,其研究重点是如何办报,其立足点是新闻作品而非新闻本体,因而从根本上就无法回答新闻的本质是什么的问题,因此新闻学研究从一开始就注定了将丧失自身的理论基础。其次,由于对于一张报纸来说,尽管新闻在报纸上是最为主要的内容,但报纸的内容不仅仅是新闻,因此报学的研究内容比之新闻学要来得广泛得多,也庞杂得多。新闻不但难以成为报学研究的主体,而且事实上它只是作为报纸家族的一个成员被进行功能性的探讨,对新闻的研究在那里是服从于报纸的功能作用的。至于新闻的本质问题,报学既未进行独立研究也不可能有系统回答。新闻学根本无法循着这一研究取向建立起系统完整的理论体系。还有,报学的重点在于如何办报,因此其实践性和操作性是远远高于理论性的。所以我说,新闻学的实践性源于此,新闻学研究的多元性和复杂性也源于此。

当西方大众化报纸出现时,新闻成为报纸的主体,以往的言论纸变成新闻纸,这时研究"新闻"之学的大好时机似乎来到了,而实际上新闻学的研究状况并没有被引向理论层面。这是为什么?

西方大众化报纸的出现的确给新闻学研究重点的转变带来了良好的契机。讨论"新闻"一时成为新闻界的热点。美国著名便士报人格里利的传记作者帕顿指出,随着便士报的崛起,社会已奄奄一息,报纸间的竞争现在完全取决于获得和展示新闻。但大众化报纸的商业性倾向,只是使得新闻价值这一部分在整个新闻学研究中得到了较大的提升,而新闻的本质问题还是没有得到应有的重视。其实,西方传统的"新闻价值"理论,其实用的商业目的十分明显,在它那里,新闻是什么这并不重要,重要的是什么样的"新闻"能够卖得出去。这种实用倾向所带来的最大问题是,新闻学始终从主观上来派定和解释新闻定义,而缺乏客观标准。原因在于大众化报纸最为强调新闻的"共同兴趣",这是人的主观爱好而非客观标准。从实用的、商业性的出发点来考察新闻,自然不会也无法进行深入的理论研究。无论是赫斯特、格里利还是班内特、普利策,报纸的销售量才是第一位的目标,新闻只是作为一种在市场法则支配之下的具有社会通用性的商品,用以吸引最大多数的媒介消费者。标志着现代意义上的美国报纸发轫的便士报运动,之于新闻学的重大意义,在于其敏锐地察觉到了新闻是一种崭新的社会需求,及其所倡导的以"报道"而非"言论"为报纸主要载体的现代新闻观念,但对于新闻学研究而言,问题依然存在。

如此说来,大众化报纸的倾向使新闻学丧失了对新闻本体进行独立研究以形成理论体系的机会,这是当时社会环境的必然。那么,对于政党报纸而言,新闻学研究又是一种什么样的状况呢?

作为一般意义上的政党报纸,所重视的无一不是报纸的喉舌作用、政治功能,对新闻的研究当然置于次要地位。在中国,本世纪初兴起的政党报纸,附属于社会政治活动的现实状况,将新闻排斥到十分次要的位置,强调的是报纸的政治功效。以此为对象的报学,自然不会去研究新闻的本质问题,不会对新闻的本质属性给出科学的回答。作为政党报纸的一种,中国无产阶级党报同样十分重视报纸的喉舌功能,强调党报在中国革命进程中不可替代的组织舆论作用和战斗力,但延安整风运动中对党报问题所进行的探讨深入到了新闻学研究的本体论层面,陆定一强调"新闻的本源是事实"、"事实是第一性的,新闻是第二性的",是党报学中对于新闻本质问题研究的一个高峰。然而由于革命战争时期的特殊性,有关路线、方针、政策的大是大非问题在党报工作中必然占据首位,整个党报研究不可能对新闻本体进行更加深入、抽象的探讨。党报理论所深切关注的,必须是也只能是党报的功能和作用。

近年来,传播学与新闻学的关系问题开始被不少研究者所关注。传播学研究扩大了新闻学的研究视野,但为什么新闻本体的问题仍然没有受到应有的重视,新闻学的学科体系并没有因为传播学的导入而建构起来?

传播学的导入本是研究新闻的又一大好时机,传播学将信息传播视为当然的研究对象,新闻信息则是其中很重要的一个成份。作为信息传播大家庭中的一员,新闻理应被当作传播学重要的研究对象,但是,与其它问题相比,新闻在传播学中并没有得到真正系统的研究,传播学所研究的,是更为广泛的传播现象,新闻仅仅作为个案,用来印证传播学的理论,并没有从新闻的本质出发深入探究下去,以形成自身的理论体系。而且传播学以及其它不同学科新的研究成果对传统新闻学研究的介入,在打开了新闻学研究视野的同时,也使得研究的对象和范围更加宽泛,新闻学所涉足的领域不断扩大,内容不断扩充,以至于在一定意义上造成了一些新的理论混乱。

· 代 总 序 ·

您前面说过,新闻学"名"与"实"的矛盾是在广播电视等媒介发展之后充分暴露出来的,这是否也与媒介功能的拓展和包括传播学在内的其它学科对媒介多种功能的研究所带来的上述问题有关?

随着电子媒介的出现和媒介功能的拓展,媒介的多元化和多样化趋势日益凸现。媒介研究所涉及的种种问题,其相互之间并没有理论联系,而是在自身的理论体系中进行研究之后,再用来解决新闻学的问题。传播学的基本理论如媒介研究、传播过程研究、受众研究、效果研究等等,都可以用来解释新闻传播中的种种问题,但并不从根本上关涉新闻本体。其实新闻学中有不少问题也大致如此,如新闻自由所涉及的并不是媒介本身的问题,而是政治学的问题,解决新闻自由问题,首先要在政治学中研究透彻之后,用政治学的理论来解释或分析其在新闻中的具体体现。又如党性人民性的问题,也并不是新闻学自身能够解决的问题,而是政党学说应当首先解决的问题。这些问题之间,并不存在必然的逻辑联系,也没有必然的相互之间的矛盾展开,而是各自具有自身的理论源泉。从理论建构的科学性来看,作为一个完整的学科理论体系,每一个部分、每一个层面都是不能被随意舍弃的,一旦舍弃,必然会破坏整个学科体系,而传统意义上的新闻学则不同,每一个不同层面、部分所涉及的都不是新闻自身的理论而是借助于外在理论来研究新闻问题,因此往往舍弃其中某一部分,不会对整个学科造成根本性的危害。

但也有人认为在世界已进入信息时代的今天,我们新闻学还在研究新闻的定义,这未免显得太落后了。

概念准确是科学研究的起码要求,作为最基本的逻辑起点的概念混乱,必然导致理论上的混乱。在我们以往的新闻学研究中,"新闻"一词,除了新闻定义所表述的意义以外,还指新闻作品、新闻工作,等等,一词多义是常有的事,问题在于我们使用时要准确把握，不能前后混乱。而概念混乱的情况，在不少新闻学论著中时常可见。新闻学的理论建构是如此混乱，我们不得不从最基础的地方开始。在没有弄清究竟什么是新闻的情况下，新闻学的学科大厦是无处立足的。研究新闻的实质，是"新闻"学的逻辑起点，这和其它任何学科一样。首先要研究的是新闻究竟是什么，这是整个学科的核心，这个基本概念一错，就根本无法明确新闻学有别于其它学科的质的规定性，就像我们的一些研究中无法区别"新闻"与"新闻作品"，这看似技术问题，实则涉及学科的基础和逻辑起点。要想真正建立起新闻学的理论体系，就必须也只能以新闻传播为独立的研究对象，对新闻学的基本概念进行重新梳理。

也就是说，关于"本义新闻学"，最基本的一点就是，本义新闻学的研究对象是新闻传播本身，其逻辑起点必然是"新闻"，应首先从新闻本体出发研究新闻质的规定性，进而从认识论、价值论、实践论多层面来展开对新闻传播自身规律性的研究，并围绕着新闻传播活动这一轴心进行。

是的，我们可以对本义新闻学和广义新闻学作如下的基本界定：

广义新闻学：是可以在传统报学基础上加以改进的新闻学。这种以媒介为研究对象的新闻学和我们的社会实际有广泛的联系，仍应受到重视，尽管它不可能建立起完整的理论体系。但我们可以提高其理论性，科学、合理地建立一个较为全面的知识体系。我们说它无法完成建立理论体系的任务，这并不是像某些人所说的那样是因为这门学科太年轻的缘故，而是其研究对象本身所决定的。

本义新闻学：特指以新闻和新闻传播而非媒介为研究对象的新闻之学。新闻本体是其逻辑起点。新闻传播本身是较为单纯的，从内容上来说并不庞杂，可以建立理论体系。这种新闻学有自己独特的研究对象，有其客观的基础，与社会有多方面的联系。根

代 总 序

据本义新闻学研究对象的单一性,我们可以考虑其所包含的仅仅是有关新闻传播自身及其特殊规律的种种问题,而像我国的"党报理论"和西方的"新闻自由"问题等等,均应该包含在广义新闻学而非本义新闻学当中。

那么,最后是否可以请您谈谈本义新闻学和广义新闻学的关系呢?我们是否可以把本义新闻学视作广义新闻学的基本内核?

应该说,本义新闻学是广义新闻学的一部分,但在理论上与广义新闻学的其它部分并不具有内在的逻辑联系。就像评论,自有其自身的理论体系,与本义新闻学并无直接的理论关系,而是在媒介这个大环境中共同存在,在理论上则各自有自身的理论归宿。在现有的理论框架下,我们还无法要求用本义新闻学来作为核心将广义新闻学的不同部分结为有机的理论整体。我们目前还只能尽量提高广义新闻学的理论性,使其构成更加完备的知识体系。当然,从某种意义上说,广义新闻学的名称并不十分科学,只是约定俗成,暂予保留,这个名称和实践的矛盾已经越来越大了,广义新闻学这一称谓已经无法涵盖其中的问题。

同时,在本义新闻学和广义新闻学这个"部分"与"全体"的关系中,本义新闻学理论建构对于提高广义新闻学的理论水平是很有好处的,作为学科来讲,它可以推进广义新闻学学科理论的深入发展。

就像党报学说,如果只讲"党",不讲"报",是不能办好党报的。我们探讨新闻自身的规律,可以推进党报学说的发展,为党报实践服务,同时对整个广义新闻学的理论性也会有所提高。理论的建构应当能够回答实践提出的问题。

本义新闻学的建构是可以解决新闻学学科目前所面临的一些理论与实践问题的。如对于新闻传播自身特点与规律的认识和把握有助于人们在新闻活动中主体意识的合理发挥;有助于正确理解和解释新闻学研究中多年来未曾得到妥善解决的"新闻主体化"

的问题,等等。我们高兴地看到,现在重视这方面研究的学者们越来越多了。对本义新闻学的重视是中国新闻学研究之于社会科学研究和世界新闻学研究的独特贡献,是中国新闻学研究发展轨迹的重大进步。

但是,一方面,由于新闻实践或曰媒介实践是多元的、多方面的,本义新闻学无法回答实践的全部问题,只能回答一个层面、一个方面的问题;另一方面,现代大众传播媒介早已不是单纯的"新闻纸",传统的广义新闻学是媒介学,研究范畴广大而多元,尽管其暂时无法建构起完整科学的理论体系,但作为一种知识体系,可以解决媒介实践中本义新闻学所无法解决的那些问题,完成其作为理论存在的现实意义。这一点也是非常重要的。

从您以上所谈内容,不难看出,纵观整个"新闻学"研究的发展历史,新闻本身的内在规律一直受到冷遇,新闻质的规定性及其相关问题在全世界都没有真正得到系统研究。将新闻传播作为独立的研究对象来考察,是自然形成的历史命运。我想,这种研究即使在思想方法上还未能摆脱传统报学的思维定势,即使所探讨的问题可能会被一些人误认为脱离实际,但毕竟确立了以新闻学自身为独立的研究对象,其意义不可低估,应当受到特别的重视。

宁树藩、芮必峰、陆晔

目录

第一章 传播学的兴起 …… 1
- 第一节 "传播"及"传播学"的概念 …… 2
- 第二节 孕育传播学的条件 …… 5
- 第三节 对传播学发展过程的总结 …… 10
- 第四节 传播学的学派 …… 19
- 第五节 传播学在我国的展开 …… 25

第二章 传播的发展历程 …… 29
- 第一节 传播的开端 …… 29
- 第二节 语言的产生 …… 33
- 第三节 文字的产生 …… 36
- 第四节 大众媒介的产生 …… 39
- 第五节 "第四媒介"及其可能的发展 …… 48
- 第六节 技术发展加速度与"发展传播学" …… 49

第三章　传播的含义与特性 53

- 第一节　传播的含义 53
- 第二节　传播的双向性 57
- 第三节　传播的间接性 60
- 第四节　传播双方心理场的有限重合性 61
- 第五节　传播的特殊因果律 64
- 第六节　传播参与者心理趋向平衡的努力 66
- 第七节　传播契约的普遍存在 69

第四章　传播符号 72

- 第一节　符号与传播 73
- 第二节　符号学观点 75
- 第三节　人类基本传播工具：语言符号 80
- 第四节　作为语言符号的补充或替代：非语言符号 85
- 第五节　与推理符号对立：艺术符号 91
- 第六节　现代传播媒介对符号的再现 93

第五章　传播的功能 100

- 第一节　传播功能的心理学分析 101
- 第二节　传播功能的社会学分析 104
- 第三节　传播功能的语言学分析 108

第六章　不同语境下的传播 116

- 第一节　人际传播 118
- 第二节　小团体传播 122
- 第三节　组织传播 124
- 第四节　公众传播 127

第五节　大众传播……………………………… 129
　　第六节　跨文化传播…………………………… 132
　　第七节　比较理论……………………………… 135

第七章　大众传播分析(一)……………………… 140

　　第一节　控制分析……………………………… 142
　　第二节　内容分析……………………………… 147
　　第三节　媒介分析……………………………… 154

第八章　大众传播分析(二)……………………… 160

　　第一节　受众分析……………………………… 160
　　第二节　效果分析:历史………………………… 167
　　第三节　效果分析:理论………………………… 175

第九章　网络传播若干问题……………………… 187

　　第一节　网络传播的性质和特征……………… 188
　　第二节　网络传播的语境……………………… 194
　　第三节　网络传播提出的挑战………………… 200

第十章　传播学研究方法………………………… 211

　　第一节　定性与定量研究方法………………… 212
　　第二节　西方传播研究方法及其借鉴意义…… 220

参考书目 ……………………………………………… 229

人名索引 ……………………………………………… 233

后　记 ………………………………………………… 239

第一章　传播学的兴起

美国传播学者切特罗姆(Daniel Czitron)在1981年①谈到自己传播学研究的动因时说:"我自己对现代传播媒介历史的迷恋可以追寻到我个人的经历中,特别是我在纽约市的成长时期,那时候现代传播媒介大规模普及,无处不在。我纳闷,在无线电和电视、电影、留声机以及令人瞠目的多样化的定期报刊出现之前,生活本来究竟是什么样子?从广义上说,我最初关注的事情,是探索传播媒介如何改变了上一个半世纪美国的环境。新的传播媒介是如何影响了传统的空间和时间观念、闲暇和消费的实质、社会化的进程,以及思想和风气?它们实际上为何对美国日常生活具有如此重要的作用?"②他所谈的,实际上正是传播学兴起的根

---

① 本书注明之观点发表年份与译文发表年份不一致时,即指原文发表年份。
② 切特罗姆:《传播媒介与美国人的思想——从莫尔斯到麦克卢汉》,前言,中国广播电视出版社,1991。

本原因。

现代传播媒介勃兴的速度、影响的广度和深度,实际上是20世纪最令世人瞩目的现象之一。它不断要求人们对其作出正确的估量。作为社会进程的一个有机组成部分,传播领域的革命性变化又和世界范围的政治、经济、文化变革交织在一起,成为重要的学术探索的对象。因此,传播学在20世纪后半叶迅速发展,就完全是可以理解的了。

第一节 "传播"及"传播学"的概念

凡是传播都有共同之处。有人认为,传播无非是讯息[①]流通的过程。还有人认为,传播的本质是共享、参与、交往。但无论如何,传播总是体现了参与双方的关系,这就是所谓双向传播的含义。

既然传播是双向性的,那么"传播"一词就显得名不副实,因为它暗示了很强的单向色彩。原因在于它本为英语 communication 的翻译。而 communication 一词仅在传播研究领域就可译为"传"、"传通"、"沟通"、"交流"、"交往"等。但由于约定俗成的原因,"传播"一词更有生命力,并广为人们接受。(参见第三章第一节)

抽象的传播是不存在的,传播总是体现为具体的形式。就传播形式来说,人们多将之分为自身传播、人际传播、团体传播和大众传播四种。自身传播就是自己对自己的传播;人际传播就是两个人或若干人之间的传播;团体传播就是发生于团体内或团体对外沟通的传播;大众传播则是通过大众媒介对广大人群的传播。

---

① 讯息(message)和信息(information)在传播学中并无严格的意义区别,往往可以相互替代,但受信息论影响较大的理论模式一般使用后者。

此外还有"小团体传播"、"组织传播"、"公众传播"、"国际传播"、"跨文化传播"等提法,但它们在很大意义上都是上述四种传播的派生形式。(参见第六章)

可以说,划分这四种传播形式的根据有混杂的成分,但参与传播活动的人数是一个重要标准。从传播的性质上讲,传播可以分为两大类型,即人际传播与大众传播。

人际传播是人类传播活动最古老、最基本的形式,它是传统的、自然的,从传播的双向性角度来看,参与传播的双方的关系更为均衡。

大众传播则是现代化的大众媒介介于其间的传播。如果说人际传播是一对一,那么大众传播就是一对多。

因特网的出现和发展使传播形式的划分更加复杂化。它几乎可以提高所有类型传播的效能,有人指出它实际上促成了多对多的传播。

从"传播"我们再来看"传播学"的概念。"传播学"的英语对应词可写为 communication studies 或 communication research 等。香港则曾经有"传学"的提法。

传播学是研究人类传播活动及其规律的科学。在我国,过去一般把人类知识分为自然科学和社会科学两部分,在这种划分下,则传播学显然属于社会科学。

但在国外,则多把人类知识分为自然科学、人文科学和社会科学三部分。由于传播学是一门首先在国外发展起来的学科,而且国外的这种划分近来也在我国开始使用,如上海辞书出版社社长李伟国在谈 1999 年版《辞海》的编纂工作时,就作了这样的划分[1],因此,弄清在这种划分下传播学的学科归属问题,将有助于加深我们对这一学科的理解。

---

[1] 见 1999 年 9 月 15 日《新民晚报》。

自然科学与人文科学、社会科学的区别很好理解,而人文科学与社会科学的区别是什么呢?

人文科学,英文写作 humanities,亦译为"人文学科"。一般认为欧洲 15、16 世纪开始使用的这个词源出于拉丁文 humanitas,意指那些关于人类价值和精神表现的学科。人文学科包括如下研究范畴:现代与古典语言、语言学、文学、历史学、哲学、考古学、法学、艺术史、艺术批评、艺术理论、艺术实践以及具有人文主义内容和运用人文主义方法的其他社会科学。

社会科学(social sciences)研究的课题是人类在社会和文化方面的行为,包括经济学、政治学、社会学、社会和文化人类学、社会心理学、社会和经济地理学;也包括教育的有关领域,即研究学习的社会环境以及学校与社会秩序之间的关系。

严格说来,社会科学是在 19 世纪才出现的,但其精神起源可以追溯到古希腊的理性探讨精神。社会科学学科出现的时间顺序为经济学、政治学、人类学、社会学、社会心理学、社会统计学和社会地理学。

由于传播学受到政治学、社会学及社会心理学的巨大影响,因此可以认为,即使按西方的三分法划分,传播学在更大程度上也属于社会科学。

但人文科学和社会科学也有交叉的成分。因此,当传播研究牵涉到人类价值和精神表现或使用了人文主义方法时,则此时传播学也属于人文科学。

还曾有一种较为狭隘的观点认为,传播学是行为科学的一个分支。这就提出了"行为科学"(behavioral sciences)这样一个新概念。那么什么是行为科学呢?一般认为行为科学是以人类行动为课题的科学,包括社会学、社会和文化人类学、心理学、生物学中的诸有关行为问题、经济学、地理学、法学、精神病学以及政治学。这个术语 20 世纪 50 年代才在美国通用,虽然有些作者把它和社会科学区别开,但它还是经常作为"社会科学"的同义语使用,只是"行为科学"这个术语表示了这样一种研究动向,它比"社会科学"这个旧词更富有实验性。这种观点强调了传播学属于社会科学,而且属于更强调实验性的行为科学。

还有人把人文科学、社会科学分为理论性的和应用性的,传播学是属于理论性的,还是属于应用性的呢?一般认为,传播学兼具两种性质,而就目前的研究成果来看,以理论性为主。对此,美国著名传播学者德弗勒(Melvin DeFleur)等人曾提出反省,认为应加强传播学的应用方面的研究。

我国台湾学者关绍箕则提出,传播理论乃是 15 种学科综合研究的产物,牵涉的学科横跨社会科学、人文科学和自然科学三大领域。①

第二节 孕育传播学的条件

传播是一种古老的社会现象,但传播学则在 20 世纪实际才开始出现。原因就在于,传播学的出现,离不开特定的条件。我们认为这种条件可分为社会条件和学术条件两方面。

我国学者李彬将孕育传播学的社会条件归纳为政治、经济、军事和媒介等四个方面。实际上,在这四个方面中,媒介处于工具层面,而政治、经济和军事则处于应用层面。

十分显然,现代传播媒介的兴盛同传播学的出现有着紧密的关系。20 世纪以来,传播媒介以前所未有的惊人速度发展着,20 年代出现的广播,40 年代出现的电视,60 年代出现的通讯卫星,90 年代出现的网络媒介,不断地更改着传播现实和人们的生活面貌。

---

① 关绍箕:《中国传播理论》,第 6 页,台湾中正书局,1994。

这些崭新的传播媒介已经和将要给人类社会和人们的生活带来什么样的影响？解答这一问题的历史要求极大地促进了传播学的产生和发展，这一动力在今后仍将继续存在。

在西方国家，随着新兴大众媒介的出现，在竞选等政治进程中更有效地使用这些工具就显得至关重要。这就促进了相关问题的研究。传播学的奠基性学者拉扎斯菲尔德、美国传播学者麦考姆斯以及德国社会学家内尔—纽曼等人的大众传播研究最初都是针对政治选举进行的。

在经济方面，西方的市场经济环境促成了公关活动和广告活动的极大发展。一旦新媒介诞生，它们就立刻和这些经济活动结合在一起。在这种情形下，市场宣传活动需要理论指导，这也推动了传播研究的发展。美国传播学早期研究的重要方面之一即为销售研究。

军事比政治、经济对传播学有更大的催化作用。两场世界大战期间，如何进行宣传战，如何激励己方士气，瓦解敌方意志，成为十分紧迫的研究课题。传播学的奠基性学者拉斯韦尔和霍夫兰分别对第一次和第二次世界大战中宣传的研究，为传播学的理论建设作出了重要贡献。

除了这些方面的社会因素之外，探索现代传播媒介对社会、文化复杂和长期的影响是促进传播学向纵深方向发展的重要因素。如媒介对人的现实观念的塑造作用、人对媒介的依赖关系、不同社会群体知识占有因媒介介入而造成的悬殊等，都成为传播学研究的重要课题。在欧洲的传播学研究中，大众传播的政治、社会和文化影响是其最重要的研究对象。

所以，以现代传播媒介为工具层面，以社会生活的政治、经济、军事等方面为应用层面，人类社会的传播现实发生了巨大的、带有加速度特征的变化，了解和判断这些变化给人类社会生活已经和将要带来的影响的需要，成为传播学出现和发展的不竭动力。同时,大众传播更加宏观的政治、社会和文化影响也成为传播学研究的重要对象。

从学科本身的发展来看,传播学是一门交叉性学科。从研究方法到基本理论,它对政治学、社会学、心理学、社会心理学、语言学、符号学、舆论学等相邻学科都有很多借鉴。

应该看到,上述学科在第二次世界大战结束以后都有长足的发展。在社会学研究中,定量研究方法得到极大发展,成为重要的社会研究手段。心理学摆脱了早期对生理学的依赖,在实验方法、人文主义以及精神分析等不同方向走向深化。社会心理学也取得了众多的理论成果,成为独立的新兴学科。符号学自19世纪萌芽以来,20世纪后半叶出现了重要的专门研究者,他们开始在前人理论的基础上提出全面的符号学理论。舆论学在20世纪20和70年代两次达到高峰,而且实际上此时大众媒介的影响力已经成为舆论研究的重心。这些学术成就或是直接贡献于传播学研究,或是在成果或方法上为传播学研究提供了重要借鉴。

第二次世界大战后西方出现的三个互相关联的理论群体即信息论、控制论和系统论,也对传播学的孕育和发展起到了重大的影响作用。[①]

信息论(information theory)首先由贝尔公司的一位年轻工程师香农(Claude Shannon)提出。他在1948年发表的《通信的数学理论》一文被认为是信息论的奠基之作。他提出的通信模式为:信息传播的过程由信源、编码、信道、译码、信宿五个环节循序组成,整个过程伴随着噪声。

必须指出,香农模式及整个信息论是着眼于工程技术领域的。虽然如此,它的影响却渗透到众多学科;同样,它对传播学的孕育和创立也起到了重要作用。

---

① 我国学者陈卫星认为控制论和系统论本身各自构成传播学流派。见陈卫星:《西方当代传播学学术思想的回顾和展望》,载《国外社会科学》,1998(2)。

首先,早期的许多社会传播模式都直接受其影响。如1954年施拉姆模式就是类同香农模式:信息传播可分为信源、编码、信号、译码和目的地五个循序环节。其次,传播学借用了不少信息论的概念术语,如信息、编码、译码、噪声、冗余度等。其中信息这一概念,对传播学的产生具有特殊的理论意义。事实上,信息论的特色也就是将信息作为一个高度抽象的概念来把握。有学者认为,传播学对具有高度抽象性的信息概念的借用,有着理论上的突破意义;由于对信息概念的借用,传播学的理论起点问题得到了解决。那么,信息论所说的信息究竟是什么呢?信息论认为:世界由物质、能量、信息三大要素构成;信息就是能减少或消除不确定性的任何事物。随着网络传播的出现,技术数字化基础越加明显,信息论的理论意义可能会更加凸显出来。

在信息论提出的同一年即1948年,美国数学家维纳(Norbert Wiener, 1894—1964)发表控制论(cybernetics)的奠基之作《控制论或关于在动物和机器中控制和通讯的科学》。

控制论同信息论一样,也是一门技术科学,而且二者有着密不可分的关系。因为控制系统的关键在反馈,没有反馈,便谈不上控制;因此,信息论乃是控制论的基础。维纳说过,控制工程的问题和通讯工程的问题是不能区分开来的。他的控制论的基点,就是把控制系统当做一种信息系统。

控制论对传播学的主要意义在于它的反馈论。从根本上讲,反馈无非是信息的反向传播,任何传播都离不开反馈,正是经由反馈,传播活动中的各方才处于双向交流的传播关系中。由于控制论的影响,反馈成为传播学的重要概念,反馈问题成为传播学研究的重要对象。

系统论思想有着久远的历史渊源。最早对之做出出色理论阐述的是现代理论生物学家贝塔朗菲(Ludwig von Bertalanffy, 1901—1972)。1945年,他发表《关于一般系统论》一文,运用类比同构的方法,创立了开放系统的一般系统论(general system theory)。系统论的精神实质是:整体绝不等于组成整体的各部分的简单相加。系统论同信息论、控制论是一组密不可分的理论群体。美国传播学者小约翰(S.W.Littlejohn)对此论述到:"系统理论和它的两个相关领域,控制论和信息理论,对观察世界提供了广阔的视角。系统论研究的是组织各部分之间的相互关系,控制论研究的是系统的控制和调节,而信息理论的重点在信号的测定和传送上。"① 因此人们把它们合称为"三论"。

系统论对传播学有如下两方面的影响:1.更多地表现在研究的方法论思想上。传播学研究的一大特色是从整体上研究传播现象,而不是针对传播活动的具体环节。2.表现为直接用系统论的观念观察传播现实。如大众传播效果研究中的"依赖模式"就受到系统论的影响。(参见第八章第三节)

因此,很多学者认为,"三论"中的信息、反馈、系统等概念和观念,对传播学发展成为一门独立的学科起到了重要作用。

有区别的看,社会学、心理学中定量研究方法的运用以及"三论"提供的概念基础规范了美国传播学的主流学派即行为主义学派的研究;19世纪出现并在20世纪不断发展的马克思主义"政治—经济—文化"分析传统以及结构主义、符号学、精神分析方法等为主要存在于欧洲的传播学批判学派的研究提供了理论武器。

总结起来说,第二次世界大战前后的社会条件和学术条件的共同作用,使传播学迅速成为独立的新兴学科。

---

① 小约翰:《传播理论》,第73页,中国社会科学出版社,1999。

第三节　对传播学发展过程的总结

传播学历经半个多世纪的发展,产生了不同的理论学派、研究方法,也出现了众多的理论成果及广阔的应用领域,因此,对这一进程作出简略的总结是必要的。

在传播学的发展过程中,美国学者施拉姆(Wilbur Lang Schramm,也译宣伟伯,1907—1987)起到的作用是颇为引人瞩目的。这不仅是因为他自己丰富的学术贡献,也因为他对美国传播学的归纳整理以及他出色的学术领导作用。

施拉姆早年从事新闻工作,后转入对传播学的研究。他最早把传播作为独立研究领域,并力图使之系统化,在美国和西方的传播学研究中有很高的名望。他毕生对传播学所做的贡献主要在于以下两个方面:

第一是他最早整理信息理论和传播研究的著作,创立一系列的传播学研究所。1947年施拉姆来到伊利诺伊大学工作后,在1949年出版了带有数学家韦弗(Warren Weaver)注释的香农的信息论代表作《通信的数学理论》。正是这一相对易懂的版本,使信息论产生了广泛的跨学科影响。同年,施拉姆编纂《大众传播》一书,它收录了各相关学科学者对传播问题的论述,被视为传播学第一部权威教科书。

几十年来,施拉姆不遗余力地从事传播学研究,亲手创建过四个传播研究机构,即1934年建立的衣阿华民意调查中心、1948年建立的伊利诺伊传播研究所、1955年建立的斯坦福大学传播研究所、1973年建立的夏威夷传播学院。他将社会学、心理学、政治学等其他学科综合起来进行研究,开辟了独立的传播研究领域。

第二是著书立说。施拉姆一生共写有三十余部传播学论著,其中《大众传播的过程与效果》(Process and Effects of Mass Communication,1954)、《报刊的四种理论》(Four Theories of the Press,1956)、《儿童生活里的电视》(Television in Lives of Our Children,1961)、《大众媒介与国家发展》(Mass Media and National Developments,1964)等都引起巨大反响。1982年,施拉姆修订完成了他最负盛名的代表作《传播学概论》(Men, Women, Messages, and Media: Understanding Human Communication),这是第一部全面系统地阐述传播学理论的专著,被称为"传播学的集大成之作"。

除此之外,他还培养了大批传播学研究生,在美国形成以他为领袖的传播学派。对此,即使是美国一些著名的传播学者也是承认的,如德弗勒和罗杰斯都这样认为。①

由于上述贡献,特别是他的组织、协调与集大成的工作,因此施拉姆被当作是传播学的鼻祖,或被称为传播学之父。显然,这种评价是针对美国传播学的主流研究而言的。

1982年5月施拉姆来华,介绍了美国传播学研究历史,并突出介绍了他认同的四位传播学的奠基性学者。他的介绍也许不能包括所有对传播学有重大影响的学者和理论,特别是不能包括20世纪70年代以后传播学新的重大发展,但他介绍的这些学者对传播研究独特的理论和方法上的贡献是毋庸置疑的。

第一位是美国政治学家拉斯韦尔(Harold Dwight Lasswell,1902—1977)。他一生致力于研究政治术语,运用心理学去探讨政治学,并谋求按照一系列自然科学的理论来建立政治学体系。他论述政治学的著作受到政治家们的广泛重视,他也曾在美国政府的许多机构中担任顾问。美国的一些传播学者认为,拉斯韦尔是最早对政治性传播进行系统分析的一个人。他在研究方法上采用内容分析法,是美国分析研究宣传内容的权威。他在1927年出版

---

① 见德弗勒等:《传播研究里程碑》,原序、前言,台湾远流公司,1993。

的博士论文《世界大战中的宣传技巧》中,对第一次世界大战时的宣传进行了分析。其后,他又在1935年与人合写了《世界革命的宣传》,进一步发展了对宣传进行分析的基本方法。

拉斯韦尔对传播学的更大贡献见于他1948年发表的论文《社会传播的结构和功能》。对于传播学来说,这是一部纲领性的力作。拉斯韦尔在这篇文章中,从内部结构和外部功能两方面对人类社会的传播现象作出了杰出的概括和分析。

拉斯韦尔在内部结构的分析中认为,任何传播过程都包含五大要素,即:谁?说什么?通过什么渠道?对谁说?产生什么效果?这就是著名的"5W"模式。拉斯韦尔的传播模式成为关于传播过程的传统模式,长期在传播研究中占据重要地位。(见第七章和第八章)

拉斯韦尔在他的宏观研究即对传播的外部功能的概括中认为,人类社会的传播从宏观上看有三大作用(即功能),即监视环境、联系社会、传递遗产。拉斯韦尔的观点被称为三大功能论,至今仍是对传播宏观作用的最好概括。(见第五章第二节)

第二位是德裔美籍心理学家卢因(Kurt Lewin,也译莱温或勒温,1890—1947)。他一生致力于人类行为的动力和控制的研究。他对团体怎样影响个人、团体相互间影响的效果、新闻媒介怎样影响团体的研究,为美国的传播学作出了重要贡献。

卢因对社会心理学最重要的贡献,是他在衣阿华大学和麻省理工学院团体动力研究中心做出的。在那里,他用物理学和数学的一些原理建立了心理动力学、团体动力学。

传播学与社会心理学有着紧密的联系。团体动力学作为社会心理学的一种理论,对传播学的形成影响甚大。

团体动力学致力于探索团体与个体之间的关系。卢因认为,在团体与个体的关系中起决定作用的是团体而不是个体。因此,要改变一个人的某种态度,不仅要考虑他个人的因素,更要考虑他所属团体的的价值规范。他认为采用民主方法的领导比采取专制方法的领导更有力量,因为在民主制度下团体的创造能动性和社会交往性更强,比专制制度下或无政府状态下的团体更易造成社会环境的变化。而被领导者的个性是随着社会环境的变化而发生迅速而深刻的变化的,这样,采取民主方法的领导就更能对人的行为施加影响。他还认为,单凭教育和精神方面的说服,社会意识形态不可能发生变化,它只能随着有形的、物质的强制力量分布的变化而发生变化。

卢因提出的心理场理论也被用来描述个体以及个体间传播时的心理环境。(见第三章第四节)他对传播学的另一贡献是他第一次描述了传播过程中的"把关"行为,开传播学关于把关人研究的先河。(见第七章第一节)

第三位是奥裔美籍社会学家拉扎斯菲尔德(Paul Felix Lazarsfeld,1901—1976)。他被美国传播学界认为是最早研究大众传播的学者之一。他原本在欧洲工作,1935年,他在美国洛克菲勒基金会的资助下到美国学习社会心理学。他运用在欧洲已掌握的调查研究的方法,写了一本名为《马里兰城里失业的人》的书。希特勒吞并奥地利后加入美国籍,在普林斯顿大学建立了一个广播研究中心。1940年他移居纽约。由于得到哥伦比亚广播公司的资助,他在哥伦比亚大学建立了"应用社会学研究中心"。

他所主持的哥伦比亚大学应用社会学研究所采用的先进的定量方法研究了包括大众传播在内的多种富有当代特征的社会活动,为传播学的经验学派的发展开辟了道路。

在传播研究方面,拉扎斯菲尔德最突出的成就是提出了两级传播论。1948年,这一学说通过拉斯菲尔德与人合著的《人民的选择》一书的出版而问世,但其研究却要追溯到1940年。拉斯菲尔德主持了对该年美国总统大选情况的调查。在调查之前,他们预计会得出大众媒介对选民的决定有较大影响的结论,但调查结果与他们的预计相反,于是他们提出了所谓两级传播论的理论假设,即认为概念往往是先从广播和报刊流向舆论领袖,然后再从舆论领袖流向人口中不那么活跃的部分。理解这一理论的核心是把握舆论领袖的概念。所谓舆论领袖,并非指提出思想的人,而仅是在思想传播过程中起较大作用的人,他们较多地使用大众媒介,扮演着作为指导的特定角色。

两级传播论破除了大众媒介威力无边的早期思想。这一理论的提出由于借助了大规模社会调查这种先进研究方法,因而成为大众传播研究的一个里程碑。两级传播论虽后来被认为是不够完善的,但其对后来大众传播研究的启发意义是不容抹煞的。拉扎斯菲尔德对传播学的另一贡献,是他的关于大众传播的消极作用的研究。(见第八章第一节)

第四位是美国心理学家霍夫兰(Carl Hovland, 1912—1961)。他一生致力于人的心理对人的行为的影响的研究,是最早用实验方法研究用说服的方法来改变人的态度的人。霍夫兰关于说服能力和说服方法的研究,对美国传播学的建立做出了贡献。

霍夫兰第二次世界大战期间应美国陆军部的聘请,率领耶鲁大学心理学家小组指导和研究美军的思想训练计划。他们在营地与士兵频繁接触,在训练中开展了不寻常的大规模的研究工作。他们特别注重研究陆军部拍摄的军教影片对军人的影响问题。二战结束后,他回到耶鲁大学继续从事这方面的研究,取得了丰富的成果,被称为"耶鲁学派"。

作为社会心理学家,霍夫兰对传播学的最大贡献是他对"态度"的研究。"态度"是社会心理学研究的重要内容,而霍夫兰毕生研究的重点就集中在这一问题上,他尤其致力于态度的形成与转变的研究,这就牵涉到什么样的劝服能取得最佳效果的问题。正是在这一点上,霍夫兰的社会心理学研究与传播学结合在一起。在实验性研究中霍夫兰还提出了一系列增加劝说效果的手段。

(见第八章第一节)

有人批评霍夫兰的研究有只注意具体、不注意总体的倾向,但他的研究方法和成果对传播学都有重要的影响。

与施拉姆的总结不同,很多学者提出,应从更加广阔的理论领域探讨传播学的理论源流。切特罗姆认为仅从美国传播研究的历程来说,至少应该包括三类学者的贡献。

第一类是库利、杜威和帕克等人始于20世纪初、延续到第二次世界大战后的社会学研究。这些社会学者的研究方法主要是哲学思辨的,但他们对新兴的大众传播都表现出了极大的关注。

库利(Chares Horton Cooley,1864—1929)对传播学的最大贡献在于他对人际传播的实质与作用的深入分析。他认为,人们所拥有的彼此的想象是社会坚实的事实,而且观察和解释这些想象是社会学的主要目标。对此他提出"镜中自我"的概念,意指自我只有从与他人不断的交往中形成,每一个人之于另一个人都是一面镜子,你传递给我,我反射给你。这一思想和米德(George Herbert Mead,1863—1931)的"主我"(I)和"客我"(me)的思想一起构成了符号互动论的重要来源。(参见第六章第一节)库利的另一个贡献是提出"基本群体"(primary groups)的思想。他认为基本群体是具有面对面交往、合作特征的团体,如家庭、孩子们的游戏集体、邻居、年长者的社会团体等都是。这些团体是"基本思想"的丰富储藏所,像友谊、服从、忠诚、守法和个人自由这些品质都发源于此。多年之后,行为主义的传播学研究重新回到库利的这一主张上,认为基本群体内的人际传播是大众传播发挥影响的有力竞争力量。(参见第八章第一节)切特罗姆认为,这种复杂的相互关系至今尚未被很好地了解,而库利是第一个为了探索它而付出辛勤努力的人。对于大众传播,库利表现出矛盾的态度。一方面,在较抽象的层面,他毕生对艺术忠诚,对现代传播媒介抱有信念;另一方面,在较具体的层面,他又认为大众传播造成了支离破碎的想象,并进而造成精神的枯竭和消耗。

杜威(John Dewey,1859—1952)曾是库利和帕克的老师,并且是美国实用主义哲学的代表人物之一。他充分肯定传播活动的社会意义,认为传播是唯一的手段和唯一的最终目的。传播工具可以使我们从其他事物的巨大压力中解放出来,让我们生活在有意义的世界中。当传播达到其最终目的也即分享社会上宝贵的目标和各种学问时,就有了一种信息的存在,它是共同生活的方法和报偿,于是就有了一个值得人们热爱、赞扬和忠诚的社会。杜威还对艺术传播的作用给予最高评价,他认为艺术作品是人与人之间唯一完全无阻碍的传播媒介。他对刚刚兴起的大众艺术也持肯定态度,认为这些艺术的最高价值是极大的扩展了日常生活的共有经验。切特罗姆认为:杜威没有正视以私有制为基础的大众媒介的不足,对其制度改良也未提出切实的建议;但是,在早期关于现代传播的理论中,他的视野是最宽的,他对传播过程与日常活动及人际交流的密切关系的分析,至今仍是我们理解现代传播媒介强大感染力的方法。

帕克(Robert Ezra Park,1864—1944)对传播学的贡献包括他对新闻本质的哲学思考。他的思考始于19世纪末,晚年在芝加哥大学任教时,他又回到这一问题上。他认为:新闻报道本身应作为一种知识;而在危机时代,现代传播媒介应具有社会凝聚作用。对前一个问题,帕克的思考以美国哲学家威廉·詹姆斯(William James,1842—1910)所作的"略知"(非正式的)和"确知"(理性的、系统的)二分为起点,认为新闻报道最基本的时效性规定着它是一种短暂的因素,但却是形成舆论和一般政治活动的关键因素,它的公开传播给予正在发生的事件以合法性。作为一种知识形式,新闻报道对历史学、社会学、文学和民间传说都有贡献,现代传播手段更是强化了这一点。二战的爆发,特别是在墨尼黑事件和法国陷落这样的危机时刻,帕克认识到现代传播媒介在社会动员和社会凝聚方面不可取代的作用。帕克认为,传播有两种基本功能,即"参考"和"表达"。在参考功能中传播的是思想和事实;在表达功能中,则表露感情、态度和情绪。他认为新闻报道主要体现了传播的参考功能,应予肯定;但作为表达功能体现的大众艺术则造成道德败坏并形成颠覆性的文化影响,应予否定。

应该说,库利等人的传播研究开启了传播学人文主义研究之门,成为今后传播学研究继承和发展的重要方向。

切特罗姆接着总结了到 20 世纪 60 年代为止的行为主义传播学研究。他认为,虽然拉扎斯菲尔德将这种研究推向了高峰,但它在 20 世纪 20 至 30 年代已经开始萌芽。初期的研究包括拉斯韦尔等人的大众传播宣传性内容分析、李普曼的舆论研究(参见第七章第二节)、佩恩基金① 的电影对儿童和青少年影响研究以及销售研究四个方面。

切特罗姆认为,这种研究的局限在于常常低估了大众传播的影响力,这是因为将直接的行为效果归结于传播媒介方面是困难的。而且,这种研究实际上排斥了对大众媒介的控制分析以及大众媒介内容的美学分析。

但是,由于行为主义研究的自身优势,也由于政界、军界和商界的财力支持,这类研究迅速发展成为美国传播学研究的主流。拉扎斯菲尔德保持对方法论的最大关注,试图将这类研究发展成为可以针对不同对象的普遍适用的方法。切特罗姆认为,第二次世界大战期间和战后,对大众传播的内容及受众的研究走向成熟,20 世纪 60 年代,美国学者对大众传播如何产生效果在理论上取得了一致,即使如此,行为主义并未实现大众传播所有问题的彻底融合研究。

最后,切特罗姆谈到英尼斯(Harold Innis,1894—1952)和麦

---

① 美国一民间慈善机构,赞助了电影对儿童及青少年影响的大型研究,成果汇编为 10 册发行。

克卢汉(Marshall McLuhan,1911—1980)的传播思想。他认为,这两位学者的研究取向完全不同于行为主义,他们从完整主义① 出发,采用大胆的历史比较和神话学方法,因此表现了一种理论上的激进主义。虽然如此,却应该承认他们带来了媒介分析的新方法,其理论结论也是富有启发性的。(参见第六章第七节和第十章第二节)

施拉姆和切特罗姆的上述总结主要针对 20 世纪 60 年代以前美国的传播学研究。此后美国的传播学开始转向对大众传播的间接长期效果的研究。而且,此时开始出现纯粹由传播学者提出而不是像此前一样总是由心理学家、社会学家和政治学家所主持的研究成果。德弗勒认为这一转变的标志就是 1961 年施拉姆等人所写的《儿童生活里的电视》一书。当然,20 世纪 60 至 80 年代出现的最著名的相关理论有"议程设置功能"理论、"沉默的螺旋"理论、"知识沟"假设、"培养论"以及"依赖模式"等。这些成果标志着以美国为主导的传播学主流研究的成熟和全面丰收。对这一研究取向在美国的重要发展,德弗勒在《传播研究里程碑》(Milestones in Mass Communication Research: Media Effects)和《大众传播学诸论》(Theories of Mass Communication)两书中作了较为全面的总结。(详见第八章)

从传播学研究的世界格局来看,施拉姆、切特罗姆和德弗勒的总结主要针对美国的传播学研究,没有包括主要存在于欧洲的批判学派的研究,对此我们将在下节介绍。

---

① 认为自然界中起决定作用的因素是一些不能归结为部分总和的整体,这一思想与系统论的观点是完全一致的。

第四节　传播学的学派

目前我国学者一般认为传播学已经形成两大学派:一是主要存在于美国的行为主义学派,二是主要存在于欧洲的批判学派。

为什么同是西方社会土壤,却会出现两种差异极大的传播学研究学派?英国著名传播学者斯图尔特·霍尔(Stuart Hall)指出这是由于两种研究取向有着不同的社会观背景。

斯图尔特·霍尔认为,作为对西方资本主义社会发展的理论反应,出现了"大众社会"(mass society)理论。(参见第六章第五节)这种思考可以粗略分为三类。第一类被归入文化方面:认为大众文化结合了新媒介而广为扩散的结果,使高级文化被取代,失去了它的根基同时变得琐碎而平凡。第二类是政治的:认为大众无法抗拒虚假的吸引力、宣传手法及媒介影响力。第三类被界定为社会性的:认为社区联系崩溃了,共同体瓦解了,以面对面交流为纽带的社会群体不再是社会基础,现在大众直接面对大众媒介,接受精英们商业化的影响力。斯图尔特·霍尔指出,虽然现实的历史转变的本质无法以"大众社会"的一套词语加以充分的描述或形成理论,但这些词语在先进资本主义的发展进入垄断形态的转型中,由于"辩论"的出现而大为走红,成为时代的特征。

欧洲的大众媒介研究在很大程度上就是在这样的社会观背景下发展的。西方资本主义大萧条以及法西斯主义的肆虐加深了欧洲学者的这种认识。因此,欧洲的研究取向是历史的与哲学的,是抽象思考的方式,它提供了丰富的假设。同时,马克思主义作为一种社会观对欧洲的大众传播研究也产生了极大的影响。

美国大众传播研究的社会观背景却颇为不同。虽然在其早期也采取对大众社会的批判观点,但从20世纪40至50年代,却发展出不同的理论来回应现实的变化。这些理论认为,在美国社会,基本群体并未解体,大众媒介效果并不直接,美国社会也并未被集权主义控制;相反,美国社会是一种多元社会,没有结构性的障碍或阶级限制会阻碍文化吸收的过程。因此,美国大众传播研究的取向要更为具体。他们把研究的焦点放在媒介所造成的行为转变上。不论是政治选举研究,还是广告研究等,都是如此。①

普遍的观点认为,这两个学派在大众媒介具有强大影响力等重要问题的看法上有一致性,因此二者应该共同发展,以免使传播学研究"陷入同质化危机"。② 斯图尔特·霍尔也承认,"其实,一个构架所提供出的假说常常与另一个框架所提供的假说,彼此征验、修正与互补。"③ 下面我们就对这两个学派作简要介绍。

一、行为主义学派

行为主义学派又被称为经验学派。两种称法,各有其根据。称为行为主义学派,有两个相互关联的原因:一是,美国的传播学者最为关心的问题是大众传播的效果,他们相信大众媒介会对受传者发生影响,而且这种影响表现为行为的转变,因此这些影响可以被确认,并加以分析;二是,从方法论的角度讲,这一学派的研究取向也是行为主义的,也即,关于媒介效果的思索必须诉诸对实际行为的测试,从而表现出了实证社会科学的特征。

用经验学派为之命名,与上一点在内在实质上是一致的,也即,这一学派遵循当代社会科学的主流方向,对于某种理论,总是到现实生活中去寻找经验的证明。

---

① 见霍尔:《"意识形态"的再发现》,载古尔维其等编:《文化、社会与媒体》,第73~119页,台湾远流公司,1994。
② 见柯蓝等:《媒体研究:理论取向》,载古尔维其等编:《文化、社会与媒体》,第12页,台湾远流公司,1994;并参见王怡红:《美国传播效果研究的实用主义背景探讨》,载《新闻与传播研究》,1995(4)。
③ 同①,第76页。

我国学者常昌富对这一方法作了如下归纳:理论是关于现实的抽象的概括;它往往表现一组或几组抽象概念之间的关系;由于这种抽象性,理论本身是无法证明的;但是,可以将理论中的概念具体化,将它们转换为可以观察的、实证的东西,也就是"指标"(indicators);这样,根据理论,便可提出具体的表示指标之间的关系的假设;通过社会调查或实验研究,在经验的领域证明指标之间的正相关或负相关,或是指标的量化的关联程度,再进而对得出的结果作出分析,也就完成了研究的全过程。①

行为主义研究在20世纪40年代就已经成为美国传播学的主流,20世纪60至70年代达到其全盛期,至今仍然在美国传播学研究中保持主导地位。

美国著名社会学家丹尼尔·贝尔(Daniel Bell)认为在研究方法上出现这种状况的主要原因有二,一是"随着尖端新技术的急剧进展,特别是引进计算机以后,理论不再是一些辞藻,而是一些可以用经验和可检验形式加以阐述的命题",二是"科学(指自然科学,下同——引者注)光环的影响,特别是由于科学在第二次世界大战中起了关键性作用"。②

这种方法的实践者认为,丰富的学术性实证研究证明,光是以抽象的理论来分析大众媒介并不足够。应该认为,行为主义学派强调切实可靠的经验材料和客观数据的重要性,应该成为包括传播学在内的社会科学的重要的研究方法。

虽然行为主义的研究方法取得了如上所述的显赫地位,但这种方法仍受到严峻的质疑。这种质疑既来自美国国内学者,也来自美国国外学者。如有学者认为坚持行为主义研究的人往往忽略

---

① 见常昌富等编选:《大众传播学:影响范式研究》,导论,中国社会科学出版社,2000。
② 丹尼尔·贝尔:《第二次世界大战以来的社会科学》,第1~25页,中国社会科学院情报研究所,1982。

了时间和形势变化,他们可能被深深拉进假设之网。还有批评认为,行为主义研究拒绝进入内涵的领域,它只是在表面价值上抓住了现代生活现象。

我们认为,行为主义研究虽然代表西方特别是美国传播学的主流,但对这种方法的价值,我们需要作出更准确的潜力评价,这种方法本身也面临发展的任务。

二、批判学派

在美国对大众传播的行为主义研究取得令人瞩目的成就之时,欧洲的研究却遵循了不同的方向。对这一学派最早起到有力推动作用的是社会科学的法兰克福学派。1941年,拉扎斯菲尔德在《论传播学中的管理研究和批判研究》一文中首次以"批判"一词论及这一学派。

法兰克福学派因其寄居于成立于1923年、二战中遭到破坏转栖美国、1950年重建的法兰克福社会研究所而得名。代表性的思想家是霍克海姆(Max Horkheimer,1895—1973)、阿多诺(Theodor Adorno,1903—1969)和马尔库塞(Herbert Marcuse,1898—1979)。这一学派主要的贡献在于对资本主义社会政治、经济和文化的全面批判。对资本主义社会中大众媒介的批判只是他们社会批判的一个方面。在这一方面,他们反对行为主义学派的研究方法。他们认为行为主义的研究是以完全接受现存体制为前提的,而且数据并不能揭示社会生活的本质,对大众传播研究来说,最重要的问题恰恰在于要分析谁在传播以及为谁传播等问题。

霍克海姆和阿多诺1944年发表的《文化工业》(culture industry)一文集中表达了法兰克福学派对大众传播的批判。在文章中他们无情抨击了现代传播媒介,指出了它如何成为把政治和经济的统治延续到文化领域的工具,怎样使艺术贬值以及对个人意识进行管制。

以他们二战期间逃亡美国的经验,他们认为在生产资料资产阶级占有的美国社会,文化受到多方面的压迫,大众文化产生一种集权状态,个人无法再享有内在自由。他们论述到:"在文化工业中,不仅因为生产工具的标准化,使个体成为一种幻觉,而是因为只要个人不对整体的认同提出质疑,他便能容忍这种情形。这种伪个体性(pseudo-individuality)的现象随处可见;譬如,爵士乐虽然大多是随兴和即席而作,却逐渐发展出一定的标准格式;又譬如,少数电影明星以卷发遮眼的造型,显示其血统的根源,也不过是一种特立独行的假象。真正属于个人的,不过是整体社会权力同意之下,个人偶发性、暂时性的行为。"①

马尔库塞认为现代传播媒介支持的大众文化是一种"肯定性的文化",失去了对社会的否定力量。要解决这一问题,只有回到作为现实对立物和否定力量的古典文化的丰富遗产之中。

另外,德国美学家本雅明(Walter Benjamin,1892—1940)虽然不是法兰克福学派的正式成员,但思想上非常接近这个学派。他认为经由大众媒介复制的文艺作品以及自然风景失去了其原来状况下的独特性,因此当代审美活动已经发生了根本性的变化。

普遍认为,法兰克福学派的思想的弱点在于缺乏辩证性。他们完全将艺术和大众文化对立起来,将权威的意愿和大众乌托邦式的冲动以及他们在大众媒介的内容与运用中所做出的表达对立起来,对其间的相互影响没有留一点讨论的余地。

法兰克福学派的思想被认为是德国对国际社会学发展的最大贡献,20世纪60年代其影响达到巅峰。其后,法兰克福学派第二代领导人物哈贝马斯(Jürgen Habermas)进一步提出了自己的传播学思想。他认为,工业化的现代资本主义社会关注"工具理性",加强了人的异化,应发展"交往理性"(communicative rationality)以

---

① 转引自瓦拉寇特:《讯息和意义》,载古尔维其等编:《文化、社会与媒体》,第124页,台湾远流公司,1994。

作为补充。

这一学派虽然在 20 世纪 80 年代以后影响有所减弱,但其提供的批判社会的立论角度和思想方法却为众多传播学者所吸收,英国的文化研究学派就是其中的佼佼者。在传播学研究中,文化研究学派已经成为批判学派的重要组成部分。

文化研究学派得名于 1964 年成立的英国伯明翰大学当代文化研究中心。代表性的思想家有霍加特(Richard Hoggart)和斯图尔特·霍尔等。20 世纪 70 年代中期以后,文化研究在英国扩展;20 世纪 80 年代以后,开始影响到英国以外。与法兰克福学派一样,这一学派的研究领域也包括社会生活的许多方面。但正如许多学者所看到的,当代社会一个令人瞩目的现象就是文化与传播这两个范畴的重合,因此,文化研究学派的研究重心也聚集于大众传播领域。

据我国台湾学者陈光兴介绍,文化研究的理论发展以一连串的辩论和挑战的形式出现,在每一次辩论中,文化研究都在变换它的脚步,不去固守原有的立场,在辩论中取得发展的火力及养份,这也是文化研究能够不断求变、继续存活下去的原因。虽然存在变化,但文化研究始终坚持的方向是:摆脱学院研究的僵化束缚,把分析带入文化生活,转变既有的权力形式及关系。[①]

文化研究学派最突出的理论贡献在于对媒介内容性质的探讨。这一学派的思想家既不同意采取教条化的马克思主义观点将媒介内容视为被社会现实所简单决定,也不同意结构主义将媒介内容看成完全自主的对象。他们认为,媒介内容与其他社会实践共同构成复杂的表达性总体(complex expressive totality),媒介表现与其他社会实践相互作用,并对公众意识与舆论有强有力的塑

---

① 见古尔维其等编:《文化、社会与媒体》,译序,台湾远流公司,1994。

造作用。①

批判学派还有很多支流,研究也并非局限于欧洲。总的趋势是深受人文科学传统的影响,将社会批判和文化分析结合起来。因为篇幅关系,我们就不详细介绍了。

此外,还有许多有特点的传播学研究,虽然尚不能认为已经形成独立的学派,但都各有其学术渊源和独特方法,如传播学的修辞学研究、符号学研究、人类学研究等。(参见第六章第四节、第十章第一节和第二节)

第五节　传播学在我国的展开

我国对西方传播学的介绍始于 1957 年。当时复旦大学新闻系在其办的刊物《新闻学译丛》中首次介绍美国大众传播研究方面的文章;同年,王中教授还在讲课中介绍相关知识。但随着反右斗争的开始,这项工作很快中断。

1978 年,复旦大学新闻系在他们的刊物《外国新闻事业资料》上发表郑北渭教授介绍美国大众传播学的文章,并开始在高年级学生中开设介绍传播学选修课。

1979,中国人民大学新闻系在该系办的刊物《国际新闻界》上连续三期发表张隆栋教授摘译的介绍西方大众传播过程、制度和效果的文章。

1981 年,复旦大学新闻系编辑出版的《新闻大学》连载陈韵昭教授的《传播学讲座》,较全面的介绍传播学的基本知识。同年,复旦大学居延安写的我国首次以传播学为题的硕士论文《美国传播理论研究》通过答辩。

---

① 见柯蓝等:《媒体研究:理论取向》,载古尔维其等编:《文化、社会与媒体》,第 28～30 页,台湾远流公司,1994。

1982年春,美国著名传播学家施拉姆和香港中文大学新闻与传播系主任余也鲁访问了广州、上海、北京等地的大学新闻系和新闻研究机构,介绍传播学知识。

　　同年11月,我国第一次西方传播学座谈会(后改名为全国传播学研讨会)由中国社科院新闻研究所倡议在北京召开,高校及新闻单位的30多名代表参加会议。会议确定了我国对传播学"系统了解、分析研究、批判吸收、自主创造"的16字研究方针。

　　随后,关于传播学的论文大量出现。1983年我国内地第一部传播学著作《传播学(简介)》出版,风行一时。据统计,从1982年10月到1985年12月,我国共发表传播学的介绍、述评和分析论文共182篇,作者达105人之多。

　　1984年,我国还出版了两本重要的传播学译著,一本是李启等人翻译的《传播学概论》,另一本是陈韵昭翻译的《传播学的起源、研究和应用》,传播学在我国的介绍更为深入、广泛。

　　有学者指出,虽然当时对传播学的译介已经非常深入,但当时代表性的观点仍然是希望用传播学来改造和发展新闻学。

　　1986年,全国第二次传播学研讨会在黄山召开。此时,我国学者对西方新闻学已经有了更为深入、全面的了解。会议提出了"建立有中国特色的传播学"的目标。

　　此后传播学的应用研究发展迅速,最突出的就是1986年11月中国人民大学舆论研究所的成立。此外报界和广播电视界还进行了大量的受众调查。

　　理论研究方面,1986年居延安的《信息·沟通·传播》出版。同时,一批高质量的传播学译著得以出版,其中最突出的就是祝建华等翻译的《大众传播模式论》、颜建军等翻译的《大众传播通论》以及黄煜等翻译的批判学派的《权力的媒介》等。这一时期虽然传播学研究的论文数量不多,但质量有明显提高。

　　1989年发生"六四"风波之后,我国的传播学研究受到冲击,进入了一个明显的低潮阶段。即使如此,此后仍有一些传播学译著和著作陆续出版,如 1990 年出现的杜力平翻译的《大众传播学诸论》,范东生等人写的《传播学原理》和周晓明写的《人类交流与传播》等。在 1990 年,也有学者著文提出不应对西方传播研究全盘否定,而应吸收其中的符合科学的抽象的东西。

1992 年以后,传播学研究开始复苏。这一方面是因为邓小平南巡讲话再一次使人们解放了思想,另一方面传播学已经融化在我国学者的理论研究中,传播学的应用研究也日益广泛。

1993 年以后,传播学在我国进入了新的快速发展时期。1993 年和 1995 年分别召开了第三次和第四次全国传播学研讨会。对西方传播学的吸收更加注意去芜存菁,更加注意结合我国社会、经济、文化发展的需要开展研究。

从这一阶段的研究成果看,我国学者对西方传播学发生的学术渊源和土壤、不同学派之间的差异与张力、传播学发展的更加广阔的学科支持、传播学研究在我国发展的本土化需要都有了更为深入的认识。1995 年芮必峰提出应总结米德和库利等美国社会学者丰富的传播思想,以使我国的传播学研究能够在行为主义研究和人文主义研究两方面相互补充。[①] 同年,陈力丹提出,我国传播学在重视发展美国行为主义方法的同时,应注意从欧洲批判学派的视角分析大众传播现象,并应加强对符号学等基础理论以及思维学、当代文论等相关理论的研究。他同时提出,应给予不同文化的传播思想史以充分的关注,因为这是传播学研究需要发生的背景。[②]

1996 年,经国家有关部门批准,原新闻学由二级学科提升为一级学

[①] 芮必峰:《人类社会与人际传播——试论库利与米德对传播研究的贡献》,载《新闻与传播研究》,1995(2)。
[②] 陈力丹:《对我国传播学科建设的几点意见》,载《现代传播》,1995(4)。

科,并定名为新闻与传播学,这标志着我国传播学学科地位的确立。[①]

1997年4月和1999年11月,全国第五次和第六次传播学研讨会分别在杭州和上海召开。在这一时期,一方面我国的传播学研究进一步拓展和深化;另一方面,对我国传播学研究中不足的检讨也开始增加。孙旭培认为,我国传播研究者要想对传播学作出真正的贡献,还在于扎扎实实地进行原创性研究。他还认为,传播学研究要尽可能紧密联系中国的传播实际。[②]

进入世纪和千年之交,几乎与世界范围的传播学研究同步,网络传播的研究也成为我国传播学研究的新热点。

2001年11月,全国第七次传播学研讨会在南京召开。会议就全球化与我国新闻传播事业的发展、我国加入WTO后媒介应对策略及网络传播等问题展开研讨。吴予敏提出,我国的传播学研究应在价值观和方法论上确定基本的选择,以确定中国传播学的人本立场。[③]

---

① 本节以上内容参见廖圣清:《我国20年来传播学研究回顾》,载《新闻大学》,1998年冬季号。
② 孙旭培:《我国传播学研究向何处去》,载《新闻与传播研究》,2000(1)。
③ 吴予敏:《传播学知识论三题》,载《全国第七次传播学研讨会论文集》。

第二章　传播的发展历程

　　一言以蔽之,传播学的研究对象当然是人类社会的传播活动。但是,自从人类社会诞生以来,人类传播能力却经历了漫长的变化和发展历程。特别是20世纪以来,传播技术的发展更是日新月异。对这一历程作简要的回顾,因此就成为传播学研究的重要基础。

第一节　传播的开端

　　施拉姆提出,广义的传播学认为,在人类社会以前,动物就有信息传播。动物依赖信息系统才能获得安全和捕获食物。如果是群居动物,它们才可赖以组成社会的雏形。当然,动物传播(animal communication)毕竟不同于人类传播,最重要的差别可能就在于动物不能传播抽象的内容、想象的内容和回忆的内容。施拉姆认为,还可以将传播的历史推得更远,也即认为传播的历史甚至同生物史一样长,甚至原始单细胞也可以从如何获得营养这一角度获得必要的信息。

把动物的社会行为和人的社会行为加以比较研究,西方学者有很多探索。有人研究包括人在内的一切动物社会行为的遗传基础,称为"社会生物学"。① 丹尼尔·贝尔毫无保留地把社会生物学的出现列为20世纪70年代社会科学的四大成就之一。②

社会生物学的杰出倡导者威尔逊(Edward Osborne Wilson)等人给传播(communication)下的生物学上的定义为:生物学上的交流(即communication)是一个机体(或细胞)的部分活动,它改变了另一个机体(或细胞)的可能行为模式,并促进一方或双方的适应性。交流既不是信号本身,也不是反应本身;交流是信号与反应之间的关系,即一个动物发出信号,而另一个动物作出反响。假设这种反应与没有该信号的情况下可能的行为并无差异,那也算不得交流。他还认为人类的交流与动物的交流的区别在于:人类的交流可以在参与者的行为并无外在变化的情况下发生,人们可以注意到微不足道的或无用的信息,接受了并不去用它们;但是在动物行为的研究中,交流只不过是明显行为的变化模式,要附加上精神标准,就会陷于神秘主义。

威尔逊认为,人类的思想只不过是通讯交流的一种特例。从进化生物学的角度来研究通讯交流,可以认为,在社会行为中交流功能研究的关键是分类艺术。他认为动物的通讯交流内容包括促进与模仿、监视、接触、个体识别与等级识别、地位信号、乞食与赐食、修饰活动、警告、集会与纳员、领导术、胚胎交流、表演邀请、威胁、屈服与安慰、巢穴救济仪式、性行为、等级抑制作用等。

---

① 本节内容参见李昆峰:《新的综合》,第177~199页,四川人民出版社,1985。
② 丹尼尔·贝尔:《第二次世界大战以来的社会科学》,第75~76页,中国社会科学院情报研究所,1982。

研究表明,动物的通讯行为是在进化过程中发展形成的。动物的某些动作原是为了某种意图,后来被仪式化过程改变了原来的意向,逐渐变成了通讯的信号。

威尔逊认为动物传播的"感官通道"分为化学通讯交流、听觉通讯交流、触觉通讯交流、视觉通讯交流及电通讯交流五种。

化学通讯交流最多见于兰绿藻、细菌和其他原核生物的原始细胞,它们之间不管发生什么通讯,必然都是化学方面的,然后必然从此演化下去。一般地讲,生物越原始,身体结构越简单,便越是依靠化学通讯。在较高级动物中,一方发出化学物质,另一方用味觉或嗅觉接受,也算是化学通讯交流,如鱼将外激素释放于水中;蛾将具有性引诱作用的外激素释放到空气中,由风吹送;有些昆虫把外激素分泌于自己的体表,供其他个体尝味接受信息;狗用尿的气味标记领域等。

电通讯交流见于多种鱼类,尤以电鱼最典型。通过高度变异的肌肉组织组成的电器官,电鱼能自己产生电场。只要水里的被捕食者和其他东西干扰了该电场,即使没有别的感觉渠道,电鱼也能知道它们的出现。某些电鱼也用它们的电场来彼此通讯交流。

触觉通讯交流的例子有,蜜蜂在昏暗的蜂巢内垂直面上舞蹈,接受者紧跟通讯者,通过触觉接受信息;哺乳动物常互相梳理皮毛,这也是通过触觉传递信息;鸟类的接嘴起源于幼鸟和成鸟交换食物,后在某些鸟类用来作为配偶相遇的礼仪或平息争端或表示让步。

听觉通讯交流的使用最多见于脊椎动物中,它们大多能发声,如鸟的鸣啭等。有报道说,据鸟类学家统计,鸟类的语言大约有2700种之多。一般来说,鸟鸣可分为啭鸣和叙鸣两类:啭鸣是指雄鸟向异性发出的求偶声,婉转动听;叙鸣则是鸟类日常生活中互通讯息发出的鸣声,雌鸟雄鸟都用,音调较为单纯。许多生物学家的研究证明,这些鸟语中有许多是可为人类辨识的。① 许多无脊椎动物则用身体各部分摩擦而出声。动物可以毫不费力地用两只耳朵判断声音的位置。

视觉通讯交流可依靠在进化过程中形成的形态特征,如皮肤、毛或羽上的色泽鲜明的斑、角、盔和冠等,这些特征可标志动物所属的物种、性别、年龄甚至胜利状况。视觉通讯交流还可依靠动作。研究表明各种动物所使用的动作数约为 40 个。好群居的鱼、鸟、哺乳动物也只会作 15 至 35 个动作。动物会作的动作的数目恰恰是它能发挥最大作用的数目,此外,动作之间也需要有足够的差别。

威尔逊认为在各种感觉通道之间存在着进化竞争。物种受到它们各自系统发育的抑制,在令人吃惊的多样化图景中选择了各自的感觉通道。总结性的观点认为,社会性昆虫更多地使用化学和触觉信号;对鱼类来说,视觉更为重要;鸟类则更多地采用视觉和听觉信号;哺乳动物的群体虽有一定程度的特化,但从整体来说,在通信行为中,几乎应用所有的感觉通道。

意大利杰出的符号学家艾柯(Umberto Eco)认为动物传播研究的意义在于,"通过对动物交流的研究,我们才能对人类交流的生物学因素作出定义:或要么就承认,甚至在动物水平上,也存在着一些意指模式,它们在某种程度上,可以界定为文化和社会方面的因素。由此,这些术语的语义范围被拓宽了,因而,我们关于文化和社会的概念也加宽了。"②

以上的观点得自于将一切动物放在可以比较的同一层面上进行研究,旨在探索动物的社会性及加深对人类社会行为生物学层面的理解。而人类社会的传播的特有现象是语言的产生,这也是人类之成为人类的标志之一。

---

① 见 1990 年 3 月 17 日《新民晚报》。
② 艾柯:《符号学理论》,第 8 页,中国人民大学出版社,1990。

第二节 语言的产生

对于人类的语言传播能力与动物界的传播能力的关系,有两种不同的观点。前一种观点认为,人类的传播能力是来自于动物传播能力的"进化"。前节所谈的威尔逊所持的就是这种观点。另据美国当代语言学家乔姆斯基(Noam Chomsky)引述,比较习性学家托波(W.H.Throe)认为,除人以外的哺乳动物看来缺乏人那种模仿声音的能力,因而,人应该期望鸟能成为在真正意义上进化出语言的群体,而非是哺乳动物。托波虽然没有明言人类语言在严格意义上是从较简单的系统中"进化"而来,但他确实认为人类语言的特征可以在动物通讯中看到,如其有目的性、有句法性、命题性等。①

乔姆斯基则持相反的观点。他论述道:"就我们所知道的来说,掌握人类的语言与一种特殊的心理组织有关,而不只是智力程度高一点的问题。在那种以为人类语言只不过是比在动物世界可见到的某种东西的更复杂一些的特例的观点中,似乎没有什么实质性的内容。这就为生物学家提出了一个问题,因为如果情况果真如此,那么,这就是一个真正的'突现'的例子——在一个复杂组织的特定阶段出现不同质的现象。"②因此,乔姆斯基将人类语言能力解释为人脑的一种特殊机能。他的语言观被普遍认为是一种具有独创性的理论。

施拉姆则从人类传播史的角度概述语言产生的伟大意义。他谈到,渐渐有了人的属性的动物在远古隐居时,以某种不为我们今天的人们所知的方式,迈出了毫无疑问是踌躇但却是巨大的步子,

---

①② 见乔姆斯基:《语言与心理》,第 82 页,第 84 页,华夏出版社,1989。

他们"发明"了语言。他还论及对语言成因的许多具体的有着独创和有趣名称的猜测。

关于语言的诞生,有意见认为它同工具的使用紧密相关。石器工具在一百万年前就已存在。当先民手拿工具时,他就再也不容易作出以前可以容易作出的姿势了。而这在语言传播之前的非语言传播中是非常重要的传播方式。而如果他在打猎,或在黑暗的洞穴里,他会发现声音信号可以不是动作的附着,它可以取代视觉信号的许多功能。因此,随着工具的运用,他学会了像运用双手一样熟练地运用发声机制。按照进化论的观点,工具的使用,促进了手的变化,也促进了脑及思维的发展,而思维的发展是和语言的发展同步的。

施拉姆认为这段史前史是无法确定的,所有的事实都已深深地埋在过去之中。实际上也没有必要选择哪一种理论,因为这些理论在本质上都是一样的。这些理论都认为,某些正在渐渐具有人的属性的动物已开始把某些声音同某些经验或行为做稳定的对应联系。

尽管有许多东西需要我们去猜测,但有一点是肯定的:语言产生的经过是极其缓慢而艰辛。这个抽象的过程是很难达到的,人类经历了千千万万年的时间,把现今任何一个孩子用三年就能学会的基本语言放置到他们的技能当中。

语言具有许多特性,其中一个突出的特性,就是它运用许多抽象概念。任何动物,包括人类,在能概括归纳出它们发出的信号的意义之前,必然已相互传播了千万年。但是,人类后来使传播的信号变得可以携带,这个信号不仅适用于具体的嚎叫对象,也适用于整整一类生物或事件或事物。渐渐具有人的属性的动物发明的这种在一切地方都指同一样东西的声音符号,使他无须指着对象或是站在对象旁边或朝对象嚎叫。语言运用许多抽象概念这一特性是生物界任何生物的任何传播工具所不具有的。当然对这一问题仍有许多值得探讨之处。如德裔美籍美学家阿恩海姆(Rudolf Arnheim)就提出不能将具体知觉和思维抽象作简单二分的观点,这一观点堪称深刻。①

但是简而论之,普遍的观点是,创造抽象概念是人类思维的特有能力。如"美"这一概念,柏拉图说"美是难的",正是因为"美"这一概念的抽象性;如西谚云:"花是美的,美本身却是抽象的。"也正因为此,才有后世那么多对"美"的理论探索。

这种创造"类概念"的能力,被柏拉图上升到了哲学的高度,上升到所谓"理念世界"中去而成为"绝对事物",而认为人类社会中的具体事物都不过是理念世界中绝对事物的"摹仿"。

至于语言与思维的关系,正如德弗勒总结的,它们在诸如人类学、语言学、哲学、心理学、社会学等领域里得到深入研究,但仍然有许多理论问题未得到最后解决。乔姆斯基则提出,可将语言研究作为思维研究的最切实可行的途径。

从人类发展的角度来看,正如施拉姆论述的,正是人的这种特有技能以及与此有关的智能的增长,使得他们在生存竞争中占上风。有了自己的语言工具,就能更有效地观察自己的环境并进行分类,带回情报并参照以前储存的信息以作出决定,更有效地组织自己的社会关系,把自己学会的东西传授给社会新成员。换句话说就是比其他动物更有效地利用信息。

施拉姆提出,另一值得注意的问题是语言发展在数量上的趋向。世界上现存约3000种语言和主要方言土语。语言是在无数彼此没有什么接触的部落和部落群中各自逐渐进化而形成的,因此很少有什么必要发展可和谐共存的语言。每一种部落语言必定要反应讲这种语言的人的经验和正在发展的文化。语言数目因何减到3000种,乃至重要语言(从使用人数上看)减少为如英语、汉

---

① 阿恩海姆:《视觉思维》,第240页,光明日报出版社,1986。

语等的十来种呢？原因在于人际的接触日益增多：旅行更方便、贸易和商业的增长、城市的发展、城邦国家的形成、帝国征服以及思想和威望的力量等比较微妙的影响。这个进程有必要寻找共同的语言，并且，语言数量减少的趋势可能还要缓慢的继续下去。

在当代世界，这里所反映出的矛盾在于：从保存民族特性的角度来说，应保留和发展民族语言；从改善交流的角度来说，则可能相反。英国著名传播学者麦奎尔(Denis McQuail)认为大众媒介和民族语言共同构成了"媒介文化"，而其中的民族语言既是传播工具，又设置了传播的文化规范。① 因此，在媒介文化全球化和民族化的矛盾斗争和关联发展中，民族语言的前途择抉正处在问题的焦点上。

第三节　文字的产生

文字产生于语言诞生几十万年之后。但与语言体现了人类的普遍性这一特点不同，文字不仅不是任何民族都具有，而且不同民族文字特点的差异也很大。

文字产生的主要动因是出于克服传播的时间和空间障碍。在这以前这种要求以许多方式(如结绳记数、记事)来满足。

施拉姆指出，迄今为止，任何动物都不能在没有帮助的条件下画出周围的环境。大猩猩在人的鼓励下并由人给予材料时，可画出"抽象"画。但人类不同，在可用文字书写之前几千年就能画出某些具体的东西，有些可以称为是美的。考古发现表明这样的画地理分布很广，画的对象多为猎人和动物。不论这些画是何目的，都可以认为它们是最早的书写形式的传播。因而，绘画经验是人

---

① 见单波、李楠：《大众传播与文化》，载《新闻大学》，1998年秋季号。

类文字的起点。基于这样的观点,可以认为文字的产生始于二万至三万年前。

远古的文字,埃及的、巴比伦的、克利特岛的、中国的,都是从图画演变来的。这些文字时间都非常久远:埃及的将近六千年;巴比伦的有五千年;中国古文字有五千多年历史,可以辨识的也有三千多年历史。

古埃及象形文字有圣书字(正体)、僧书字(草体)、民书字(俗体)三种字体,圣书字尤为典型。圣书字多刻在碑铭上,都是象形的图形。如"诺姆"(州,由农业公社组成)为大地上广布河川,纵横交错。1822年法国学者商博良译解埃及象形文字成功,奠定了埃及学的基础。

楔形文字也叫"钉头文字"或"箭头字",是西亚的古代文字,多刻在石头和泥版(泥砖)上。笔画呈楔状,如钉头和箭头。约5000年前由两河流域的苏美尔人创造。后来的巴比伦人、亚述人、赫梯人、波斯人等,都使用这种文字记录自己的语言。一开始是形象的图画,后来逐渐演变为较一般的符号。考古学家发现的大批各种楔形文字泥版或铭刻,十九世纪以来陆续译解成功。

中国古代文字不仅非常古老,而且在现代汉字中还能看到其基础。其他的古老文字都已经死亡,仅有汉字还较多地保持了古代的风貌。古代中国文字有许多是以象形的图画构成的,后来才发展出大量的"形声字",大大提高了"声化"程度。

世界文字发展史的规律是从表意文字逐渐向或少或多带有表音成分的文字的方向发展。现代世界上主要的文字体系有表意文字、"语素—音节"文字和表音文字。

一般认为,表意文字是指用一定体系的象征性符号表示词或词素的文字,不直接或不单纯表示语音。有人认为古埃及的僧书字(草体)、民书字(俗体)、楔形文字定形之后在很大程度上都是表意文字。我国学者刘志诚认为表意文字的概念是由"剩余法"(即表音文字之外的都是表意文字)得出的,内涵有模糊性。现存典型的表意文字很少,如中国少数民族纳西族所使用的东巴文应属此。①

虽然有人将现代汉字算作表意文字,但多有不同看法。刘志诚认为,现代汉字90%为形声字,具有极高的"声化"程度,不应简单地被视为表意文字。占汉字绝大多数的形声字的意符本身也为汉字,是与汉语语言中的最小有意义单位——语素有关联的字符;其音符表音与音节文字类似,表示的是音节。因此形声字是"语素—音节"文字,从而决定了汉字也是"语素—音节"文字。②还有观点将汉字算做"词符—音节"文字,也即表词符号和音节符号并存的文字,这种划分与刘志诚的划分是相似的。

表音文字即用字母表示语音的文字。现在世界上大多数文字都是表音文字。根据字母所表示的语言单位不同,有音节文字(如日文)和音位文字(如各种欧洲拼音文字)的区别。

表音文字最初出现于两河流域和尼罗河流域之间的叙利亚—巴勒斯坦一带,是由闪族的一支腓尼基人创造的。腓尼基字母共22个,来源是古埃及文字,出现时间在公元前13世纪。该地区海上贸易极为发达,使这种文字迅速传播。传入希腊后,产生了希腊字母。希腊字母后来又孳生了拉丁字母和斯拉夫字母,因此它成为欧洲各国字母的共同来源。

属于对我们中国文化探讨的一个重要组成部分,汉字与表音文字的比较在我国进行了很长时期。这一问题实际上也直接联系到中国人传播的特点,因此值得引起传播学研究的注意。

20世纪的大部分时间,占上风的观点是:这两种文字体系从语言本质上来讲,表音文字更为先进,它易学、易用,易随事物的发展变化而发展变化;有的学者注意到这与西方关注变革发展的精

---

①② 刘志诚:《汉字与华夏文化》,第41页,第42页,巴蜀书社,1995。

神相对应。相反,在形态上,汉字不随便变化,所以各地人可能互相听不懂,但可以读懂,这有利于各民族的团结统一,并培养一种怀念过去的深厚感情;但汉字不利于表达变化发展的事物,其严重缺点还被认为在于由于一个字一个形体,有了形不能就读出音,读出音不能就写出形,看了形和读出音还未必懂得它的意义,这就给学习和使用汉字造成了很大困难,因此,中国应将文字的拼音化作为其努力的方向。

20世纪后期的观点倾向于认为:汉字有其独特的优点,且随着汉字计算机输入问题的解决,汉字不应成为现代化的障碍;汉字是中华民族文化的核心成分,应该努力将之发扬光大。

我们认为,中国语言文字的特点和中国文化、中国人的心理接受习惯有着密切的内在联系。中外许多学者对中国的语言文字的传播特性予以关注,但在传播学中仍不能认为这方面的研究已经非常细致深入,因此有必要加强研究。

文字的发明意义极大:人类交流在空间上得到极大的开拓,在时间上也可以无限地传至久远,它使信息可以脱离人本身。历史上许多重大事件,如佛教的传入中国,欧洲文艺复兴时的"典籍西渡",离开了文字,都是不可能的。因此文字在文明发展史上的作用是难以估量的。

正如施拉姆所指出的,古人对文字的产生感到神秘莫测,因此他们多把创造文字归功于神,如埃及的智慧之神、巴比伦的命运之神、希腊人的奥林匹斯的传令官和使者赫耳墨斯等。中国的传说则将汉字的发明归功于带有传说色彩的人物苍颉。

第四节 大众媒介的产生

随着近代世界的到来,人类传播信息的能力又发生了一个巨大的、划时代的变化。这一变化就是大众传播媒介的出现。大众传播媒介一经出现,就迅速与人类社会的政治、科技、经济及文化变革相互作用,成为对人类生活的发挥最具重要影响的因素之一。

一、印刷术与大众报纸

大众媒介即指能大量复制信息的媒介。在人类社会,首先出现的大众媒介是印刷品。人类社会在发现成熟的印刷术过程中走过了漫长的道路。

最早的印刷术可追溯到我国公元前流行的印章捺印和公元2世纪末的拓印,后者是用纸和墨从石碑上拓下图文的复制方法。

在我国,造纸造墨的技术发明后,出现了雕板印刷术。这种印刷方法是把图文刻在木板上,用水墨印刷,现在的木板水印画仍用此法。雕板印刷术在我国的唐代已经盛行,并传至朝鲜、日本、越南、菲律宾、伊朗等国,影响到非欧两洲。

公元11世纪后,随着社会生产的发展,印刷术出现改进。宋朝的毕昇在1041至1048年间首创胶泥制成的活字,使书籍印刷更为方便。之后,又陆续出现用木活字(中国,王桢,1313年,6万个)、铜活字(朝鲜,李太宗,1403年,10万个)等制版印制的书籍。但中国文献对印刷术的记载十分贫乏。有学者感叹:"由于中国传统知识分子对于印刷术的轻视,有关雕版的技术、工具、印刷程序和印制数量等等的记录,在中国文献中几乎连片言只语都没有存留……这和文人所重视的纸、墨、笔、砚等文房用具相比,其记载的丰瘠和详简,真有天渊之别。"[1]

公元12世纪,造纸术从中国经中亚传至欧洲,印刷的基本方法也慢慢传至西欧,刻板印刷术风行一时,并在15世纪中期出现木活字。15世纪中期,在德国城市美因茨,古腾堡(Johann Gens-

---

[1] 闵大洪:《对于传播技术的发展和作用多写几笔》,载《新闻与传播研究》,1994(1)。

fleish zum Gutenberg,生于 1394 至 1400 年间,卒于 1465 年)把一些已经相当普通的材料和方法凑到一起,实现了廉价的、高质量的现代印刷。

他将西欧做酒的压榨机改装成印刷机,采用金属活字手工排版。他把如下这些因素凑到一起:发现效率高的铸字方法;铸出了以铅、锡、锑合金为材料的活字,使活字硬度比铅活字加大;排印的是音节文字,不是表意文字;用易附着金属的油墨代替了不易附着金属的水墨。经他的努力,形成了由拣字、组版、填空、齐行和印刷还字四个步骤组成的活版印刷工艺。

古腾堡的发明为出版业朝着工业化的方向发展奠定了基础。在这一发明出现之前,欧洲的手抄图书只有几万册,而 1450 年至 1500 年间,只用了 50 年,欧洲印版书已达 3.5 万种,数量猛增到 900 万册。

古腾堡印刷术出现以后的 350 年间,伴随着现代科学技术进步和文艺复兴以后社会变革的需要,印刷术也得以不断发展。近两百年来,这种发展更加迅速。1790 年,印刷开始使用铅版;1800 年,铁制印刷机发明,每小时可印 250 份;1811 年,出现第一台间歇滚筒印刷机,采用蒸汽机驱动后,时速达 1100 张;1864 年,每小时 20000 份的轮转印刷机发明;1946 年,卡尔森发明静电印刷;1950 年,"照相排字机"使胶印报纸成为可能;1963 年,一些日报用计算机照相排版。

古腾堡的印刷术出现以后,就伴随着出现了大众报纸的兴盛。从 16 世纪威尼斯政府印制的"戈塞塔",到 17 世纪德国出现与我们现代概念中的报纸更相近的印刷物,都离不开印刷术的普及。1621 年,报纸的早期先驱库兰特(Corantos)在英国出现。但总的来说,至少 17 世纪是政府试图严密控制所有形式的印刷物的时代。

在北美,从 18 世纪开始报纸在美洲殖民地得到发展。至《独立宣言》写成时,十三个殖民地共有 35 家印刷粗劣的小报,这些报纸发行量一般在 1000 份以下,没有大城市作为市场。随着公共教育成为现实,"人人看报纸"的时期终于来临。1833 年创刊的《纽约太阳报》至 1837 年日售达 3 万份。该报以广告为收入支柱,并引来众多竞争者,报纸行将扩散到整个美国社会。印刷技术的不断发展,以及美国社会 19 世纪后半期的迅速变革、冲突和转化,使美国报纸迅速成为"大众报纸"。1850 年,在美国每 10 户家庭购买约 2 份日报;后每户平均发行量迅速上升,大约在 1920 年达到高峰,每 10 户家庭购买约 13 份日报。至 1986 年,降至每 10 户家庭购买 7 份日报。所以在大约 1920 年达到高峰,德弗勒认为原因在于另一些媒介形式此时开始在社会上出现,它们适应了类似报纸所适应的人们的需求。此后不久新闻周刊开始得到普遍接受,甚至电影也起了作用。当然,在 20 世纪 40 年代后期和 50 年代,电视席卷了美国社会。每一种功能替换物都不同程度地吞食了日报的发行量。其他国家或地区的报纸的发展时间虽各有不同,也大多经历了类似的道路。

印刷术的产生具有伟大的历史意义。从世界科学技术史的角度看,欧洲的文艺复兴使中世纪封建制度瓦解,促进了近代市民社会的蓬勃发展,这一时期的代表性技术是火药、指南针、印刷术这三大发明。有学者认为,西方近代印刷术是不同于中国古代印刷术的全新意义上的印刷术,对世界文明的进程产生了巨大影响。

马克思对此评价道:"火药、指南针、印刷术——这是预告资产阶级社会到来的三大发明。火药把骑士阶层炸得粉碎,指南针打开了世界市场并建立了殖民地,而印刷术则变成新教的工具,总的来说变成科学复兴的手段,变成对精神发展创造必要前提的最强大杠杆。"[①]

[①] 转引自闵大洪:《对于传播技术的发展和作用多写几笔》,载《新闻与传播研究》,1994(1)。

日本科技史学者汤浅光朝认为:"印刷术的发明作为人类解放思想的武器,与火药的爆炸力相比,其强烈影响之所及是更大的。中世纪学术被僧侣阶级垄断,哲学成为神学的婢女,科学堕落为巫术,技术被禁闭在行会的小圈子里,这些都与缺乏保存和传递知识的工具有关。在使世界理性的生命力变得旺盛并使其水准显著提高方面,印刷术的文化史价值是必须给予极高评价的。"[1]

可以认为,大众传播媒介的出现使人类传播信息的能力发生了一次飞跃。人类近代化的社会历程与其相互作用,使人类社会走上快速变化发展的道路。

二、广播和电视

广播和电视的出现都是一系列技术积累和社会需求的产物,它们的出现,极大地改变了人类的传播状况。1906年被称为"无线电之父"、"电视之祖"的美国发明家德福雷斯(Lee De Forest, 1873—1961)发明他称为"音频管"的电子元件(我们今天称之为"真空管",并且其执行的基本相同的任务已被"半导体"取代)。德福雷斯的音频管是无线电信号的电子放大器的关键元件,这一发明使声音的无线电传播成为可能。有观点认为,这一发明对技术、社会、文化各方面都带来了深刻的影响,实际上改变了20世纪生活的特性。

1916年,美国马可尼公司的一位年轻无线电工程师建议的"无线电音乐箱"为无线电作为大众媒介描绘了大致轮廓。1920年,美国西屋公司在匹兹堡获得电台营业执照,1921年开始在纽约定期广播。其后竞争对手迅速出现,1921年下半年,32家新电台得到执照;而1922年上半年,得到执照的为254家。

广播发展初期,虽经历了频道干扰、经费不足等困难,但发展

---

[1] 转引自闵大洪:《对于传播技术的发展和作用多写几笔》,载《新闻与传播研究》,1994(1)。

速度仍然极快。从 1925 到 1935 年,美国每户拥有收音机数目从 0.2 台增加到略超过 1 台。广播这一新的传播媒介也迅速在世界各地得到发展。至 20 世纪 40 年代以后,广播受到电视的挑战。但由于半导体的发明,微型收音机仍然开拓了巨大市场。

1939 年美国出现电视表演,1941 年美国联邦电讯委员会宣布允许商业电视营业。电视与收音机相比,其扩散过程迅速而不混乱,原因在于在电视机投放市场之前,电视技术已经相当成熟。

在电视机出现之初,在美国它还是一种奢侈品,成为一种地位象征。第二次世界大战减缓了电视普及的速度。到 1948 年,美国大约有 70 座电视台运营,几百万台电视机得到使用。为避免频率干扰的混乱局面出现,1948 至 1952 年联邦电讯委员会停止发放电视台许可证。1952 年解冻以后至 1960 年,电视迅速普及,87% 的美国家庭至少有一台电视机。我国电视普及于 20 世纪 80 年代末至 90 年代初,所用的时间比西方国家还要短。

电视发展的新趋势是有线电视技术和卫星传送电视信号技术的普及。前者使有限的频道资源得到极大的扩展,后者使大众传播内容向国际化方向发展。而从各国的实际情况看,两种技术往往是结合在一起使用的。这一技术发展及其与电视传播进一步商业化的结合,使电视传播的技术、内容及受众消费形态都发生了很大的变化。

与印刷品不同,广播和电视的传播可以为没有阅读能力的人接受;它们可以和人的感官发生更全面的联系;它们发送讯息的时间周期更短,覆盖的地区更广;在普及的条件下,它们也是在消费意义上更廉价的媒介。

如果说印刷术的出现使人们在传播中扩散信息的能力得到飞跃,那么,广播和电视的出现就是这种飞跃的新拓展;如果说印刷术的出现实现了传播的大众化,那么,广播和电视出现就更彻底的实现了这一点。

三、大众媒介与相关传播技术的协同发展

大众传播媒介无一例外,都是多种技术发展的结晶。而其运用于社会,则又都是与其他技术协同发生作用。因此,有必要简略介绍这些协同技术的发展。同时,电影本身也一度是有非常多的接触者的大众媒介,只是它传播的内容以娱乐性的为主。

照片和摄影是与大众媒介紧密相关的技术发明。1822年,第一张照片由尼普斯发明;1823年,电影原理被发现;1839年,照片在报纸中出现;1894年,用铜版印刷新闻照片第一次得到广泛应用;1895年,卢米埃兄弟发明电影摄影机,开创了电影时代;1927年,第一部有声电影《爵士乐歌手》出现;1929年,科达发明16毫米彩色电影;1956年,穆拉德析像摄影机发明,它可以很快取出照片;近年来,数字化相机出现。

电影本身作为大众传播媒介开始于1895年,当时巴黎出现了第一家电影院。此后电影院在欧美迅速普及。1905年至1908年,观众在美国以令人瞠目的速度增长。1936年美国电影观众人数达到每周每户有2.71人看电影的高峰,后受电视冲击逐步减少,到1986年减至每周每户有0.23人看电影。

没有电话、电报和传真的发展,大众传播的发展也会失去重要的技术支持。所以这些重要技术既是人际传播的工具,也是大众传播的基础。其发展的大事年表如下:1844年,莫尔斯发明了有线电报,首次把电报讯号从华盛顿送到巴尔的摩;1876年贝尔发明电话;1895年,马可尼发明无线电报;1930年,英国和德国之间开展传真电报业务;1956年,贝尔公司发明可视电话;20世纪80年代光纤通讯得到发展;近年来程控电话迅速普及。

就中国的情况来看,如果没有程控电话技术的发展,很难想象中国能在几年时间内建成全球第二大电话网。

无线通讯是新的发展趋向。我国在这方面的发展尤其迅速。

我国无线电话网的规模从2001年7月起已居世界第一位。

通讯卫星自20世纪60年代出现以来不断发展,现已在一国以内及国际讯息传播中起着越来越重要的作用。最早提出通讯卫星这一伟大设想的人是英国科学幻想小说家克拉克(Arthur Charles Clarke)。他早年因贫困未能上大学,但对太空深感兴趣。他先作小职员,1941年入皇家空军,任雷达教员;服役期间,写出一批科幻小说。1945年他在《地球外的转播》一文中根据牛顿万有引力定律,建议把一些固定的航天仪器设置在空中某个脱离了地球吸引力的地方。他认为:可将发射器发射到22300英里的上空,让它每24小时绕地球运行一周,这样它就固定在了地球上的一点。如果单个卫星能传递射线,就能覆盖1/3的地球表面,那么,如果我们发射三颗等距离卫星,就能建立一个供所有民族享用的世界性的通讯空间。他的预言极为准确,以后发生的事实完全印证了他的预言。

1955年,他又提出了更详细的建议。1957年10月4日,前苏联发射人类第一颗人造地球卫星,这震动了美国。约4个月后,1958年2月1日,美国也发射了一颗人造地球卫星。1962年,美国国会通过议案,肯尼迪总统签署了《通讯卫星法》,接着成立美国通讯卫星公司。1964年,美国等11国组成的国际通讯卫星组织发射了第一颗通讯卫星。1965年,一如克拉克的设想,美国独立发射了同步通讯卫星"晨鸟"号。到20世纪80年代以后,国际通讯卫星组织的卫星已和世界上180个国家的地面站取得联系,形成全球性的传送、接收微波的网络。同时利用通讯卫星进行通讯的费用也越来越低。

我国自身的通讯卫星技术20世纪80年代以来也获得很大发展:1984年发射第一颗实验通讯卫星;1986年发射第一颗实用通讯卫星;后又发射3颗东方红2号通讯卫星,使我国电视人口覆盖率达到80.5%,随着上星电视台的增加,20世纪末我国电视人口覆盖率已达到90%以上;1990年4月7日我国发射的亚洲一号通讯卫星使我国大陆和港澳台居民可在家用直径约1.5米的碟形天线接收它转发的节目。

其他技术的发展及普及,如录音机、录像机、传真机、复印机、激光唱盘、激光视盘、只读光盘、可写可读光盘以及报纸、广播和电视节目的计算机编辑等,都改变着个人的媒介接触状况。

四、大众媒介带来的影响

从技术角度来说,古腾堡所做的以及其后大众传播媒介所做的,就是把一架机器放进传播过程,复制信息,几乎无限地扩大人们分享信息的能力。传播的性质并没有发生变化,但这种分享信息能力的巨大跃进却能对人类生活产生深刻的影响。

由于各个国家、不同时期、不同媒介的情况各有不同,全面总结大众传播的社会影响是困难的。但施拉姆在1982年的总结如今看来仍具有概括力。

首先,施拉姆认为,大众传播造成了社会形态的根本性质化,也即造成了传统村庄与现代社会的区别。没有大众媒介介入的传统的村庄和有大众媒介介入的现代社会是很不相同的。前者和其他地方一样,知识就是力量,但是在有媒介介入之前的文化中,力量往往存在于能记住过去的智慧、神圣的文字、法律、习俗和各家族史的老人的记忆之中。在印刷品和广播进入传统村庄之后,往往发生惊人变化。首先,可得到的信息的数量大大增加,传播来自更遥远的地方,力量从那些能记住很久以前的事的人那里,转到了那些掌握遥远地方有关信息的人那里。人们的注意力转向可以用于实现变革而不是用于维持现状的信息。

其次,他认为,大众传播媒介产生了权力极大的把关人。由于社会总信息量的增加,大众媒介需要对信息进行大幅度的取舍,这使大众媒介造就了信息所在道路上权力很大的把关人。由于现代媒介同现代生活不可分解地交织在一起,我们有充分的理由要问,这些把关人的取舍决定是怎样做出的?是受什么控制的?

再次,大众传播的发展与社会变革相互作用。比如,文艺复兴促进了印刷媒介的发展,反过来,印刷又促进了文艺复兴的思想和观念。在中国也有类似的情况:正当人们愈来愈感到封建的专制统治造成的闭关自守及其恶果不能忍受下去时,西方传入的大众媒介宣传民主、科学和革命成为可能。媒介一经出现,就参与了一切意义重大的社会变革,如智力革命、政治革命、工业革命以及兴趣爱好、愿望抱负和道德观念的革命等。

最后,施拉姆谈到,大众媒介带来了信息时代。在这个时代里,与其说是自然资源还不如说是知识有可能成为人类的主要资源以及力量和幸福的必不可少的条件。正如著名管理和商业思想家德鲁克(Peter Druker)在20世纪70年代中期就指出的:过去25年里出版的书的数量,相当于1950年以前500年所出的书的总和;所有我们有记载的全部科学家也许95%还活着。

施拉姆在当时提出,在今后半个世纪里,人们将终于不得不向自己的处理和分享信息的非凡能力屈服。他们将不得不为了自己的利益而不是为了自己的毁灭、为了进一步的人性化和社会化而不是为了异化或退化,学会利用这种能力。应该认为,在20年后的今天,这种挑战已经变的更为明确。

第五节 "第四媒介"及其可能的发展

有人将近几年来出现的因特网(Internet,也译"互联网"或"国际互联网")称为继报纸、广播和电视之后的"第四媒介"。它的最大的特点是既可作为大众传播、团体传播的工具,又可作为人际传播的工具,而且具有极大的讯息储存与检索能力。因此也有人认为这一媒介的出现标志着人类进入了"后大众传播时代"。

1946年提出原理、1949年制成第一台样机的现代的电子计算机技术,在1947年贝尔电话实验室的3位工程师发现以硅元素为主要成分的价廉体小的半导体广泛运用后,以个人电子计算机的形式得到普及,这一"微电子革命",是因特网存在的首要技术基础。以光缆和程控交换为主要技术的通讯网的建立被称为"光电子革命",这是因特网的又一重要技术基础。

从世界范围来看,虽然因特网用户飞速增长,但较之于报纸、广播和电视的受众仍是一个较小的数字。但由于因特网自身特有的优势及其与传统大众媒介的结合,其定将会在个人媒介接触中占愈来愈大的比重。

有人认为因特网既能带来"巨大效益",又能带来"社会问题"。由于这一技术仍在不断的迅速发展过程中,因此对它的探讨大多是带有前瞻性的。在第九章我们将集中讨论关于网络传播的几个问题。

第六节 技术发展加速度与"发展传播学"

我国学者闵大洪在谈到新闻传播研究时,认为以前对技术层面的研究不够,应该"对传播技术的发展和作用多写几笔"①,这一意见是中肯的。人类传播的方式和形式的变化速度本身,就是有重要意义的社会数据:从语言到文字,几十万年;从文字到印刷,几千年;从印刷到电影和广播,四百年;从第一次试验电视到从月球播回实况电视,五十年。因此,人类传播能力明显呈加速度的发展。这种状况至今仍在继续。比尔·盖茨1999年3月10日在深

---

① 闵文洪:《对于传播技术的发展和作用多写几笔》,载《新闻与传播研究》,1994(1)。

圳谈到：以拥有5000万消费者为一个里程碑计算，收音机用了38年，电视机用了13年，因特网仅用了4年；因特网通讯量如今每100天就翻一番。

同时，国外技术传入中国也呈加速度的态势发展：从1455年世界上第一本铅活字印本书《四十二行圣经》问世到1819年中文第一本铅活字印本书《圣经》在马六甲问世，相隔364年；从1660年德国出版世界上最早的日报《莱比锡日报》到1858年在香港出版第一张中文日报《中外新报》，相隔198年；从1835年世界上第一家通讯社哈瓦斯社诞生到1904年中国人自办的中兴通讯社在广州建立，相隔69年；从世界上第一家广播电台在美国开播到1926年中国人自办的哈尔滨广播电台开播，仅仅相隔6年。

通讯卫星和因特网这样的国际化媒介的时代，使不同国家的技术距离更加靠近。有人认为我国在网络媒介上已经和世界达到了应用上的同步时代。①

从更广阔的背景上来讨论，通讯技术的加速度发展是与科学技术本身的加速度发展相一致的。对通讯技术发展的这种加速度有进一步分析的必要，正如要评价科学在其他方面给人类带来的影响一样。事实上，传播研究中的许多探索都离不开对传播技术加速度发展的关注与估价。这种关注与估价有积极的与消极的两种。

积极的估价认为：在眼花缭乱的媒介技术变化面前，人始终是主动性的因素；而消极的估价认为：我们制造了工具，而工具决定了我们。②

我们认为，技术一经出现，就在一定程度上成为外在于人的东

---

① 见《互联网：我们与世界同步——"网络时代的新闻传播"研讨会综述》，《国际新闻界》，2000(4)。
② 以下内容参见陈龙：《"发展理论"演进中的媒介角色及其再认识》，载《新闻与传播研究》，1998(1)。

西,与人形成互动的关系,因而包含产生各种影响的可能性,而在这些影响中其负面影响恰恰更容易被忽视,因而应给予更多关注。如,有些学者指出,如果形成媒介技术对人的主宰,则有可能使媒介技术成为人感知现实生活的障碍,引起人亲身感受、体验生活能力的丧失以及人与人、人与社会、人与自然的隔离,从而引起人自身的诸种危机;再如,有学者认为,电子媒介的勃兴打破了原有的社会空间划分,社会一下子变得一览无余,一个大杂烩式的、没有任何特征可言的文化可能由此产生。

另外,对于包括中国在内的发展中国家来说,一个重要的课题是:传播技术的加速度发展是否给她们带来了缩短与发达国家经济发展水平的机遇?应如何抓住这种机遇?

对此,欧美国家的理论家二战以后提出"传播与国家发展理论",又被称为"发展传播学"。这一理论走过了三十多年的发展、演变历程。

早期理论(20世纪50、60年代)的核心是给国家发展中的"媒介角色"以突出地位。勒纳(Daniel Lerner)认为国家发展的动力来自现代"流动性"人格的注入和大众传播媒介这一"流动性"增殖器(multiplier)发生作用;施拉姆认为信息不通畅是第三世界不发达的原因,而传播媒介的发展能成为国家发展的推动力(mover);美国农村社会学家及传播学者罗杰斯(Everett Rogers)认为第三世界的发展动力与发达国家不同,多来源于与外界新的思想和信息的接触。

中期理论(20世纪70年代)基于20年来第三世界发展的迟缓及其与发达国家距离的扩大而提出。弗兰克(A. Frank)提出"世界体系论",认为由于发达国家与第三世界国家在经济技术与传播技术方面的巨大差距,前者成为"都会"国,后者成为"卫星"国,一边倒的格局容易形成前者对后者的剥削与控制,他主张第三世界国家效法卡斯特罗,走不依附的道路;罗杰斯修正了他以前的观点,旧理论认为媒介发展造成社会发展,新理论认为,以确定发展政策为前提,经过中介变项传播的推动,最后才有国家的发展。

近期理论(20世纪80、90年代)发展了以前的理论,提出了与旧的"世界体系论"不同的"新国际体系"理论构想。这一时期的理论以联合国教科文组织的报告《多种声音,一个世界》为代表。社会结构,如权力、财富、信息、机遇等的分配重组被提出来;人们开始认识到,发展的第一要素是"人",要建立一种人本精神,使人格力量得以充分的发挥;发展不能照搬某一国模式,而应从自身实际出发,合理地吸收他国的科技文化成果;在发展问题上,各国都应本着公平合理的原则,互助合作。

总之,正如我国学者陈龙所说:"既然新的传播技术能提高信息传播速度,加快社会变迁步伐,那么人类完全可以用它来推动社会发展,这仅仅是从技术层面来谈的。与发达国家相比,发展中国家最容易实现一种'边缘突破',即可以在某些技术上赶上或超过发达国家。信息技术是一个重要的可突破领域。"[①]

从理论研究来说,由于中国仍然是一个发展中国家,因此发展传播学应该成为我们研究的一个重要的领域。

[①] 陈龙:《"发展理论"演进中的媒介角色及其再认识》,载《新闻与传播研究》,1998(1)。

第三章 传播的含义与特性

传播研究离不开对传播的内涵的把握,也离不开对传播特性的理解。探索经由不同渠道的传播活动所具有的基本共性,是我们研究传播问题的起点之一。

第一节 传播的含义

传播的定义,我们前面已经讲过,但不充分。作为这一问题的一个具体方面,乔姆斯基在谈到语言的特性时说:"把人类对语言的运用设想为具有有意或无意地通报信息的特性,也是错误的。人类语言可以用于通报信息或欺骗,也可用于整理自己的思想或表现自己的聪慧或者只是用于游戏。如果我们在说话时并没有想去改变你的行为或思想,那么,与我在说话时怀有这样的意图的情形相比,我仍然一点儿也不少的运用着语言。"① 这提示我们,对传播的含义不应简单看待。同时也不可否认,交流及意义共享是传播的主要含义。

我国学者王怡红曾对各种对"传播"的理解及各种"传播"的定义作了总结。② 她认为应"从历史中发掘传播的原意",她考证,最初准确使用这一词语的是古罗马人。凯撒在《高卢战记》中曾11次使用 communicare 这个词,表示分享实物、分享金钱和分享敌人的妻子,描述传递信息和告知事件的行为。communicare 这个词就是我们今天使用的 communication 这个词的原型。

她还认为,当代传播概念探究的情形既简单又复杂。说其简单,是因为传播研究的目标总是朝向解释现实而努力的;说其复杂,是因为传播研究本身受益于自然科学、社会科学与人文科学中的诸多学科知识,它将来自不同背景的认识缠绕在一起,系成一个沉重的绳结。施拉姆认为:传播理论研究吸引了社会心理学家、社会学家、人类学家、政治学家、经济学家、数学家、历史学家和语言学家。人们从所有这些抑或是更多领域,对我们理解传播作出了贡献。由此可概知有多少领域的学者加入到对传播含义的探讨之中。

在对"传播"概念的定义中,传播学者秉有不同的学科立场,他们站在不同的知识背景下,使用传播这一词语,对传播进行陈述和规定,这为我们提供了认识范围。1970 年有位美国教授曾列出学者们给传播下的 98 种不同的定义。王怡红认为,尽管这些表述甚为不同,但这些定义中有三个有代表性的词语与"传播"(communication)的本质有密切关联。这三个动词是"共享"(share)、"传输"(transmit)和"互动"(interact)。

第一个词是"共享"。如前所述,"共享"是传播的本义。传播

---

① 乔姆斯基:《语言与心理》,第 84 页,华夏出版社,1989。
② 本节内容参见王怡红:《通向理解传播的林中之路》,载《新闻与传播研究》,1998(2)。

含有"共享"之意,这一观点贯穿研究始终。大家谈的最集中的是对于经验和意义的共享。

传播学者舍蒙特和鲁宾(Jorge Schement & Brent Ruben)认为"'传播'意味着使经验共有(共享)。"根据威廉·詹姆斯的观点,经验既指人们所做的、所遭遇的事情,人们所追求的、所爱的、所相信的、所忍受的事情,也包括人们行动和遭受、意欲和享受、观察、信仰、想象的方式。它是"双义的",是一个原始的整体,它不承认任何行动与材料、主体与客体的区分,而把双方面都包括在一个不可分析的总体之中。

意义的"共享"是另一个普遍所指。舍蒙特和鲁宾认为:传播是一个共享意义的过程。当你思考传播时,在人与人之间进行意义分享的人际传播是我们最可能想到的一种类型。

在传播研究早期,人们的研究多针对讯息。20世纪70年代以后,人们把关注的重点从讯息转向意义本身,认为传播赋予人与人、人与世界万物以意义交流已经成为共识。

第二个词是"传输"。"传输"是对传播一词的引申。最初,它是个通讯术语;这一词语被人们普遍接受,是因为我们前面谈到过的信息论的影响。

1948年,香农提出描述信号传输的数学模式,1949韦弗对之作了深入浅出的解说。这一理论的中心含义就是"传播就是信息的传输与接收"。后来,有人又将这一理论浓缩成一个简洁而便于记忆的线性模式,即"信源(Source)—讯息(Message)—信道(Channel)—信宿(Receiver)",简称"SMCR"模式。根据这一模式,"传播"被赋予了"传输"或"传递"这一新的技术性含义。就这一理论本身来说,"SMCR"这一信号传输的数学模式的目标是探讨一个系统能在多大限度内传输信息。为此,香农的思想只关注一个问题,即以最小的损耗(失真)高保真地传递最大量的信息。他并不关心讯息的意义。

但是,随着信息社会的出现以及大众媒介的发展,"传输"真正扭转了人们对传播原始含义的关注。人们在描述信息的流动、定义传播时,大量使用"传输"这一关键词语。自韦弗和施拉姆始,几十年来,人们不断用"SMCR"模式描述人际传播的过程,该理论的信息传递范式出现在几乎每一本教科书中。如贝雷尔森(Bernard Berelson)的定义:传播是使用符号——词语、图画、体态、图形等进行信息、观念、情感、技巧的传输,通常,我们把这种传输行为或过程叫做传播。麦奎尔的定义:在正常使用中,"传播"这个词通常是指把一条关于"某事"的讯息发送给某个人的行为。

"传播"引申为信息的"传递",意味着不同的东西得到了强调。这一变化与传播技术的不断发展有关。技术已把传播与"传输"和"传递"信息紧密地联系在一起。同时,以强调讯息为主的"传递"观点,还用作说明传播是一个生生不息的"过程"。

第三个词是"互动"。如果说"传输"强调了"传播"的技术介入现状和片段过程的话,"互动"则强调了"传播"的心理机制和其社会性。"互动"表达了传播的如下含义:传播是以对方已经通过传播(即承载意义的符号的运动)对自己"起作用"(act)为前提发生的,这种"起作用"包括自己在心理上意识到对方的传播、解释对方的传播以及考虑自己接下来的传播会给对方造成的影响等,而自己的传播正是反过来对对方"起作用"。这样的由"传播"联结起来的相互作用,就是传播的"互动"(interact)的要义。以上解释的"互动"是从"历时"的意义上说的,在实际的传播中,还存在着"共时"的互动传播。

进一步说,"互动"的观点认为:首先,"互动"离不开传播;第二,"互动"是在各方心理层面上通过对意义的"解释"完成的;第三,"互动"过程是连续不断的和多数并存的,并由此造成了"自我"和"社会"。

总结起来讲,以上三种对传播的解释实际上在过程的不同长度上强调了传播。如把传播分解为"传"、"送"、"达"三个环节的话,第一种解释强调了"传"、"送"、"达"的全过程,第二种解释突出强调了"送"这一片段过程,而第三种解释则强调了"传"、"送"、"达"全过程及与其相关的往复传播的多数过程。

而下面所讲的诸种传播特性,都可以看作是对传播的"互动"含义的某一方面的简明的或引申的解释。

第二节 传播的双向性

我们认为,概而言之,传播大多数是双向的。一方向对方讲了点什么,对方要回答一点什么。下面我们分析一下传播的这种双向性质。

对于双向传播的构成,我们可用人为剖析的方法弄清其内涵。按照施拉姆的分析,我们可将传播行为分为两种:A 型传播行为与 B 型传播行为。在传播活动中,总是一个参加者发出符号,另一个参加者接受、处理这些符号。我们把前者的活动,称为 A 型传播行为;后者的行动,称为 B 型传播行为。具体来讲,A 型传播行为包括:形成传播的要求、编制符号、发出符号;B 型传播行为包括:将注意力集中在传来的符号上、从这些符号上分离信息和意义、对之作出反应。这是一个简单的图解,但它可概括所有的传播活动,不管这是一个有两人的小组、一个演讲会、一个讨论会,用电话还是某种大众媒介,这个过程都是一样。

然而,在上述的 A 型传播行为和 B 型传播行为发生之后,很可能出现这样的情况:刚才发出 B 型传播行为的一方现在发出了 A 型传播行为,随着它,刚才发出 A 型传播行为的一方又发出了 B 型传播行为,这是一次倒置的传播,这种倒置就叫做反馈(feedback)。

反馈这一概念借用于控制论。在控制论中,反馈的含义是:在一个系统模型中,一个监测器(人、电子的、机械的)对在某时刻发生的量和在该时刻所应当发生的量做比较,出现一个差量,关于这个差量的信息就是反馈。

而人类社会传播中的反馈是指如下两次传播中的后一次:第一次传播是:甲方(A型传播行为)→符号→乙方(B型传播行为);第二次传播是:乙方(A型传播行为)→符号→甲方(B型传播行为);当第二次传播是与第一次传播是相联系的,并且是接着而来的,我们就把第二次传播叫做第一次传播的反馈。

那么,第一次传播和接着而来的第二次传播就构成了我们所说的双向传播。在有些传播关系中,反馈比较容易,那么这种双向传播活动进行的速度就很快,比如面谈。在另一些传播关系中,反馈比较困难,那么这种双向传播活动进行的速度就很慢,比如写信。所以美国广告商往往花巨款想弄清受传者对它的传播内容的看法。

双向传播的描述并不能简单的等同于信息共享的观念。更准确的说,应该认为,双向传播是两次信息共享。

双向传播的分布很广泛。从表面看,大多数的传播是双向的而少数传播是单向的。在面对面的交谈中,这种双向性表现得最为充分,可以你来我去,持续很长时间。这是双方互相了解的最好途径,所以商业谈判用这种方式,讲课、谈心也属这种。但在一些另外的传播中,似乎只存在单向传播,如在大众传播中。对后一种情况,我们可以作进一步的分析。

施拉姆认为,即使在自身传播中,也存在双向性。他举例说:哈姆雷特的独白"死去,还是活着;问题就在于此"具有某些单向传播的性质(假设这段独白不是舞台朗读,而是真正的独白),但即使是完全在私下里讲的,即使仅是在脑子里想的而没用嘴讲出来,传播学认为,它仍然是一种双向传播,只是传播双方都是哈姆雷特。

这是一种自己同自己的谈话,哈姆雷特正在倾听他自己的论点,并且考虑这些论点,对这些论点作出反应,作出判断,这就叫思考。传播学认为这种自身传播也是一种双向传播。

有学者提出传播的本质特性为传播的主体间性(intersuberjectivity),即传播是因使两个主体发生联系而成立的。那么可以说,在自身传播中,这两个主体是统一在一个人身上的。

信号传播这样一种简单传播也会有双向性。比如,我们从骑车碰到一个交通警传来的一个信号:红灯,要求停车。这不仅仅是一种单向传播。骑车人或驾驶人要对这一信号做出反应,应该把车子停下来;人们停车或是不停车的情况很快就传达到交通警那里,他或者是目击,或者是通过闭路电视监测系统监视。目击的交通警可以一目了然的观察情况,而电视系统一般只监测违章的情况,如果没有反应,则说明无违章的情况,此时虽没有反应,也是一种有含义的反馈,传达了信息,从而构成双向传播。

大众传播中的双向性是一个较为复杂的问题。我们坐在家中看电视一般可能被看作单向传播,许多欧洲学者都这么看。美国学者认为在许多情况下大众传播和个人也构成双向传播。如收视率及收视情况调查、广告播放效果调查,就构成了双向传播。也有个人主动反馈的情况,如写信、打电话给电视台。但在这种解释下,即使存在这种双向传播,其中反馈往往不具代表性,从讯息数量上看,其双向性是很不均衡的。

但是,借助于符号互动的理论,我们能使传播的双向性对传播现象的描述得到扩展:作为社会化的个人或媒介的传播行为,不可能不在传播前和传播后"推测"受传者或受众的反应。施拉姆将大众传播中的这种现象称为"推测性反馈"。因为这种推测是建立在这些个人或媒介对社会和人积累性的认识之上的,因此必然对其传播行为产生类似于真正的反馈所带来的影响。我们也可以将之称为建立在推测基础上的双向传播。

同时也要看到,这样的理论描述虽然使传播的双向性理论扩大到可以概括到几乎所有的传播现象,但这种推测性反馈在人际传播和在大众传播中的准确性是有所不同的。由于受众是非特定人群的集合,因此对其态度和反应的推测要比对个人态度和反应的推测难得多。

因此,对大众传播的双向性的考察,是辨别和评价大众传播的状况的重要尺度。网络传播作为一种新兴传播形式,它使传播的高效能与建立均衡双向传播的可能性统一起来。这也是网络传播最引人注目的特点之一。(参见第九章第一节)

第三节　传播的间接性

传播的间接性是指由于符号的存在,传播在某些意义上讲是一种间接行为。其详细的含义,我们分析如下。

分析传播的间接性,首先要分析传播的三要素。什么是传播的三要素?我们在前面谈到,任何传播都包含 A 型传播行为和 B 型传播行为,如果我们再加上它们之间必须有的一组符号,这三者就构成了传播的三要素。在任何传播中,传播的三要素是截然不同的,同时又缺一不可。在传播的三要素中,正是传播符号的存在,造成了传播的间接性。

对传播符号,我们将在下一章集中讨论。在这里,我们可以从传递符号所需用的时间以及符号含义的特点两方面来理解传播符号造成的传播的间接性。

从时间上来理解,由于符号的存在,在传播过程中,或长或短有一段时间,短可到一瞬间,长可以很长一段时期,符号脱离了传播双方而独立存在。即使极短,如无线电通讯或我们讲话,电波、声波的传送需要时间;稍长者信的邮寄需要时间,书的出版需要时间;有的时间可以更长,如在地下出土的某一古代典籍的更早的版本,就是经历了漫长的时间向人们传达了正确的讯息。

从含义上来理解,符号的含义可能很确定,可能不确定。所谓确定的含义,如推理符号的含义、科学术语的含义等。但神话、宗教、艺术等方面的文本或非语言符号,其含义往往很不明确,接受它们,要获得意义,在很大程度上依赖受传者自身的参与,因此产生的共同理解有可能大小不等。

正是由于传播双方间的这种不可缺少的符号的存在,其在时间上可独立存在,在含义上可能有待确定,造成了我们所说的传播的间接性。

由于传播的间接性,因此就会出现下列情形:在一种情况下,传播者将讯息顺利地传达给了受传者,受传者基本上理解了对方的意思,或者,感受到对方所要表达的感情,人们在不断的交流中,逐步取得了更大程度的讯息共享,取得对环境更大的共同认识,取得了对对方的更多了解,这是一种和谐的情形;但也会出现相反的情形,即不和谐的情形,传播者传播的讯息未引起受传者的注意,或是虽然引起注意却引起了误解,人们在这样的传播活动中没有获得更多的了解,这是一种不和谐的情形。

前一种情形,可称为一种成功的传播;后一种情形,可称为一种失败的传播。这后一种情形,也应引起我们的注意。

对传播间接性的更深入的理解,有待于我们对符号的进一步研究。如研究符号与指代对象的关系、与其他符号的关系、造成和谐性传播的可能性等。

第四节　传播双方心理场的有限重合性

这里,我们首先要引入一个"心理场"的概念。"场"原是一个物理学的概念,指一种看不见摸不着但又是可以检测到的具有动量、能量和质量的客观存在的事物,如"电场"、"磁场"、"电磁场"、"引力场"等。

我们这里所说的"场理论"(field theory),是传播学的奠基性学者之一卢因提出的一种关于人类行为的概念模式。最早提出这一概念的是格式塔心理学家,卢因将之进一步理论化。如格式塔心理学家一样,他从物理学里借用场的概念,提出所谓"心理场"或"生命空间"的概念作为人的经验和需要的场所。

心理场这一概念有两方面的含义:一方面意指人们的经验和行为所处的心理环境。也就是说,人们的心理环境中积累了许多过去的经验,同时,还为行为提供物理场所之外的场所,这种心理环境就叫心理场。另一方面,心理环境也是人的需要寄居的场所。

格式塔心理学家考夫卡(Kurt Koffka,1886—1941)曾举过这样一个生动的例子:冬天的暴风雪傍晚,一个远方的来客经过几个小时骑马跋涉,穿过一片冰雪覆盖的大平原,当他欣慰地来到一家旅店门前,店主迎着来客惊讶地问:你从何处来?当知道来客真是来自那个方向时,店主人惊叫:啊,你知道你已越过了康斯坦斯大河吗?客人闻言,一下从马上晕倒下来。在这里,对于这位远方来客,险不可测、冰封雪闭的大河这一物理环境已为感觉上的一片"大平原"这一心理环境所取代。格式塔心理学即将这二者分别称为"物理场"和"心理场"。

再如,有人谈到这样的情况,在平坦的大道上划出一公尺宽的自行车通道,一般人都可骑行自如;仍是一公尺通道,但架设在高空,那情形大不一样了!这里物理场仅起了不影响行动的变化,但这种变化引起了心理场的变化。

人们的行动不仅需要物理环境,也需要心理环境。在表演艺术中这一点表现得往往很充分。演员往往要通过心理机制的定向活动,在舞台这样一个物理场中,造成一个符合特定需要的心理场,在此基础上,伴随着表演动作。曾在电视连续剧《四世同堂》中扮演"大赤包"的李婉芬谈起她年轻时代第一次登台、排演《龙须沟》时,她演的是群众,走出来,统共只有一句台词,她觉得挺容易,可导演焦菊隐却批评她说:你怎么没有感觉?走过来都看什么了?从雨中走过来,又湿又冷,一见炉子要有"暖和"的感觉;地上泥泞,走路要有"粘"的感觉;黑处出来,一抬眼看灯,要有"晃眼"的感觉。什么感觉都没有,演什么戏!李婉芬说:我这才懂什么是演戏了。这就是在艺术表演中"创造"心理环境的问题。

卢因的场理论还谈到,当人的经验自然增长时,生命空间就自然分化。他还对生命空间进行拓扑学等数学式描述。

对生命空间的自然分化作具体解释比较困难。所谓拓扑学,主要研究几何图形在一对一的双方连续变换下不变的性质,例如,画在橡皮膜上的图形当橡皮膜受到变形但不破裂或折叠时,有些性质还是保持不变,如曲线的闭合性、两曲线的相交性等。卢因的"场论心理学"又称"拓扑心理学"、"向量心理学"。他把生活空间看成是完整的场,个人的心理力在这个场内发生或改变。我们认为卢因是从人的生理的发生发展过程与人的心理的发生发展过程相类比的意义出发,来谈所谓心理场的分化的。具体的讲这一理论无外就是指,随着经验的增长,人的心理会具有更加多样化的内容,因为心理场正是人的经验和需要的场所。

对于传播学来说,心理场理论的意义在于可以用之分析传播双方的心理层面的关系。个人的心理场积淀了他的个人经验,而两个人的个人经验和需要不可能完全相同,因而任何传播中参与双方的心理场是不可能完全重合的。但作为人,人们又必然有一定的共同经验。因此任意两个个人的心理场既非是完全重合的,又非是完全分离的,而一定是部分重合的。而传播心理场的重合部分,我们可以将之称为二者的传播环境。反过来说,我们说传播的心理场不可能完全重合,也就是说,二者的传播环境不可能完全覆盖二者的心理场。

一般来说,传播双方愈是具有共同的经验、愈是相互了解,则二者的传播环境愈大;反之则愈小。传播环境愈大,愈可能产生和谐的传播,产生更多的共鸣和默契。这一点,在传播心理现象中,能找到无数例证。在文学社会学中突出的情况是,那些描写人类共同现象的作品往往流传的更远、更久。

第五节 传播的特殊因果律

正因为传播活动是在传播的心理场的重合部分进行的,因而一方传出信息,另一方接受信息的活动就遵循着一种特殊的心理因果律。俗话说:"种瓜得瓜,种豆得豆",这是说的物理的或生化的因果律,而心理的因果律却可能是"有心栽花花不发,无意插柳柳成荫"。虽然概而言之似乎是很简单的现象,但深入研究,却牵涉到许多理论问题。

施拉姆认为这里存在物理的因果律与心理的因果律的差别。所谓物理的因果律是一种直接了当的、毫无偏差的因果律。我们以"电路"来作例子:拨开开关(因),电路接通了,电能顺着电线流到了一个灯泡上,电能进入灯丝,把灯丝加热,灯丝射出光能(果)。这之中是不会出差错的。在这种因果律中,我们制造了因,即可完全预料到果,就如 $1+1=2$ 那么简单。

而心理的因果律却是更为复杂的现象。我们以传播这种心理活动为例:一个小小的信息传播可能能产生巨大的影响;反之,动用所有的宣传机器也可能被人们忽视,起不到什么作用。

认识到传播遵循这种特殊的心理因果律是经历了一个过程的。旧的传播学者认为可以用物理现象遵循的因果律那样来认识传播现象。他们认为,掌握了大众传播媒介的人,可以象"皮下注射"那样将思想、信仰"注射"给受传者,能起到立竿见影的效果。而这种传播思想还有一个心理学上的理论依据,叫做"刺激—反应"模式。

后来人们很快抛弃了这一观点,认识到,事实上思想是不能被传递的。思想是一个人长期经验、思考的总结,属于个人并是内在的,思想抽象出的传播符号如果对人起作用,也仅仅是刺激了接受者自己的思想。

总之,物理的因果律是直接的、有严格的规定性的;而传播活动所遵循的心理的因果律是复杂的、难以预料的。它不是思想从一个身体到另一个身体的简单传递,而是一种触发剂效果,一种催化剂过程。也就是说,在人类传播中,冲击力和接受者的行动之间是不成比例的,这种不成比例有时是非常引人注目的。

传播的特殊因果律形成的原因仍值得进一步探讨。对于传播的冲击力与受众的反应之间的关系的理解有一个由浅到深的过程。早期的看待传播的心理学观点带有很强的生理学和物理学的痕迹,认为二者的关系遵从因果平衡的因果率。后来人们认识到情况的复杂性,即传播的冲击力与受众的反应之间还牵涉到其他因素的影响和制约。经过对这些影响和制约因素的长期的、多方面的探索,人们对其有了较为深入全面的认识,有人形象地将这些影响和制约因素描述为二者之间的"缓冲体",深化了的认识认为这种关系可作如下表示:

$$传播冲击力\rightarrow 缓冲体\rightarrow 受传者的反应$$

总结各方面研究成果,可知缓冲体由若干因素构成,这些因素大致可以分为三类:一是个人差异因素,二是社会类型因素,三是社会关系因素。

在上述三者中,"个人差异因素"是直接以心理形式表现出来的。"社会类型因素"和"社会关系因素"虽然指的是不同受传者所处社会的差异,但它们对受传者接受传播后的反应的影响,也是要经过对个人的心理发生影响以后才能实现。

　　心理学上的"个人差异理论"(individual differences theory)摆脱了早期"刺激—反应"模式,是认识得以深化的理论基础。这一理论认为个人虽然具有他们的文化的共同行为模式,但每个人在需要、感受习惯、信念、价值观、态度、技能等等方面存在着各自不同的个人差异,这会对他们接受传播内容产生影响。

　　对于为何出现"个人差异",生物学家和社会学家曾有热烈争议。但现在普遍承认,遗传背景提供某些限定,在这些限定中,个别的表现受环境影响。

　　个人差异固然有先天和后天两方面的原因,而马克思关于社会分工加深了个性发展的理论乃是对之的一种深入阐释。也就是说,资本主义的发展与个性的形成与发展是相互作用的,资本主义的发展促进了个性的形成,而个性的形成反过来也成为资本主义发展的条件。

　　从以上的一些论述我们可以看到,传播活动从个人的角度来讲是一种复杂的心理活动。因而,传播心理的研究就必然是传播学研究的重要方面。

第六节　传播参与者心理趋向平衡的努力

　　传播参与者在传播活动中心理做出趋向平衡的努力,是传播的基本特点之一。施拉姆将相关理论称为"一致论",麦奎尔则称之为"平衡"模式。

　　施拉姆认为"一致论"的观点一言以蔽之即认为"传播的效果常常是取决于传播在多大程度上威胁到每个人极力要保持的信仰和态度的内在一致"。

对这一理论作出贡献的学者非常多。施拉姆认为其最早的理论溯源为卢因的心理学说。1946年,心理学家海德(Friez Heider)第一次提出平衡说(balance theory),认为身心天然地希望保持稳定状态,所以我们都有一种趋向,要把自己与对方的感情钉住在双方对某一客体(人、物或观念)的共同好恶上。

1953年,纽科姆(Theodore Newcomb)将海德的理论作出扩展,提出"趋向均衡的努力"(strain toward symmetry)说。对他的理论,可做如下陈述:要是A、B两人彼此有好感,他们对另一对象、观念或人都有好感,那么他们的关系是均衡的;要是A和B彼此关系不好,而他们对某一对象、观念或人一个喜欢、另一个不喜欢,则他们的关系也是均衡的。相反,如果A和B关系好,但对某一对象、观念或人意见不一;或是他们相互关系不好,但对某一对象、观念或人意见却相同,那么他们的关系就是不均衡的。问题的关键在后一种情况。当出现不均衡关系时,传播参与者就要作出各种努力,减轻不均衡,比如改变对对方的看法,或是其中一人改变对某一对象、观念或人的看法。采取的具体措施可以是:1.取消产生不均衡的的决定;2.降低该认知或该决定的重要性;3.在不同的认知成分之间,增加重叠范围;4.增加均衡因素,以改变不均衡的比例。

时间稍后,心理学家奥斯古德(Charles Osgood)等人于1955年提出,一个人总是试图使他对一个讯息的传播者和讯息本身在态度上求得平衡。譬如,我们听到我们所尊敬的人表示我们不赞同的观点,我们会因此感到不愉快。奥斯古德认为最为可能的后果是向着妥协的方向走,也即不同程度的调整对传播者及讯息本身的看法。

再稍后,社会心理学家费斯廷格(Leon Festinger)在1957年提出著名的"认知不和谐理论"(theory of cognitive dissonance),用以解释了这样一个现象,即为什么一个人既对可供选择的事物作出了决定,还仍旧要寻求支持他的决定的信息。例如,一个决定购买一辆某一品牌的豪华轿车的人仍要看关于这种牌子的汽车的广告,或者听到别人赞成这种牌子汽车的意见,并且不愿看他们不愿购买的较廉价汽车的广告。费斯廷格认为其原因就在于他试图消除对已经作出的决定和可能作出的另一决定之间的不和谐的感觉。也就是说,这一理论认为,对每个人来说,决策、选择和讯息都具有引起不一致感觉的潜力,这种不和谐是一种"心理上的不舒服",它将促使有关个人去寻求支持已作出的决策、选择和已有观念的讯息。

施拉姆认为此类理论虽以一种或另一种形式出现,但基本特点相似。我国台湾学者李茂政认为,这类理论对人们如何感知世界具有许多含义。由于这类理论,我们知道人们常对大众传播媒介的内容加以传播、使用、曲解、忽略或忘记。他还认为,这类理论应用范围很广,既可用于媒介传播者方面,也可用于媒介消费者方面,从现场新闻的报道者或是广告制作者到讯息的最后阅听人,都可涉及。

施拉姆还指出了这类理论的一个关键特点,即在它们探讨的改变中,接受者在这个过程中被看作是非常活跃的。

上述诸种理论(均衡论、和谐论和寻求支持讯息论等)经发展形成了对精英阶层、媒介传播者、公众与各种问题之间的复杂相互作用关系的研究。麦奎尔认为,这种"互向模式"的研究描述了在舆论和传播研究中的一个并不罕见的发现,即关于事件或问题的讯息是通过以下几个方面探求到或得到的:公众成员参照自身经验,或参照精英阶层发出的讯息,或参照大众媒介发出的讯息,并且常常是这几者的结合。

第七节　传播契约的普遍存在

什么是传播契约？施拉姆的定义是：参加传播的人带着可以支配他们的表现的契约进入传播关系，也就是说，他们进入传播关系以遵守某种规定性为前提，这种契约，这种规定性，我们即称之为"传播契约"。

举一个简单的例子：教师讲课，学生听课，师生两方面实际上都是以遵守某种规定性为前提才能来进行传播活动的。就教师这一方来讲，讲课至少必须遵守这几条契约：必须讲新内容；必须有起码的信息量；与前面的内容必须是连贯的；声音必须使学生听到；必须注意课堂效果等。就学生一方来讲，听课至少必须遵守这几条契约：必须坐下；不能喧哗；不能背对老师；应该认真听讲等。师生两方面各自遵循的这些契约，就叫做传播契约。

如果有一方面不遵守传播契约，传播就不可能进行下去了。前提没有了，就不会有后果。在实际的传播活动中，我们稍加考察，就能发现传播契约是一种普遍的存在。

如在驾驶者与交通警双方，对于驾驶者来说，他遵守的契约是：遇红灯，停；遇绿灯，行；遇黄灯，减速。对于操纵交通信号灯的交通警来说，他遵守的契约是按时转换红绿灯。如果驾驶者闯红灯，则传播活动就被破坏了。但如果一个驾驶员遇到了一盏亮了一个小时的红灯，他就不可能不犯规，不可能不置信号所传播的信息于不顾。这样，传播活动也被破坏了。

在问路者与被问路者双方，对于问路者来说，要遵守的契约是：须有礼貌，事后要谢谢；对于被问者来说，要遵守的契约是：如果对方遵守契约，有礼貌，则应尽自己所能回答，并要简明扼要；如不知，应道歉。如果有一方不遵守契约（问者生硬无礼，答者不予回答或绕弯子等),传播即无法进行。

在报纸读者和报社双方,对于报社来讲:须按时出报,信息须是新的,信息量须有一定分量,印刷须清楚等;对于读者来讲,如前者守约,则应买报、读报,或不停止订报,有适当机会,表示赞赏。如有一方不守约,则传播不可能进行。

在小说读者和作家双方,对于作家来说:作品须写得有感染力,有独创性;对于读者来说,对虚构的人物能寄予同情,对不完善的地方能予以谅解。如果有一方不守约,则传播成为不可能。大家都不愿看平庸的作品;另一方面,最好的小说也不可能打动只相信"真人真事"的人。

如鲁迅在《中国小说史略》中论《海上花列传》说:"其訾倡女之无深情,虽责善于非所,而记载如实,绝少夸张,则固能自践其'写照传神,属辞比事,点缀渲染,跃跃如生'之约者矣。"① 这里所说的"约",就是传播契约作家遵守的一面。

在相声演员和听众双方,相声演员须讲得有趣,机智;听众须报以笑声。如果相声讲得像作报告,或虽然好笑但听众从头到尾一声不笑,则传播一定是失败的。如果是配合得好的现场相声表演,有可能激发演员的临场发挥,我国著名相声演员马季认为这是相声表演的最高境界。

在谢幕者和观众双方,如在一部日本电影《W 的悲剧》中表现的,一次成功表演之后,谢幕时观众须报以热烈的掌声,谢幕者须深深鞠躬,幕合后,如果没有表达完赞赏之情,仍应报以热烈掌声,谢幕者应待幕开后再度鞠躬,如是可以多次反复,表示赞赏和感激。在这种传播关系中,传播双方都严格的遵守着契约,是高度文明的体现,如有一方违约(鼓掌而不谢幕或谢幕而不鼓掌),则传播关系都要失败。

---

① 《鲁迅全集》(第九卷),第 264 页,人民文学出版社,1981。

从以上的例子我们可以分析出传播契约的特点为:1.从远期看它是习得的,从近期看它是自发的;2.它是未经双方商定的;3.它是无外在形式的;4.它是提前具备的;5.对双方约束的具体内容是不同的;6.它联系着传播的成败。

进一步稍作分析,我们可以得知,具有如上特点的传播契约存在的原因,就是在社会传播中,参与者是作为一个"社会的人"在参与着传播的。

正如符号互动理论所表明的,在社会中人们间的传播起着互相影响和互相制约的作用。可以设想,一个没有经历社会化过程的人,是难以遵守每种传播中应该遵守的传播契约的。

另一方面,也有恶意传播的存在。比如,制造虚假的传播,造成对自己有利的或其他效果,给社会和他人带来可能是有害的结果。

欺骗或造谣就是典型的例子。欺骗或造谣在一定时间及一定范围内往往是一种"成功"的传播,但不能认为欺骗者或造谣者是遵守传播契约的。这也说明,善意传播也是传播契约存在的前提。

随着网络传播的兴起,由于其对"隐身"或"匿名"传播的有力支持,恶意传播或是其他形式的虚假传播大量出现,此时重温"传播契约"观点的内涵,有着很大的理论意义。

第四章　传播符号

"符号"或"传播符号"是我们耳熟能详的说法,在本书的前面已经多次提到。但在传播实践中,特别是在理论研究中,它们牵涉到的问题却是众多而复杂的。

由于传播活动离不开符号,因此符号研究是传播研究不可分割的一部分。正如小约翰所总结的,符号及语言理论是传播理论的基本内容之一。他同时指出,大多数符号学传播分析的局限之一是它们集中于意义的最小单位即符号及符号的低层次组织,而传播的真正的丰富多彩出现在更高的层次上,即将符号组织成复杂的讯息。① 但显然,对这些低层次组织的研究指向对高层组织的研究,因而成为传播研究的基础性方面。

---

① 小约翰:《传播理论》,第 146 页,中国社会科学出版社,1999。

第一节　符号与传播

开宗明义,我们从弄清概念入手。符号是什么？西方语言中的"符号"概念源于希腊文,创于何时,已不可考,但人们在亚里士多德(公元前384—322年)的《解释篇》中已见过对它的使用。早期的研究始于古希腊斯多葛派哲学家(公元前300年前后),他们在当时已认识到,逻辑学家所讨论的基本问题既不是语言符号,也不是被指谓的对象,而是这个符号的精神意义。后来中世纪的哲学论争也牵涉到符号观念的问题。近代哲学家洛克(John Locke,1632—1704)和莱布尼茨(Gottfried Wilhelm Leibniz,1646—1716)等人使研究深化。后来哲学家洪堡(Wilhelm Freiherr von Humboldt,1767—1835)等人也为符号研究作出了贡献。

人类学和心理学的研究发现原始社会中的人们往往并不能将代表事物的符号与事物本身严格区分开来。俄国一位心理学家讲了一个农民听两位心理学家谈星球的故事。这个农民说:我可以想象,人借助于工具可以测量从地球到最遥远的星球的距离,找到它的位置和运动的情况;但使我不解的是,你们究竟是怎样找到这些星星的名字的？另有学者指出,在特罗布里群岛上的人看来,鬼魂这个字代表的不是他们自己头脑中某个抽象的东西,不是一种可以验证的推论,它是现实:真有鬼魂。当代的研究还表明,这样的混淆在现代社会中也同样是经常可以见到的。

符号学(semiotics)诞生以后,对符号的认识得以深化。在符号学中,符号被明确的视为意义的代表。符号学的奠基人之一美国哲学家、逻辑学家皮尔士(Charles Sanders Peirce,1839—1914)认为,符号就是某种对某人来说在某一方面或以某种能力去代表某一事物的东西。这一定义被认为包含三层意思:一,符号代表某一事物(它的对象);二,它对某人(它的解释者)来说代表某一事物;三,它在某一方面(这方面称为它的场所)代表某一事物。

法国当代符号学家吉罗(Pierre Guiraud)认为从人的心理的角度可以给符号下这样的定义:一种符号是一种刺激(stimulus),也就是说是一种可感的实体。这种刺激的心理影像在我们的精神中是与符号为了传播而使人想及的另一种刺激的影像联系在一起的。

符号还被定义为是"传播意识的一种意愿标志"。从这里我们看到了符号与传播不可分割的关系。许多符号学家认为,随着对人的心理的认识的发展,这种"意愿"被认为既包括意识层面的,也包括潜意识层面的。

另一个倾向是,符号开始更多的意味着语言符号,但随着研究的深入,许多其他符号也得到了研究。特别是,不论是对语言符号还是对其他符号,人们开始研究其多层的意义及其在文化上的表达意义。

虽然符号学研究已历经数十年的发展,但对符号仍未形成统一的表述。在各种表述中,"sign"最为多见。法国当代符号学家巴特(Roland Barthes)认为,根据不同作家的任意选择,符号被放置在和它具有类似关系和不同关系的一个术语系列之中:预兆(signal)、标志(index)、图像(icon)、语符(symbol)、象征(allegory),它们是符号(sign)的主要竞争对手。①

就符号与传播的关系来说,正如我们上面提到的,符号可以被定义为是"传播意识的一种意愿标志"。也就是说,符号与传播密不可分,凡传播皆有符号。

正如对于动物传播之于人类传播在性质上是否共通有不同意见一样,对于有无动物使用的符号也有不同意见。

---

① 巴特:《符号学原理》,第131页,三联书店,1988。

·第四章 传播符号·

虽然说凡传播皆有符号,但我们可以说有符号未必有狭隘意义上的传播。也就是说,如果我们将传播定义为两个社会主体之间(即使这两个主体统一在一个人身上)的行为化的联系的话,那么当仅有一个主体时,他仍然可能接受符号并从中获得意义。

但简而论之,应该认为,"符号"正是在这些严格意义上的或不严格意义上的"传播"中获得生命。符号如果离开了传播,只能是符号借以存在的实体本身,因此我们说,符号在传播中获得了生命。巴特以一束玫瑰为例说明:在传播中,一束玫瑰作为符号表达的含义是"激情",它在传播的意义上讲是充实的;而不在传播中,一束玫瑰只能作为园艺实体,它在传播的意义上讲是空洞无物的。

符号和传播密不可分,因此有人认为符号学属于传播学的分支。但对符号的研究,出于方法论上的原因,正如艾柯的出色研究所显示的,却有时是将其放在传播过程中,有时是将其单独拎出来研究的。

第二节 符号学观点

从人类对符号认识的历程来说,符号学的出现与发展使之进入了新阶段。符号学开创性的研究肇始于瑞士语言学家索绪尔(Ferdinand de Saussure,1857—1913)和我们上面提到过的美国哲学家、逻辑学家皮尔士。他们几乎同时提出了符号学概念及研究符号学的基本主张。

就他们两人研究的开创性和价值来讲,后世学者认为是并驾齐驱的,因此并称他们为符号学的两个奠基人。两人使用的概念、术语和提出理论的方式及基本理论本身都有所不同,有学者认为,其中索绪尔的理论得到了后世学者较多的继承,而皮尔士的理论被认为还有待于进一步挖掘和认识。

索绪尔最突出的理论贡献是提出"能指"(法语,signifiants)与"所指"(法语,signifié)的划分及"语言"(法语,langage)与"言语"(法语,parole)的划分。能指与所指的划分首先是对语言符号的人为分析,即将语言符号人为的划分为"声音形象"和其所表达的"概念"两个层面。后来这种划分也用于其他一切符号。语言与言语的划分认为存在着人们日常社会交往中使用的变化万端的个人的历时活动形式即言语,以及以结构方式存在的永恒不变的社会的共时活动形式即语言。索绪尔的这些观点从根本上为后世符号学的研究开辟了道路。

在他们的研究之后,美国行为语义学家莫里斯(Charles Morris,1938)将符号学分为语义学、句法学、语用学三个分支,这种划分后来为逻辑学家及语言学家广泛采用。

虽然符号学的研究还没有形成完全统一的学科体系,但符号学所开创的研究方向却依然得到了欧美学者从许多方面进行的深入探索,取得了令人瞩目的成就。

符号学的研究,给人以"纯客观的"感觉,似乎它不受人的意识形态的影响。有学者认为,其实这是一种错觉。符号系统的判断,能指模式的选用,不能不受分析者观念的支配。正如保裔法籍当代符号学家克里斯泰娃(Julia Kristeva)所说,意识形态将在最后阶段决定符号的有效性或真实性。下面我们仅就符号学的基本内容作出简单介绍。

符号学研究的第一个方面是符号的能指与所指之间的关系,在符号学中,这属于"语义学"研究的内容。符号学将任何符号都人为地划分为两个方面,即能指和所指。

按照索绪尔的解释,语言符号是"一种两面的心理实体",能指被解释为"声音形象",所指则是声音形象所表达的"概念"。丹麦语言学家叶姆斯列(Louis Hjelmslve,1899—1965)进一步又把这两方面称为"表达平面"和"内容平面",从而可以使它们适用于任何符号。

对一切符号而言,不论其是出于有意识的传播还是出于潜意识的传播,能指与所指之间的联系就是"意指作用"(法语,signification),而符号学就是研究意指作用的学科。这里所说的意指作用既指两者之间形成联系的过程,也指这种联系的结果。在表述上,意指作用又称"意指"、"意指功能"或"符号—功能"。

在符号学的表述中,符号强调作为能指和所指的联合存在,这种联合称为意指作用;而"编码"又称"编成代码",它则强调人对能指与所指的约定过程,约定的结果则称"代码"。反过来,在传播的另一方面,将前述约定还原的过程则称为"解码",有时,为强调能指与所指程度不等的不严密的约定关系,解码又称为"再编码"。编码本质是一种约定,即能指与所指之间的关系在任何情况下都是约定的,这种关系取决于使用者之间的一种协议。

不同的符号其编码的约定严格程度也不等。严格的符号价值不因使用者的不同而发生变化;不严格的符号价值因使用者的不同而发生变化。正是在这里,分开了科学编码(又可称推理编码)和诗学编码(又可称表现编码)。这种分析最初是语言学家对语言符号的分析,但在对其做了必要调整后,被认为对所有的符号都是适用的。

传播的有效性要求一个能指只与一个所指对应,同时要求每个所指只能由一个能指表达,但这种情况只能在科学编码中见到。在语言的许多运用中,往往既有用一个能指指好几个所指的情况,又有一个所指由好几个能指来解释的情况。这种情况称为诗学编码,在这种编码中,约定很弱。在语言中出现这种情况时,就为形成有选择性的风格创造了可能性。

另外,编码又有指示义(denotation)与内涵义(connotation)之分。指示义是指符号所表达的客观对象,如英语"rose"一词植物学书籍中表示"玫瑰"。内涵义是指多以指示义为前提的与符号的形式与功能有关的主观含义,如英语"rose"一词在诗中出现表示"爱"。

从功能上说,指示义不以内涵义为前提,而内涵义常常以指示义为前提。与指示义相比,内涵义稳定程度低。但反过来,内涵义有时也可以威胁甚至转变为指示义。

科学编码基本上形成指示义,它排除风格和内涵变化的可能性;相反,在诗学编码中形成的内涵义却非常多。一个化学反应式或数学方程式不可能形成风格差异,或在任何情况下都只能形成十分有限的风格差异。而一位画家处理一幅肖像,却既能使用现实主义编码,也能使用印象主义编码,还能使用立体主义编码,从而形成完全不同的风格。

符号学研究的第二个方面是符号与符号之间的关系,这在符号学中属于"句法学"研究的内容。

符号学认为,能指存在于实体(substance),而实体是以一定形式(form)出现的,只有形式化了的实体才构成符号。这一划分源自索绪尔的论断:语言是一种形式,而不是一种实体。叶姆斯列的进一步解释认为,实体是符号的构成物质,而形式是符号的内部结构,二者相互关联又互为前提。

从符号形式上看,符号可以分为系统的和非系统的。系统符号处于稳定和不变的符号总体中,讯息被分解为稳定和不变的符号;而非系统符号处于不稳定和变化的符号总体中,讯息被分解为不稳定和变化的符号。一组公路交通信号属于系统符号,而一组同类型产品的广告则可以说属于非系统符号。有些符号服从于一种初看并不怎么严格而实际上很严格的系统的意指方式,如:在象是非系统符号的"肖象"和"描写"中,"头发的种类和颜色"、"眼睛的颜色和形状"和"两眼之间的距离"成为系统的构成因素;而在"广告"中,"颜色的选择"、"广告尺寸的大小"和"所使用的字体"也成为系统的构成因素。因此吉罗指出,在表面看来是非系统的意

第四章 传播符号

指方式中确定系统的存在,这大概就是符号学的主要任务之一。

在符号学家看来,用符号"处于稳定和不变的符号总体中"来概括某些符号系统中符号与符号的关系仍然是不够的。这首先表现在语言符号上:语言符号是一个系统,而这一系统是一个整体,在这个整体中,符号是相互依存的。根据这种认识,可以把以语言为代表的符号系统称之为有句法系统,与之相对应的是无句法系统。前者除语言符号系统外,还有十进位数字、在其各部各有所指情况下的肩面纹章等;后者的例子有公路标志、旅游指南等。

符号学研究的第三个方面是解码与意义的获得过程,也即符号与使用者之间的关系,在符号学中,这属于"语用学"研究的内容。

巴特认为首先要区分两种与解码相联系的意义。一种是基于编码的约定性,一种是基于编码的程度不等的无明确约定性。对此吉罗举了小说《包法利夫人》的例子。在这部名著的开头,作家描写了男主人公包法利奇异的鸭舌帽。他是用词语来进行描写的,而这些词语又可以由插图者以线条和颜色誊写出来。词和画是一些作为能指的符号,而帽子则是所指,读者通过读或看知道主人公戴着这样的帽子,则是其意指作用。但有些读者还能从其中读到更多的意义,如"包法利笨拙的性格"、"他与爱玛的关系"、"一种婚姻"、"某种文化",等等。前者属于第一种意义,后者则属于第二种意义。第一种意义是任何社会成员都能获得的,且也不会有分歧,第二种意义则每人看到的层面不同,且会有分歧。第一种意义由读者同意的社会化符号系统获得,第二种意义读者却要由不明显的、潜在的和纯粹偶然的符号系统获得。

另一个与此有关的问题是解码与语境(context)的关系。在某些传播中,解码往往依赖于传播者与受传者的关系等传播发生的环境,也即解码存在"语境依赖"(contextual)。

如解码对以前传播的依赖:"我女儿是男孩"这句话在脱离语

境的情况下听起来一定是"奇怪"和"非逻辑"的,但是,对于正在谈论自己女儿生孩子之事的两个妇女来说,说话者本人当然不用说,连听话者也完全不会感到暧昧。再如解码对"参照"的依赖:如"我这杯水是放糖精的"这句话,在糖精是稀缺的奢侈品时期是一种意思,在它是廉价的代用品时期的意思却是相反的。

第三节　人类基本传播工具:语言符号

对于语言符号(verbal sign)作为人类独有的、基本的传播工具,各学科的学者和符号学家有着一致的看法。这也是传播研究所牵涉到的最为复杂的问题之一。

俄国伟大的生理学家、条件反射理论的提出者巴甫洛夫(Ivan Petrovich Pavlov,1849—1936)说,没有东西可以比语言更能使我们成为人类。他又说,人类接受语言的影响,比他们接受现实环境中真正事实的影响要大。而当代语言学、人类学和符号学的研究也都从各自学科的角度更深刻地揭示了这一点。

美国文化人类学家萨皮尔(Edward Sapir,1884—1942)和他的学生沃尔夫(Benjamin Lee Whorf,1897—1941)通过研究民族语言的特性探索了特定民族语言与其文化的关系。他们提出的假设认为,特定的民族语言为特定民族解释自然和民族成员相互交流提供了工具和限定。

法国当代结构主义人类学家列维—斯特劳斯(Claude Lévi-Strauss)则指出了语言结构与社会结构的一致性。他不仅认为语言是人类交流的基本工具,而且还认为,语言作为人类的独一无二的特征,它同时还构成了文化现象的原型。在他看来,人、语言、社会是三位一体的。

在语言学研究中,乔姆斯基把语言看成是人类的普遍本能的结晶,把普遍语法解释为人类大脑的机能。他的这一理论在欧美获得了广泛的承认。这一理论的实质,也就是揭示了语言与人类独有的和不可分割的联系。

巴特、艾柯、德里达(Jacques Derrida)等当代符号学家虽然将研究的着眼点放在语言符号意指作用的产生机制及语言符号在不同功能下意指作用的不同性质上,并且从根本上揭示了文学语言甚至日常语言的意指作用的可能的暧昧性,但是这并不意味着他们的理论否定了语言作为人类基本的交流工具的地位。相反,可以认为,他们探索了语言作为人类交流工具的局限性的来源以及突破这种局限的可能性。

施拉姆在其《传播学概论》中说:"在这里不可能深入透彻地讨论语言,也不能将一批真正第一流的语言学者在最近几十年里对语言的分析进行罗列……不过……我们可以至少提出这个既灵活又敏感的人类传播工具为其使用者所带来的一些问题。"[1] 诚然如此。我们在此仅就若干与传播学联系紧密的问题作初步探讨。

首先是语言在使用中对不同抽象程度的选择问题。如前所述,语言的一个基本特性是其"抽象性"。但施拉姆指出,十分奇怪的是,口头语言的最大力量之一也是它的最大问题之一。他的意思是,语言抽象性差异很大,人们在交往中混合运用,即带来便利,也可能是造成交流不畅的原因。

实际上,人类学家已经证明,任何语言,从其他语言的角度或按其他语言的标准看,其概念的类别划分似乎都是极其随意的,在某种语言中的一个极为简单的概念,在另一种语言中就要用一系列清晰的发音组合去表达。[2]

施拉姆则认为,使用抽象性强的语言加快了信息处理的速度,但也使对方理解更困难,或有更多歧义。他又转述了其他学者的

---

[1] 施拉姆等:《传播学概论》,第93~94页,新华出版社,1984。
[2] 见阿恩海姆:《视觉思维》,第256页,光明日报出版社,1986。

这样一种观点:人的想象力只能承受一定程度的复杂性;当复杂性变得不能承受时,想象力就会退化为简单化行为,例如象征性的形象。他对之解释说,这是因为我们倾向于把概念、观念编成要么是这个要么是那个的符号,编成要么是好的要么是坏的、要么是朋友要么是敌人、要么是成功要么就是失败的符号,避而不作细致的区分,回避承认某些东西可以一部分是这样,或一部分不是这样。我们夸耀自己能够考虑一个问题的两个方面,但却忘记了第三个方面——甚至还有第二十五个方面——也极有可能存在着,并值得我们注意。

他总结说,有效传播的一个秘密是把一个人的语言保持在听众能够适应的抽象程度上的能力,以及在抽象范围内改变抽象程度的能力,以便在具体的基础上谈论比较抽象的内容,使读者和听众能够不感困难地从简单熟悉的形象转到抽象的主题或概括上来,并在必要时再能够回到原来的形象上去。按上述分析我们可以得出的结论是:合理使用抽象程度恰当的语言,是提高传播效果的途径之一。

因此,施拉姆特别强调语言运用对使用者能力的依赖。他指出,语言是设计美丽的工具;但是即使一辆弗拉里牌的汽车或一辆奔驰牌的汽车,也必须靠人驾驶,而且有时也要调整机器;事实上,工具越精美,对于技巧的要求也越高;人类语言向它的使用者提出了同样的问题。

其次是语言符号的含义具有历史性与社会性的形成因素,这使语言的运用和理解成为极其复杂的现象。

对语言的历史性,艾柯以"鲸"这一概念为例说明。他指出,在中世纪,"鲸"有两层含义,一层是"鱼"(而非"哺乳动物"),另一层是比喻性含义,如"恶魔"、"邪孽"、"列维坦"等等。而在现代,科学已经证明"鲸"是"哺乳动物"而非"鱼",但在现代非动物学家的个人看来,由于历史因素,则"鲸"的含义可能需在"中世纪色彩"、科学性和"时下流行因素"中选择,也即其含义有待选择,因而表现为一种"共时—历时"的复合的、并且可能是矛盾的形式。艺术家可利用这一点进行艺术创作以取得美学成就——如美国作家麦尔维尔就根据"鲸"的含义的这种复杂性创作了小说《莫比·迪克》(汉译名《白鲸》)。

对语言的社会性,艾柯认为,不同的"社会—文化"背景可以对语言含义作出不同解释,那么当两种社会文化处于交融之时,语言的含义也就处于复杂的状况。

艾柯举"富裕—贫穷"这一对反义词为例说明。他认为,当不同的观念背景赋予它们不同的修辞前提时,二者会构成不同的关系:当修辞前提是"在富裕社会,每一个穷人都有机会变成富人"时,"富裕—贫穷"二者构成"相反关系";当修辞前提是"在资本主义社会,一个人的财富是另一个人贫穷的结果"时,二者构成"逆向关系";当修辞前提是"财富和贫穷是人类生存条件的自然和遗传分界线,它由天意的神秘运筹所确定"时,二者构成"矛盾关系"。

因此,艾柯认为,随着文明的变迁、发展和不同类型文明的冲突、交融,特定的社会语言含义理解状况会形成极其复杂的状况。

另一个与语言符号相关的课题是对语言与文字的关系的探讨。我国古人对此就有论述。扬雄指出:"言,心声也;书,心画也,声画形,君子小人见矣。"[①] 也就是说,不仅诉诸听觉的语言和诉诸视觉的文字能传达意义,文字书写的风格代码也同样担负传播功能。

英国符号学家霍克斯(Terence Hawkes)认为,较为表面化的观点将书写看成是我们的语言的简单记录,原因在于我们已经习惯了这种书写系统,其实二者有着很大的差别。首先,语言由身体有机地产生,而书写系统则借助于身体在技术上的延伸工具化地

---

① 转引自关绍箕:《中国传播理论》,第 211 页,台湾中正书局,1994。

产生。由于工具的介入,讯息就会受到工具的影响,符号本身也成为具有"生命"的"自主的"符号;再者,书写系统将作用于人的听觉的语言转而作用于人的视觉,这也使二者产生了很大的区别。

英尼斯的传播理论也建立在对口语传播与包括书写在内的工具性传播的对比上。他认为,健全社会应取得口语传播与工具性传播的平衡。麦克卢汉则认为印刷术的发明是一场人类学意义上的革命,决定了文艺复兴以后世界史的特征。(参见第六章第七节)

对二者的关系,俄裔美籍语言学家雅克布逊(Roman Jakobson,1896—1982)认为,人类社会中最社会化、最丰富和最贴切的符号系统显然以视觉和听觉为基础,但二者所表现出的特性却是截然不同的。语言倾向于象征,书写系统倾向于图像,书写系统对语言的代替使书面语言有了语言本来不具备的直线性、系列性和空间的物理存在。因而,他认为,言语和文字的历史充满了互相排斥与互相吸引这种时而剑拔弩张、时而握手言欢的辩证现象。①

荣获1999年诺贝尔文学奖的德国作家格拉斯(Günter Grass)在其获奖演说中谈到:如果我们忘记了所有的叙述一开始都是通过嘴唇说出来的,时而含含糊糊、结结巴巴;时而又匆匆忙忙,好像为恐惧所追逐;时而则悄声耳语,好像要防止让已然泄露了的秘密叫不该知道的人知道似的;时而又放开声音,一会是炫耀的高呼,一会是弯起鼻子打探事情来龙去脉的发问——如果我们对文字太过迷信而忘记了这一切,那么我们的叙述就只能是干巴巴的,而不会带着湿润的呼吸。

在其后的一次演说中,在谈到当今文学书刊正受到新兴科技重大挑战时,他又乐观地表示:世界上最美丽的图画是,一幅小孩子在捧着书本翻开来阅读的图画。他认为图书永远是语言文字最

---

① 见霍克斯:《结构主义与符号学》,第139~140页,上海译文出版社,1987。

有力的证明。①

第四节　作为语言符号的补充或替代：非语言符号

上一节我们讲到语言符号是由人的身体有机地产生的,这一节我们所讲的非语言符号(non-verbal sign)也大多是由身体有机地产生的。但我们这里所说的非语言符号这一概念的界定仅仅是通过"剩余法"得出的(即语言符号之外的都可以被看作是非语言符号),因此虽然诸多传播学论著都采用这一提法,但其包含的内容是复杂的。实际上,大家讨论的非语言符号一般包括被称为"副语言"的声调和拖腔,包括伯德惠斯特尔(Ray Birdwhistell)在所谓"动态学"里讨论的表情、姿势等符号,还包括美国文化及传播学者爱德华·霍尔(Edward Hall)在所谓"疏密学"里讨论的时间和空间符号。本书为了讨论的方便,仍然采用非语言符号这一提法。

非语言符号最常见于人际传播中,起到语言的补充或替代作用。但其在广播、电影、电视和因特网终端中,也同样多地通过技术工具为中介而被再现出来,因此,对非语言符号加深认识,也会深化对现代传播的认识。以对电视传播的认识为例,我国学者陆晔即认为:"就像文章的语法修辞会对内容传达产生影响一样,电视传播中对于多重语言、非语言符号作用功能的认识,和有关如何组织之的美学观念,均会在新闻信息'视听化'的过程中,造就不同的新闻作品形态。"②

非语言传播符号有许多不同于语言符号的重要特点,其中第一个就是存在的广泛性。有人称"人体是一个信息发射站。"伯德

---

① 见 1999 年 11 月 8 日《新民晚报》。
② 陆晔:《对电视新闻价值实现的再认识》,载《新闻与传播研究》,1996(1)。

惠斯特尔估计,在两个人的传播局面中,有65%的"社会含义"是通过非语言传送的。人类传播的信息有很大一部分来自非语言的暗示。

非语言符号的第二个特点是,虽然它们广泛存在,能表达诸多内容,但其有着难以表达抽象含义的局限性。我们可以通过它表示一些具体的东西:如表示喜欢、不喜欢的细微区别,等等,但主题越抽象,用它表达就越难。比如,我们可以用一个人的生活来说明"圣洁",用一张可爱的面孔来说明"美",但我们用之无法表达"美"、"圣洁"等抽象概念。

但同时,所谓抽象性又是相对的。阿恩海姆不仅指出对具体与抽象作简单二分极为有害,他还深入分析了手势等非语言传播的抽象表达力。①

非语言符号的第三个特点表现为同一符号在不同环境、不同情形、不同文化中有不同的含义,所以很难有人能编一本相关的"辞典"。非语言符号的这种特点被称为"多义性"或"含义的无穷尽性"。它往往超越了语言的范围,变得有些深不可测,因而难以用语言描述,编成辞典。

用传播学的观点来看,这也就是一种语境依赖。在爱德华·霍尔看来,语境既包括传播发生的文化背景,也包括传播发生的实际环境,还包括传播双方既有的和现实的关系状况。使用语言符号和使用非语言符号,语境都会对传播功能的实现产生影响,但在这二者之中,非语言符号的使用对语境的依赖往往要更大。

非语言符号的第四个特点是,无意给予的非语言符号往往也深具意味。无意给予的符号却往往具有表达性和预示性,对人们之间的印象起着很大的作用。如衣饰、走路说话的样子、眼神等,都表示出我们的种类、性格和关心、兴趣所在。有时,无意中透露

---

① 阿恩海姆:《视觉思维》,第240页,光明日报出版社,1986。

出的提示甚至比有意给予的符号要有意思得多,因为这往往表达了人的真实状况,同时将人作为一个整体反映出来,往往带来许多发自内心的信息,难以压制。

非语言符号的最后一个也是带有总结性的特点是,在实际运用中它们往往作为语言符号的补充或替代。在社会交流中,非语言符号构成语言符号很好的补充或替代,有人将非语言符号的作用总结为三方面:传播人际态度情绪(communicating interpersonal attitudes and emotions);支持语言传播(supporting verbal communicating);代替语言(replacing speech)。

非语言符号的最大的优点在于简洁,它携带信息却不要任何语言说明,如愤怒的人群挥动拳头;其次,它扩大了口头信息,使其表达数量更丰富。电影艺术虽然以技术工具为中介,但在成功的作品中,总是将对语言与非语言符号的再现完美地结合起来,表达丰富的叙事及思想感情内容。

虽然说我们不能编一本非语言符号辞典,但人类对之的认识却愈来愈深。我们试分析几种非语言传播符号。

声调和拖腔与语言联系最为紧密,因此被称为"副语言"。使用相同的语言、句子,却很可能表现出不同的强调、感情色彩、好恶,这是声调使然。演员是充分使用声调和拖腔的专业人员。话剧、电影、电视和配音的演员,能通过细微的音调、音量或间隔时间的变化,使同样的话产生许多不同的感情色彩。有人让一些演员朗颂同一段话,分别让他们表达愤怒、担心、悲哀、轻蔑和冷漠等感情,再将录音放给人听,人们完全可以分辨出其中的感情色彩。有人制造一种"无内容的讲话",把录音放得很快,但人们仍然能分辨出里面爱与恨的情绪。这也说明排除内容,人们从声调中依然得到情绪方面的提示。演员有一种强调法朗颂,结果是,他强调了哪部分,哪部分就得到了听者的重视。

面部表情能表现极其丰富的内容。我国古人对表情的传播功能即有论述。古人将表情称为"色"、"气色"、"面目"、"形容"、"肤色"、"眉睫",多认为观之可以知人。虽然古人大多主张面部表情难以控制,但也有人主张面部表情可以掩饰。吕坤认为:"有根心之色,有浮面之色,各不同也,应之者贵审。"① 这里就谈到,表情有两种,一种是发自内心的表情,一种则是虚伪的表情,因此要仔细观察。庄子认为:"凡人心险于山川,难于知天;天犹有春秋冬夏旦暮之期,人者厚貌情深。"② 诸葛亮也认为:"夫知人之性,莫难察焉。美恶既殊,情貌不一;有温良而为诈者,有外恭而内欺者,有外勇而内怯者,有尽力而不忠者。"③ 可见,中国古人对表情作的符号功能分析是深入、全面的。

当代对此也有众多论述。一般来讲,面部表情的含义很难同其语境分开。微笑或皱眉有时有普遍相同的含义,但有时含义也有很大的差别。

在表情之中,眼神的接触显然也是一种传播。我国古代思想家对表情也有论述。曾子指出:"目者,心之浮也;言者,行之指也。作于中,则博于外也。"④ 两人同时注意对方的眼神,大概是人类最接近于同时和共同进行的传播。也即观察者在谋求了解被观察者时,自己也因此被别人了解。

不同的国家由于文化背景不同,目光的含义有所不同。如在美国,一位姑娘正视成人,是很正常的;但在波多黎各,一个规规矩矩的姑娘从来不敢正视一位成人,这是尊重别人和听话的表现,要一位姑娘正视成人,就像要她去做坏事一样。

动作和姿势也能传播信息,因而也是一种非语言符号。在我国古代典籍中,以"行"表示"行为举止",也即我们说的"动作姿势",认为是具有传播功能的符号。《鹖子》指出:"不肖者,不自谓

---

①②③④　转引自关绍箕:《中国传播理论》,第 203 页,第 223 页,第 224 页,第 202 页,台湾中正书局,1994。

不肖也,而不肖见于行,虽自谓贤,人尤谓之不肖也"。① 张履祥则强调:"欺诈与否,于语言见之;傲慢与否,与动止见之,不可掩也。"②

但动作和姿势与表情和眼神一样,往往要与语境相联系才能确定其含义。伯德惠斯特尔认为不能把身体的动作看成一种普遍的符号。所以,光凭动作和姿势本身来判断含义往往是不够的,所以它存在强烈的语境依赖。

威廉·詹姆斯首先发现,在身体的各部分中,手的表现力仅次于脸,讲话中抑制的无意识冲动往往可以从手的动作、位置、紧张程度上看出来。

还有报道谈到一种"独特的脚语"。该报道谈到,国外心理学家在研究中发现,人体中越是远离大脑的部位,其可信度越大。由于脚远离人脑,绝大多数人都顾不上这个部位,于是,它比脸、手诚实得多,因此构成了人们独特的心理泄露。而人的精神状态、心情、性格品质、好恶,都能够通过脚的姿势和脚步声反映出来。③这也不失为一家之说。

服饰与香水虽然不是人体本身的一部分,却紧紧地依附于人体,并在这种依附中,成为传播符号。这里说的服饰既包括其本身,也包括其色彩。有人认为,从某种意义上讲,我们穿得都是制服,它们把我们的一些情况传播出去,它可以标志人所属的民族、职业、阶层等内容。其他的饰物如戒指、眼镜、勋章、徽章等,都能传达信息。服饰的颜色也能传达信息,其中最主要的划分是颜色可分为暖色和冷色两种。一般来讲,暖色给人以活泼、外向,有创造性的印象;冷色给人以冷静、内向,富于深思的印象。

香水也显然能传播丰富的信息,因此它也是一种表达力丰富的传播符号。同时,从服饰与香水中,我们也许都能分析出其很强

---

①② 转引自关绍箕:《中国传播理论》,第204页,台湾中正书局,1994。
③ 见1999年3月27日《新民晚报》。

的系统性。

美国文化学者克雷克(Jennifer Craik)将时装的面貌(the face of fashion)定义为技术化的身体和自我表现技术。她从时装设计中标新立异的动机、时装与社会性别、时装摄影的作用、化妆品和香水技术等方面探讨了时装与现代消费主义工业文明不可分割的关系。

正如爱德华·霍尔的出色研究所显示的,时间和空间也能构成传播符号。我们这里所说的时间是指传播双方对时间处理的方式和特点,不同的方式和特点可以传达不同的信息;空间是指传播双方的位置关系,这也是一种非语言符号,能传播信息。这类符号在使用时的语境依赖更突出的表现在文化层面。

在时间方面,不同文化里有不同的"文化钟",对"准时"的要求是不尽相同的。在各自的文化钟里,要以各自的标准遵守时间,这是社会化的一部分,否则就传达了你是陌生人等类似的信息。

美国心理学家列文(Robert Levine)提出时间地理学(a geography of time)的概念,他详细分析了不同时代与民族对时间的不同理解,以及时间观与特定社会形态及经济形态的紧密的内在关联。他还提出,对我们个人来说,如何组织和利用时间,将决定我们一生的特性和品格。

在空间方面,内科医生发现,拿走医生和病人之间的桌子,病人立刻就自然多了。大学生在互相有竞争的情况下坐得分散,无竞争的情况下坐得靠拢。一般来讲,两人愈是亲近,说话时靠的距离就越近。这里也突出的表现出文化的问题。一定的文化有一种被认为合适的人际距离。

第五节　与推理符号对立：艺术符号

将艺术品视为一种符号是普遍看法。列夫·托尔斯泰说：人们用语言互相传达自己的思想，而用艺术互相传达自己的感情。艺术家在自己心里唤起一度体验过的感情，在唤起这种感情之后，用动作、线条、色彩、声音以及言词所表达的形象来传达出这种感情，使别人也能体验到同样的感情，这就是艺术活动。这位伟大作家在这里的论述已经和一些哲学家及符号学家对艺术作品产生作用的论述相当接近了。

把对艺术符号的理论探索上升到哲学和美学的高度的，是德国哲学家卡西尔（Erust Cassirer，1874—1945）和美国女哲学家朗格（Susanne Langer，1895—1985）。卡西尔认为艺术可以被定义为一种符号语言，美必然地而且本质上是一种符号。朗格进一步发展了他的理论，并对其中的造型艺术、音乐和舞蹈等作出了出色的理论阐述。

索绪尔把言语分为能指和所指两个层面，叶姆斯列进一步将之表述为表达层面和内容层面，二者的联系就是符号的意指作用。朗格继承了这种看法，认为艺术符号是由"可感知的形式"和"人类情感"构成的，用叶姆斯列的术语就可表述为，前者就是其表达层面，后者则是其内容层面，而用可感知的形式去表示人类情感，则就是艺术符号的意指作用。当然，从美学思想的传统来说，这能使人想到克莱夫·贝尔（Clive Bell，1881—1964）的论断："艺术就是有意味的形式。"

以舞蹈为例，朗格认为其"形式"是"一种活跃的力的形象，或者说是一种动态的形象"，其"情感"则是"人们所谓'内心生活'所具有的节奏和联系、转折和中断、复杂性和丰富性等特征"，而舞蹈作为艺术符号"作用就是表达创造者对于那些直接的感情和情绪活动所具有的概念,换言之,它的作用就是直接展示情感活动的结构模式"。①

朗格是在把艺术符号与自然语言作比较中提出自己的观点的。她认为前者属于表象符号系统,绘画、雕塑、音乐、舞蹈、建筑等艺术属于这一系统,而后者属于推理符号系统。推理符号擅于表达推理性的逻辑内容。但是,艺术符号的任务在于表现情感内容,而情感不是推理的结果,是没有逻辑性的,因而推理符号难以表达,只能由艺术符号来加以表达。艺术符号表现情感是用一种整体化的表象(或形象)来表现的。因此艺术是"运用符号的方式把情感转变成诉诸人的知觉的东西,而不是一种征兆性的东西或是一种诉诸推理能力的东西。艺术形式与我们的感觉、理智和情感生活所具有的动态形式是同构的形式"②。

布拉格语言学派则明确指出:"艺术作品中的一切,以及它和外部世界的关系……都可以按符号和意义的说法讨论……我们可以把美学看作是现代符号科学的一部分。"③ 该学派的代表人物之一雅克布逊开创性地从语言学及符号学的角度研究了包括诗和叙事文学在内的"诗学"。因此,该学派的研究体现了对语言符号和艺术符号交叉部分的关注与探索。

首先,雅克布逊将语言的诗学功能列为语言的一种功能。也即当语言通过一些手段使表达行为凸现出来,从而完全背离"正规"用法,它不是用来为交流服务的,而是为了把表达的行动,即言语自身的行为置于最突出的地方时,语言就承担了诗学功能。(参见第五章第三节)

雅克布逊进一步指出,转喻是叙事文学的基本手法,而隐喻则是诗的基本手法。虽然他开创性的工作被认为同时为诗和叙事文

---

①② 朗格:《艺术问题》,第5~7页,第24页,中国社会科学出版社,1983。
③ 见霍克斯:《结构主义和符号学》,第75页,上海译文出版社,1987。

学的进一步研究奠定了基础,但其却更多地对前者的研究起到了直接的影响作用。不论是对诗还是对叙事文学,布拉格学派的观点都强调了这样的文学艺术观:不把作品看成是信息的"容器",而是看成内在的,自我生成的,自我调节并最终自我观照的整体,不需要参照在自己疆界之外的东西便可以证明自己的本质。

法国当代符号学家格雷马斯(A. J. Greimas)、托多罗夫(Tzvetan Todorov)和巴特等都进一步对叙事文学作了深入的符号学研究。

艾柯的符号学研究将影视艺术也列入了符号学的研究范围,他将这种符号和造型艺术一起称为"肖似符号"(icon)。但这种研究仍然是不够深入全面的。

综合各家的研究结论可知,艺术符号在性质上和推理符号有对立的倾向。吉罗就明确指出此点。他认为,推理符号牵涉到"信息",艺术符号又可和其他性质一致的符号合称表现符号,表现符号则牵涉到"意义"。他认为这反映了科学和艺术两种不同的意指方式。

他这里所说的科学和艺术,既指作为研究领域的科学及作为创作活动的艺术,也指日常生活中"科学化的"和"艺术化的"活动。推理符号及其延伸与艺术符号及其延伸对受传者的要求各有不同。前者诉诸于智力,要求受传者的注意和理解;后者诉诸于情感,要求受传者的参与和感受。

第六节 现代传播媒介对符号的再现

在传播学中,对现代传播媒介对符号的再现的研究是非常缺乏的。这表现在两点:第一点是,对美国媒介研究者菲德勒(Roger

Fidler,1997)所说的"媒介形态变化"(Mediamorphosis)[①] 的关注主要集中于其"传递符号"、"扩散符号"和"保存符号"能力的变化方面,但对技术介入造成特定符号类型的产生或使其特性发生变化方面关注甚少;第二点是,人们对上述再现的意义和价值的评价,往往在无条件的悲观主义和无条件的乐观主义之间摇摆。

新兴媒介的不断出现、发展,使"媒介形态变化"受到高度关注。媒介形态变化最早的突破应该是文字的出现。文字的产生实为媒介形态变化的开端,其"工具化地产生"及"媒介影响讯息"的特点贯穿了以后媒介形态变化的所有阶段。但大家对"古腾堡革命"以后媒介形态变化的关注主要集中于其从外部作用于符号(传递、扩散和保存等)能力的方面。菲德勒将媒介形态变化的线索分为"在人际传播领域"、"在广播传播领域"和"在文献保存领域"三方面,正是对应了这些能力。这样的关注无疑有其合理性,因为这些能力关乎媒介特点的根本方面。但是,媒介形态变化本身是在两方面混合展开的,一是从外部作用于符号的方面,诸如符号的发送和接收条件、符号学手段在特定传播中的增减、符号传递的能力(在速度、距离、广度和延时性等方面)、符号保存和检索能力,等等;另一就是从内部作用于符号本身的方面,即技术介入造成特定符号类型的产生或使其特性发生变化。

从这一分析线索,我们可以勾勒媒介形态变化在这一维度(与之并行的是符号的传递、扩散、保存能力的变化这一维度)上符号类型、特性的变化史。近200年来,这一维度上的变化虽然是巨大的,但仍然可以对之进行简略述评。

最早的重大突破发生在诉诸视觉的领域。1822年,第一张照片由尼普斯发明。这一发明有两个伟大的意义:第一是它表明人类第一次能不借助语言(我们在这里按照雅克布逊的观点,将诗也

[①] 菲德勒:《媒介形态变化:认识新媒介》,第1~10页,华夏出版社,2000。Mediamorphosis是作者自创的概念。

视为语言表现的一种)及视觉艺术,而由现代技术介入来直接表现一切能由人用视觉观察的对象;第二是它开了电影和电视诉诸视觉方面表现能力这类发明的先河。虽然照片、电影和电视在技术上联系程度不同,但它们的符号学意义是紧密联系的。这些事实广为人知,但对其中的符号学及传播学意义,却仍未得到深入阐发。以前我们表现"山",可以用语词,可以用各类文字,或是用一幅画,但我们现在可以用照片、电影、电视来表现。因此,照片、电影和电视所表现的一切诉诸视觉的对象就都应当作为符号学和传播学分析的对象加以深入研究。

在诉诸听觉的领域也发生了相似的变化。1876 年贝尔发明电话。1906 年德福雷斯发明的"真空管"使声音的无线电传播成为可能。接着,无线电广播出现并迅速普及了。同样,这些发明的意义也不仅仅局限在传递和扩散语言符号及音乐代码上。自然领域的一切声响也都因此直接进入传播领域因而变成符号学和传播学关注的对象。

对上述问题的研究应是对媒介形态变化关注的重要一翼,但在传播学中往往对此一笔带过,缺乏深入的和历史的分析。因为经由现代媒介的传播的引人瞩目的社会功能是各种因素综合作用的结果,因此这方面的研究就是不可缺少的。

同时,对现代传播媒介符号再现的意义和价值评价,人们往往缺乏辩证分析。本雅明在二战前就提出:自然景观因为它是"独一无二的现象"而具有价值,但在当代社会,群众渴望接受每件实物的复制品以克服其独一无二性。[1] 几十年后,丹尼尔·贝尔的观点与之相呼应:他提出对所谓"视觉文化"的担忧。[2] 相反,麦克卢汉在 1955 年则说:"新的传播媒介不是人与自然之间的桥梁,它们就

---

[1] 本雅明:《机械复制时代的艺术作品》,载《西方马克思主义美学文选》,第 244~245 页,漓江出版社,1988。
[2] 丹尼尔·贝尔:《资本主义文化矛盾》,第 153~157 页,三联书店,1989。

是自然……超越了书面文字,我们重新获得了我们的整体,我们不是在一个国家和一种文化层面上,而是在宇宙的层面上获得这一整体。"① 两种观点截然相反,但偏颇都在于没有真正揭示现代传播媒介中符号现实的本质。

首先,现代媒介传播的最为显明的特点之一就是,由于存在技术介入,所有符号最终到达受传者时,都是一种"复制性"符号。复制出的一张名牌轿车图片没有轿车本身的功能,复制出的《蒙娜丽莎》只能是赝品,但是,它们仍然有传播功能,它们仍然可以作为传播意义上的符号存在。而究其实质,技术介入一个重要的值得探讨之处在于它通过复制符号对讯息意义的干扰。艾柯曾对所有诉诸视觉和听觉的符号作出罗列②,我们不妨对它们在经媒介复制后特性改变的状况做如下分析:

诉诸视觉符号的复制几乎没有例外的改变了物质载体,但其对受传行为的影响因对传播功能的不同要求而异。书面语等依赖于文字等象征性符号,从传达意义的层面来讲,符号复制不影响其功能;"动态学"和"疏密学"所探讨的符号其"语义"层面被复制后,解码时加入了新的受传者,也改变了传播的双向性,除此以外,其诉诸视觉部分以符号物质连续体变化为前提,受传者的视知觉对

---

① 转引自切特罗姆:《传播媒介与美国人的思想——从莫尔斯到麦克卢汉》,第188页,中国广播电视出版社,1991。
② 见艾柯:《符号学理论》,第8～15页,中国人民大学出版社,1990。有必要对艾柯的总结作必要说明:艾柯将符号分为19种,大众传播中使用的符号是其中一种。但我们认为,大众传播中的符号实际上是建立在对其他符号的复制之上的复杂组合。除了诉诸听觉和视觉的符号之外,嗅觉符号、触觉交流所使用的符号、滋味代码不能被现代传播媒介复制;情节结构存在于神话、童话以及连环画、通俗小说、通俗传奇等大众传播形式之中,"文本理论"所探讨的符号指将"文本"视为宏观单位,显然,它们都只能连同其"载体"被复制;文化代码在艾柯的符号学中包含复杂内容,如礼仪系统、等级制、社会特定阶层的心理、家庭关系结构等行为和价值系统(实际上是物理、经济、生物及物理条件的总体网络框架)等,它们本身不能被现代传播媒介复制,但可以被符号系统所表现,这些用来表现的符号又是可以被复制的;对动物是否存在借助符号进行的传播有不同看法,艾柯认为"动物符号学"可以是符号学的下限;"动态学"探讨表情、眼神、动作、姿态等,"疏密学"探讨传播双方对时间、空间的利用;艾柯将语言分为自然语言、书面语和形式化语言(表达科学概念、理论的语言);"医学符号学"研究可以借以判断身体状况的"征兆",在近来出现的利用因特网进行的远距离诊断中应有牵涉。

之解释的负担加重;客体系统(诉诸视觉部分)作为视觉印象被"强行"复制使原对象存在的"物理、机械、经济、社会、语义"五个价值层面消减为"语义"一个价值层面;美学文本的复制是一种最复杂的情况,其在传播过程中形成的效果要视其不同类型而定,其中,造型艺术符号的传播效果最受复制的影响。

诉诸听觉符号的复制由于没有改变物质载体(声波),因此对受传者知觉的影响有限。自然语言、"副语言学"所探讨的符号、客体系统(诉诸听觉部分)可归入此列。音乐代码对复制准确性的要求一般来说是最高的。

从上面的分析我们可以看出现代媒介传播中符号特性状况的复杂性。媒介只能"创造"与实际生活情境共时的第二位的"生活情境"。而且其对实际生活情境的模拟仍是不完全的,就空间表现来说,它以二维表现三维,同时触觉、嗅觉、味觉不能被直接表现。没有正视这一点,是麦克卢汉走向无条件媒介乐观主义的误区所在。

技术介入的另一影响是,诸如电视等摄影中使用的特定方法,能使镜头带上相应的新含义。也即,技术介入还可使原有符号或符号系统加上附加含义,我们也可将之视为产生了新的"符号—功能"函项。比如有美国学者谈到,电视摄像中"仰拍"可表示"权力、威严","俯拍"可表示"渺小、微弱",特写可表示"亲密",全景可表示"社会关系",等等。他还认为,灯光照明技术,音效的使用等等,也能引起类似结果。[①] 这种符号学分析提示我们,即使是现代传播媒介的逼真的复制现实的技术,不论是诉诸视觉的还是诉诸听觉的,也绝不是和现实本身没有差别的对应。原因就在于,机械复制在观察的距离、角度等方面是相对固定化的,而在时间选择上则是片断化的。实际上,所有"复制"均向我们提示了现代媒介传播

[①] 见柏格尔:《媒介分析方法》,第36~38页,台湾远流公司,1994。

经由技术介入这一有意义的特性。

但如果仅仅强调现代媒介再现符号能力的局限性,则仍然只分析了问题的一个方面。问题的另一个方面是,现代传播媒介中诉诸视觉和听觉的符号相对于语言文字符号来说的确具有可以直接"抓握"现实的能力,因而成为便捷的传播手段。本雅明及丹尼尔·贝尔将这种符号学手段与传统视觉艺术做简单比较,势难得出全面结论。① 我们的观点是,忽视这两个方面中的任何一方,都难以对现代媒介传播作出客观和全面的评价。

杜威在谈到语言的地位时说:"作为思想对象的意义(杜威在此处显然将之略等于语言,但有许多学者还是倾向于指出二者的不同之处——引者注)之所以配称为完备的和最后的,仅仅是因为它们是由一个复杂的历史造成的一个幸运的后果,而非原来如此的。"② 对现代传播媒介这样出现不久的传播工具我们更应该做如是观。我们既要借助于它克服空间距离,提供感知渠道,又不能无视其局限,沉迷其中。虽然现代传播媒介使我们更加有"身临其境"之感,但与人实际的身临其境与自然"交流"却有重大区别。而且它的功能的实现也有赖于先在的实际身临其境。随着媒介技术的不断进步,如电视清晰度已有的和将有的提高等,媒介乐观主义又不断被充入新的内容。这种媒介乐观主义不是从效果论的角度提出绝对肯定的答案,而是将媒介接触当作生活方式的优先方面,并认为这无条件的代表了进步。很显然,这实际上是需要我们不断反省、分析、批评的。

一方面,以技术介入为重要特征的现代媒介传播似乎已经成为人类普遍性的一部分,另一方面,现代媒介传播占压倒优势这一状况的消极面如果发展到极致,则有可能"兑现"有人提出的这样

---

① 正如许多中外学者指出的,本雅明关于当代艺术的社会学思想实际上蕴含了辩证因素,但本书限于篇幅,故不展开讨论。
② 杜威:《经验与自然》,第139页,商务印书馆,1960。

第四章 传播符号

一种担忧:正在我们一味开发现代媒介的冲刺中,人类却丧失了数千年来赖以生存和发展的重要信息。① 因此,现代媒介传播的极大复杂性,以及因之而来的对受传者的复杂影响,仍有待我们深入探索。对这一问题的认识已然是我们"媒介意识"的一部分,而我们仍应使这种意识得到加强。

---

① 见菲德勒:《媒介形态变化:认识新媒介》,第99页,华夏出版社,2000。

第五章 传播的功能

正如施拉姆所说的,对于我们来说,传播是一种自然而然的、必需的、无所不在的活动。因此他将人类称为传播的动物。传播既贯穿了人类历史的全过程,同时也渗透到我们所做的一切事情之中。我们甚至已经向宇宙空间发出了人类存在的信息,试图和其他星球的高级生物取得联系。

在这种情况下,我们甚至已经忘记了去自觉地考察人类传播真正所起到的主要功能。在这一章,我们试图解决这一个问题。

传播的功能与我们以后要说的传播的效果既有联系又有区别。传播的功能主要指传播能够引起某种后果的机制,而传播的效果则指传播实际引起的后果。

对于前者,传播学的各主要邻近学科都做过理论分析,本章我们试述其中之主要者。并且,本章一方面介绍关于传播功能的理论,另一方面也提示看待传播功能这一问题可有不同的角度。

第一节 传播功能的心理学分析

有许多心理学家和心理研究者从心理学的角度研究了传播的功能。在这里我们着重介绍三位心理学家的看法。

皮亚杰(Jean Piaget,1896—1980)是瑞士心理学家,发生认识论的创始人,1954年当选为第14届国际心理学会会长。在儿童心理研究中,他反对单纯的观察法,主张通过对结构整体的研究来了解儿童智力的发展。他认为儿童的智力是从感知动作开始的,在活动的发展过程中,感知动作逐步内化而构成表象思维、直觉思维、具体思维以至最后达到高级逻辑思维。他研究的重点是儿童的心理发生发展问题。

他的理论与传播学的紧密联系之处为,皮亚杰把儿童的谈话(传播的一种形式)分为两种,一种是社交性的,一种是自我中心性的。

皮亚杰认为,在进行社交性的谈话时,这个孩子是在对听者讲话,注意自己谈话的观点,试图影响对方或者实际上是同对方交换看法。在自我中心性的谈话中,孩子并不想知道是对谁讲话,也不想知道是不是有人在听他讲。他或者是对他自己讲话,或者是为了同刚好在那里的某人发生了联系而感到高兴。

后来人们继续皮亚杰的研究,对这一理论作了修正和补充。皮亚杰认为儿童在7岁左右开始产生社交性的传播,后来人们认为其实要早得多。后人还认为儿童社交性的传播比皮亚杰认为的多得多,可能达到了90%。

从传播学研究的角度来讲,我们可以发现皮亚杰的划分是有创见的。因为即使是成年人,除了社交性的传播外,也有许多自我中心性的传播行为,如干活时榔头碰到手指,说句发火的话;回忆一件也许不可能完全向他人道及的事;独处时唱歌、弹琴等。

我们将皮亚杰的理论称为"二元说",意指他将传播行为分成社交性的和自我中心性的两种相互对立的类型。

美国心理学家爱德华·托尔曼(Edward Tolman,1886—1959)创立了称为"目的行为主义"或"整块行为主义"的心理学理论。他认为传播主要是一种工具行为,人讲话所起的作用与绳子、盒子、棍子等工具所起到的作用没有本质的差别。他还对他的论点作了具体的分析:

指挥命令显然是一种工具行为。指挥命令的后果是讲话的人通过指挥命令让他的下属做某事。前者不需要卡住后者的脖子、真的推着他去完成要他做的事,而是通过指挥命令取得同样的结果。

儿童的哭泣也是一种工具行为。他们哭,很可能就有人来抱、抚弄他们。他们笑,得到的也是笑。某种声音使他们得到食物或玩具。他们学名称,发现这不仅能带来称赞,还可以替代辛苦的体力劳动。

自身传播也可以理解为是一种工具行为。在榔头打了手指之后咒骂的话,也许可以解除紧张的心情,也许可以使人避免哭泣;内心的讨论和谈话,对在困难情形下做出决定是有作用的,正是这种形式的传播,最终使我们克服犹豫,下定决心。完成这一功能,不是其他活动可以取代的。

我们将爱德华·托尔曼的这一理论称为"工具说"。意指他强调传播的单一实际功用,也即传播的工具性作用。

斯蒂芬森(William Stephenson)是一位当代美国的心理学家。在1967年出版的《传播游戏论》(The Play Theory of Communication)一书中,他关注的焦点几乎正好与爱德华·托尔曼相反。他虽然也论及传播的工具作用,但探讨的重点却是作为一种自我满足和寻求快乐的自给自足活动的传播。

他的理论的逻辑起点是将工作和游戏对立起来。工作对付现实,是谋生,有产品;相反,游戏没有产品,是为了提供自我满足。与此相对应,他认为传播也有两种。一种是工作传播,其目的是要导致某种行动,往往包括命令、请求、说服和要求。他认为这是一种"传播—不愉快",或"传播—痛苦"。还有一种是游戏传播,这种传播的目的是为了自我满足。如两人之间没有明显目的的谈话,即属于这种传播,两人谁也不想说服或压制另一人,也不想从另一个人嘴里套出什么东西,他们除了谈话,并不想得到其他东西,但他们为这种谈话感到愉快。这就是"传播—愉快"。

斯蒂芬森对游戏传播的意义给予充分的肯定。他认为这种游戏传播,包括通过大众媒介进行的娱乐活动,在心理上对个人的是有益的,是对自我个性各个方面的丰富,是自我的发展和提高。与工作传播相比较,他认为游戏传播可以向广大群众暗示某些行为标准,为他们提供消遣,使他们生活得更轻松些。他认为过分担心游戏传播的消极影响是不必要的。

我们给斯蒂芬森的理论也起了个名字,叫"传播—愉快说"。意指他强调传播的娱乐功能,认为此时传播的本质是参与者获得愉快,这种传播有积极意义。

总结一下三位心理学家的看法,我们可以看出皮亚杰的观点上的两面性,而另外两位又分别从各自的角度对传播作了探讨。综合他们的看法,我们就能得到比较全面的看法。

传播既可能是社交性、社会性的,具有明确的目的性与工具性;它们又可能是自己进行的,不牵涉他人的,自我中心性的;它们还可能是娱乐性的。作为存在,三者都是很重要的。娱乐性传播可以分别与前二者重合。

第二节　传播功能的社会学分析

和心理学家相比,社会学家更注意从传播对社会发生作用的整体方面去考察传播的功能问题。

1948年,拉斯韦尔在《社会传播的构造和功能》(The Structure and Function of Communication in Society)一文中指出了人类社会信息传播的三个主要作用:对外部世界的监测(surveillance of the environment);协调社会各部分以适应环境(correlation of the difference of society in responding to environment);传递文化和知识遗产(transmission of the social heritage from one generation to the next)。这堪称是对传播社会功能的经典分析。

1960年,赖特(Charles Wright)在《功能分析和大众传播》(Functional Analysis and Mass Communication)一书中,在拉斯韦尔的三个范畴之外又加上了第四个功能:娱乐。在前三个范畴中,赖特的称法有所不同,他称第二种功能为"解释和规定",称第三种功能为"社会化"。

赖特的分析甚为细致,他认为传播功能可以分别对社会整体、特定社会群体、个人或文化系统产生,功能可分为显形和隐性两种,可发生功能,也可发生功能失调。

拉斯韦尔的总结在传播学中被称为"传播三功能论",加上赖特的总结,则被称为"传播四功能论"。下面我们就分别谈谈传播的这四种社会功能。

第一是环境监测作用。传播的这种社会作用,又被人形象地称为社会雷达。航天航海需要雷达,以保证安全,我们对社会安全的监视则是由传播系统来承担的。

作为社会整体来说,人们需要了解自然危险的袭击、战争的危险、社会的变革以及新机会的出现。即使是栖居洞穴的原始公社也要对周围环境进行监视,他们常派了望者到山上去。

个人要了解所处的世界、国家的变革及新的资源,了解所处地区、城市、村庄的危机、机会、变化,这种了解的愿望是恒久不变的。对于一个生活在现代社会的社会化的个人来说,这种环境监视的需要,即对传播这一社会雷达的依赖是不可缺少的。

社会雷达的作用有时又表现得很具体:如我们想知道菜场上的菜价,我们想知道市场上有什么新式的商品等。对于我们来说,每天要读报、听广播、看电视,至少,我们能从别人口中得到最重要的消息。

传播的第二个重要的社会功能是使社会中的各阶层产生联系、接触,以形成一个整体,来适应和应对环境的变化。整体化对一个现代化的社会来说是必需的,古代社会那种"鸡犬之声相闻,老死不相往来"的理想生活现在是不可能有了。这种社会的联系、接触、协调、整合,在很大程度上依赖于人类的社会传播。

一个国家的法令及一个团体的行动规则,传播出去都是起到这种功能。也即它所起到的作用都是使各个部分关联起来。对于一个国家来说,如果说它的驻外记者主要是担负环境监测的任务,那么它的外交官员的主要任务在于使本国能和他国联系起来,能在人类生活中协调行动。

对于个人来说,传播的这一功能可以体现为将个人目标和社会目标统一起来,并为个人提高效率提供帮助。

德弗勒对传播的这种社会功能作了很好的概括。他说,传播行为是"一个表达团体规范的手段,通过这个手段行使社会控制,分配各种角色,实现对各种努力的协调,表明对未来的期望,使整个社会进程持续下去……要是没有这种影响和交流,人类社会就会崩溃。"① 应该说,宣传性的传播内容更具有这种功能。

传播的第三个社会功能是传播社会的规范和遗产。这里所说的社会规范和遗产,包括社会化生活所需要的基本礼节、礼仪、习俗,包括前代积累的各种人类经验、知识,也包括法律规则。其中最重要的就是把知识向下一代传递。这种传播功能虽然主要是在家庭及学校中实现的,其他类型的传播也可以有此类功能。

人类最早所得到的知识和生活习俗大部分来自家庭。一般来说,人们在家庭中学会说话、一些基本的社会规范和一些最基本的常识。现代学校教育担负的使命是系统地向受教育者传授人类遗传下来的各种各样的丰富的知识遗产。由于人类知识的分化,学校的分科也愈来愈细致,大学作为专门化的教育在许多国家已迅速普及起来。同时,在社会化方面大众传播显然也起重要作用。

对于社会整体来说,传播的这种功能能够增加社会的凝聚力,拓宽社会的公共规范和经验基础。对个人来说,这种功能能起到减少个人杂乱性的作用。

传播的这一种功能有时也不是那么显而易见的。如你在路上遇到一个人随地吐痰,你白了他一眼,这时你其实在向他传播一种也许还未被所有人接受的社会规范。

传播的第四种功能是娱乐。娱乐性传播伴随整个人类史。对于社会整体和个人来说,娱乐似乎越来越变得难以缺少。

虽然我们将传播的功能分为四种,但这里要强调的一点是,一种传播活动可以具有多种功能。

近年来西方以及香港的知识性电视节目融入了较多的娱乐性内容,而且已经影响到国内,也就是反映了"教"和"乐"的结合。

我们可以对传播的社会功能在口传社会和媒介社会的表现作比较分析。传播的四种社会作用并非只有在大众媒介社会才有,

---

① 转引自施拉姆等:《传播学概论》,第 32 页,新华出版社,1984。

在大众媒介产生以前的口传社会也有存在。应该说,人们的传播能力随着历史的发展有了巨大的进步,但传播所起的功能却并未发生变化。人们使用不同的手段来完成这些任务,但这些任务本身往往并没有变化。

环境监测功能在口传社会通过个人接触、看守人、宣讲人、旅行者、会议、集市等等来实现,在大众传播社会则通过个人接触加上新闻媒介来实现。

协调社会功能在口传时代通过个人影响、领袖、组织等来实现,在大众传播时代则通过个人影响、领袖、政府和法律机构、新闻媒介的联合作用来实现。应该说,在现代社会,传播的这一功能主要就是由大众传播来担当的。麦奎尔认为,大众媒介在现代社会起着一种"认同中介"的作用,媒介大量传播、复制的信息,使社会取得文化认同和意识共识。①

传播的传递文化和知识遗产的作用在口传时代通过家庭教育、专家示范和学徒制来实现,在大众传播时代则通过家庭早期的社会化教育、教育制度、书籍等来实现。

传播的娱乐功能在口传时代依赖于民谣歌手、舞蹈者、说书人、群体参与,在大众传播时代则依赖于有创造性的表演艺术以及大众媒介中的娱乐节目。但在大众传播时代,娱乐性的传播在各类传播中所占的比重愈来愈大,引起人们的关注。同时,在现代社会,各种形式传播的娱乐性内容是并存的。

所有上述传播的这些社会功能都有外向方面和内向方面,即有一方是施的即传播者方面,另一方是受的即受传者方面。在环境监测中,传播者寻求传播讯息,受传者接受讯息并考虑是否作出决定;在协调社会性的传播中,传播者劝说、指导,受传者对之作出解释并决定态度;在传递遗产性的传播中,传播者寻求并传递知

---

① 见单波、李楠:《大众传播与文化》,载《新闻大学》,1998年秋季号。

识,受传者学习;在娱乐中,传播者进行娱乐性传播,受传者享受。

最后,传播的上述社会功能还可以具体的表现于政治、经济、文化及社会等不同领域。

第三节 传播功能的语言学分析

传播功能的语言学分析较少受到传播学研究的注意,但在语言学及符号学中影响甚大。雅克布逊1960年提出的传播模式为他的传播功能观的阐发打下了基础。①

雅克布逊传播模式的构建是以对言语的分析为基础的。他朦胧地注意到构成任何言语的六个组成因素,即(1)说话者;(2)讯息;(3)受话者;(4)接触;(5)代码;(6)语境。它们在传播中构成如下结构:

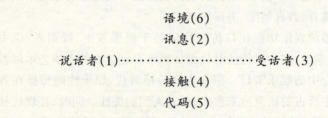

我们试对这一传播模式作如下分析:

(1)(2):任何言语的传播都由说话者所发出的讯息构成;

(3):它的终点是受话者;

(4):讯息还需要说话者和受话者的接触,接触可以是直接的,

---

① 雅克布逊:《语言学与诗学》,载波利亚科夫编:《结构—符号学文艺学》,第172~211,文化艺术出版社,1994;并见霍克斯:《结构主义和符号学》,第83~86页,上海译文出版社,1987。

也可以是经由中介的;

(5):接触必须以代码作为形式:言语、数字、书写、图像、音响构成物等;

(6):讯息必须涉及说话者和受话者都能理解的语境,因为语境参与了讯息的意义的生成。

霍克斯认为雅克布逊对传播所作的阐述的核心观点是:"讯息"不提供也不可能提供传播活动的全部"意义",传播的所得,有相当一部分来自语境、代码和接触手段。简言之,意义存在于全部传播行为中。

雅克布逊的理论贡献表现在:他进一步认为,虽然一种传播可以兼具几种传播功能,但从分析的角度讲,传播过程中六个因素中的每一个都具有独特的功能作用。也就是说,他的传播功能分析将功能作用分解到传播的每个组成因素中。

雅克布逊认为,在上述传播模式中,每个组成因素都有与之相联系的功能特征,如下表所示:

语境—指涉功能(6)

讯息—诗学功能(2)

说话者—情感功能(1)……………………受话者—命令功能(3)

接触—交往功能(4)

代码—元语言功能(5)

雅克布逊的观点是,传播可以拥有上述功能中的一种或数种组合方式,但往往有一种功能恰巧占统治地位,此时,讯息就把那个因素的功能特征占为己有,那个因素的功能特征因此成为该讯息的功能特征。

总结他的论述就可表述为:讯息本身不提供也不可能提供传播活动的全部意义,意义存在于全部传播行为中;进一步说,在传

播的六项功能中,往往有一项占主导地位,是它决定了讯息的性质。我们试对这六种情况分析如下:

传播倾向于语境时体现指涉功能。这是最基本的情况,这时传播倾向于语境,指涉功能占支配地位。如在"从加迪夫到伦敦的距离是150英里"这句话中,如果传播倾向于语境,则显示了这种讯息的一般特征,即指出一种客观的、具体的情况。指涉功能确定真实的讯息,即客观的、可观察到的和可验证的讯息。应该说绝大多数新闻传播都属此种情况。

传播倾向于说话者时体现情感功能。在"从加迪夫到伦敦的距离是150英里"这个例子中,如果传播倾向于说话者,即传播并非是要指出一种客观的、具体的情况,而是要表达说话者一种主观的东西,那么在信息中情感功能就占支配地位,如表达了与"伦敦离家乡很远"相联系的主观情感。

指涉功能和情感功能是传播的两种既互相补充又互相竞争的基础功能;人们经常把它们说成是"言语运用的两个功能",一个是认识的和客观的,另一个是情感的和主观的。

传播倾向于受话者时体现命令功能。如果传播偏向于讯息的受话者,那么,讯息的命令的功能就占支配地位。它以"看!"或"听!"等手段来表示。命令的功能可以指向接受者的理智,也可以指向其情感。

传播倾向于接触时体现交往功能。如果传播倾向于接触,那么,交往功能就占支配地位。在谈吐中,它产生了诸如"早上好!"、"你好!"等交际语,其目的不是为了引出或提供讯息,而是为了建立语言的接触,或"打开话匣子"。如英国人见面问天气,中国人见面问吃过了没有,大都属于这种传播。雅克布逊认为,这种传播的"唯一目的"是产生"延长会话的俗套对话",如"喂,您听见我说的话了吗?""您说,您还在听我说话吗?"

吉罗对此总结说,在此类传播中,重复相同的词或相同的动作,重述相同的故事,这在与此无关的人看来是一种荒诞的和无法忍受的传播,可对于"参加的"人、"有关的"人来说却是惬意的,而且从他不再是参加者和有关者之日起,他则变得极为痛苦。

传播倾向于代码时体现元语言功能。如果传播倾向于代码,那么元语言的功能就占支配地位。所谓元语言,即可以描述、解释语言的语言。在这种情况下,传播实际上是在检查相同的代码是否双方都可以使用,在谈吐中就出现了诸如"理解吗?""明白吗?""领会吗?""行吗?"等短语。

符号学认为,元语言的存在是广泛的:一副绘画的方框,一部书的封面,都能使人注意代码的性质;一把反曲线煤铲,以其出现在展览会或博物馆中而具有美学内涵,也是因为特定环境起到的元语言功能,指出了"反曲线煤铲"的代码的性质。

传播倾向于讯息时体现诗学功能。如果传播倾向于信息本身,那么诗学功能就占据了支配地位。这里所说的"诗学"的研究对象是一切语言艺术,且霍克斯和艾柯都认为可以扩大到一切美学文本。在传播处于这种情况下时,传播功能的实现主要依赖于对语言的打破常规的使用。

雅克布逊的传播模式及传播功能观虽然是针对语言传播而言的,但雅克布逊以及许多符号学家都认为其可以扩展到各种传播。雅克布逊认为语言与其他若干符号系统,乃至于与所有符号系统都共有许多属性;吉罗认为雅克布逊的分析在调整了必须调整的东西之后对于所有的传播方式都是有效的;艾柯在谈到符号的美学功能时也认为雅克布逊在这一传播模式中对诗学功能的分析不仅适用于语言艺术,也适用于其他所有艺术。

因此,雅克布逊的传播模式及传播功能观可以分析包括大众传播在内的各种传播现象。进一步探索雅克布逊的传播功能分析,有助于我们深化对各种传播现象的认识。实际上,关于传播功能的语言学分析与侧重个人的心理学分析及侧重社会整体的社会学分析实际上谈的是一个统一体的三个侧面。稍加分析,我们就可以看出施拉姆对传播功能的心理学和社会学观点的总结和雅克布逊观点之间的内在联系:

		心理学、社会学功能观	语言学功能观
心理学	皮亚杰	自我中心性的传播	情感功能
		社交性的传播	交往、指涉、情感、命令功能
	托尔曼	工具行为	命令功能
	斯蒂芬森	工作传播	命令、指涉功能
		游戏传播	交往、情感功能
社会学	拉斯韦尔赖特	环境监测,即社会雷达	指涉功能
		联系协调,即规定与解释	指涉、情感、命令功能
		传递遗产,即社会化	指涉功能
	赖特	娱乐	诗学、情感功能

在传播的"环境监测"这样一个重要的社会功能中,可以说是传播的"指涉功能"为其提供了实现基础,而雅克布逊理论的独特之处则在于他指出了实现这种功能对语境的强烈依赖。在传播的"解释与规定"这样一个同样重要的社会功能中,在说话者与受话者的互动关系中,雅克布逊的理论揭示了态度、情感的表现有赖于传播行为的重心偏向于说话者,而实现这种传播的社会功能的目标,则有赖于传播行为的重心向受话者转移。因此,雅克布逊模式既揭示了传播实现社会功能的基础机制,又具有自身的区分传播行为重心意义上的分析特色。

在传播功能的心理学分析中,皮亚杰所说的"自我中心性的传播"很接近于雅克布逊所说的"情感功能"占上风的传播。爱德华·托尔曼认为的作为工具行为的传播正与雅克布逊所说的"命令功能"占上风的传播相同,只是在雅克布逊的理论中它仅仅是传播的一种形式,而作为行为主义心理学家的托尔曼则用其来概括一切传播。仅仅偏向于说话者的"情感功能"占上风的传播可能的确存在,特别是正如皮亚杰所说,大量存在于儿童谈话中。雅克布逊关于偏向受话者的传播的分析是独到的,正如吉罗指出的,在大多数广告传播中,往往严重偏向于受话者,此时符号或是通过重复来对接收者加以限制,或是通过开启下意识情感反应来指向接收者的动机。雅克布逊模式显然比诸种心理学分析为我们提供了一种更全面的观察视野。

传播的"诗学功能"和"元语言功能"更是雅克布逊为我们提供的特有的分析传播功能的角度。其中"诗学功能"在他的理论中最为后人称道,并且直接开启了布拉格学派和法国结构主义学派的文学批评理论。而"元语言功能"在符号学家看来不仅在人际传播中起着"检查相同的代码是否双方都可以使用"这样一种作用,在其他传播中也非常普遍地存在着。

我们也可以用这三种观点来分析所有特定的传播现象。如我们用它们来分析电视传播中的常见节目:

节目类型	心理学功能观	社会学功能观	语言学功能观
新闻	社交性的传播、工具行为	环境监测、联系协调	指涉功能
天气预报	工具行为	环境监测	指涉功能
述评	社交性的传播、工具行为	环境监测、联系协调	指涉、情感功能
科普	工具行为	传递遗产	指涉功能
电视剧	游戏传播、工具行为	娱乐、联系协调	诗学、情感功能
综艺	游戏传播、工具行为	娱乐、联系协调	诗学、情感功能
广告	工具行为	环境监测	命令、指涉功能

正如施拉姆在论述传播社会功能观时指出的,拉斯韦尔的分析既适用于大众传播,也适用于人际传播,雅克布逊的语言学和符号学观点也同样如此。而且,雅克布逊传播功能理论的一个重要意义恰恰在于,用这一理论对人际传播和大众传播进行的比较分析,可以更深入的揭示这两种人类传播的最主要类型在特性上的差异。

　　从雅克布逊的传播功能观来考察,人际传播与大众传播最大的差别可能体现在"接触"这一因素上。虽然大众传播与人际传播相比具有麦奎尔所认为的"发送者与接收者之间关系的不平衡性"这样一个突出特点,但发送者和接收者——即上文所说的说话者和受话者——和讯息联系的性质并没有变,也就是说,情感功能的讯息和发送者有更紧的联系,命令功能的讯息和接收者有更紧的联系。但在这两类传播中,"接触"的状况却发生了根本的变化。

　　首先,在人际传播中,说话者和受话者处于一种直接的接触状态,而在大众传播中,发送者和接收者却处于一种有接收工具居于其间的间接的接触状态。麦奎尔还认为,大众传播具有"发送者与接收者之间关系的非人格性"这样一个特点,对这一论点的理解很容易陷于抽象化,但从传播双方的接触状况我们就能很清楚地看到这一点。显然,这是大众传播超强的扩散讯息能力的连带的负面效应。

　　更重要的一点在于,在人际传播中,"接触"本身可以居于统治地位,使"交往功能"成为传播的首要功能,雅克布逊认为,这种讯息的唯一目的是产生"延长会话的俗套对话",但其在人际传播的各种形式中都占有重要地位。吉罗以"情人会话"这种传播为例,说明在这种传播中,传播的内容并不怎么重要,重要的是在场和表明其愿意结合的事实。

　　在人际传播中,这样的以接触为行为重心的传播是与家人联系、社区文化、生活习惯、感情交流、社会礼仪等生活形式密不可分的。甚至在人际接触紧密的工作传播中,也离不开这样的传播。这种传播的实质就在于它是与人及社会存在的自然性联系在一起的,作为其中的语言传播来说,它就更直接地体现出荷兰语言和传播学者范戴克(I. N. Van Dijk)所阐明的"话语不仅是言语实体,而且就其根本来说,它是一种社会交往(interaction)形式"这样一种观点。[1]

在大众传播中,这样的传播却是非常罕见的。麦克卢汉曾转引了一个有趣的例子:有一位非洲人,费尽心计每晚收听英国广播公司的新闻节目,虽然他一句也听不懂,但每晚7点准时听见那些声音,对他是至关重要的。[2] 麦克卢汉没有分析清楚这位非洲人之所以这样做的原因,但我们可以认为,即使在这样的极端情况下,它也与人际交往完全不同,因为他的"热心"丝毫也不为异国他乡的播音员所知。

在传播工具造成我们接触方式不断变化的今天,雅克布逊这样的语言学家对传播功能的总结仍能为我们提供特有的解释角度。这是值得我们深入探索的。

---

[1] 范戴克:《话语 心理 社会》,中译本序,中华书局,1993。
[2] 见麦克卢汉:《理解媒介——论人的延伸》,第48页,商务印书馆,2000。

第六章　不同语境下的传播

我们在前面提到过"语境"(contests)这一概念。在我国这一概念又经常被译为"情境"。实际上,传播总是在某种语境中发生,而且传播的性质在很大程度上要依赖语境而定。

关于语境的理论是丰富复杂的。爱德华·霍尔认为:"语境所起的作用在传播学界得到了广泛的承认,但很少有人对这个过程进行充分的描述。"① 实际上,对语境的研究在许多学术领域都有展开。撇开间接研究不谈,对这一问题的直接的较为充分的论述至少有:雅克布逊关于语境是决定语言传播发生功能的六个要素之一的见解② (参见第五章第三节);爱德华·霍尔关于不同文化类型中语境依赖的程度不同

---

① 爱德华·霍尔:《语境与意义》,载莫滕森编选:《跨文化传播学:东方的视角》,第33页,中国社会科学出版社,1999。
② 雅克布逊:《语言学与诗学》,载波利亚科夫编:《结构—符号学文艺学》,第172~211页,文化艺术出版社,1994;并见霍克斯:《结构主义和符号学》,第83~86页,上海译文出版社,1987。

第六章 不同语境下的传播

的观点①;前苏联文学理论家巴赫金(Mikhail Bakhtin)对于文学文本解读乃至所有人类传播中语境依赖的分析② 等。

由于上述学者各自学术背景和研究目的不同,因此对语境问题的分析也各有侧重。但综合他们的观点,可以认为语境包含两个方面的含义:一是传播所发生的实际环境(背景的、环境的语境),二是传播参与者主观的先天因素、以往经历的作用以及对实际环境的理解(天生的语境和程序化的、内化的语境),二者截然不同又相互作用。实际上,各家对语境的讨论发生在差异甚大但又相互关联的不同层次。

在传播学研究中,美国学者特伦赫姆(Sarah Trenholm)等人则将传播语境(communication context)划出四个边界,即:交往者的人数;相互间身体的距离及亲密程度;交往者所能使用的感官渠道的数量;反馈的直接性与及时性。③

本章即试图从包含较广的语境理论出发,按传播发生的不同语境将之分为若干类型,并分别讨论其定义、基本特点和主要理论研究成果。由于语境内涵的复杂性,这种划分也带有互向交叉的成分。

常见的观点是将传播分为自身传播、人际传播、团体传播和大众传播四种。有人分得更细,又将团体传播分为小团体传播、团体传播和组织传播,并且认为还存在公众传播即演讲,当传播双方的文化背景不同时,又认为形成了跨文化传播。自身传播(Intrapersonal communication)又称自我内向传播,虽然大家都将之看成是一种独立的传播类型,但对这种类型的传播的研究相对较少,应该说对它的研究与心理学或社会心理学更接近,它也多与其他类型

---

① 爱德华·霍尔:《语境与意义》,载莫滕森编选:《跨文化传播学:东方的视角》,第37页,中国社会科学出版社,1999。
② 见克拉克·霍奎斯特:《米哈伊尔·巴赫金》,第249~250页,中国人民大学出版社,1992。
③ 见王怡红:《西方人际传播定义辨析》,载《新闻与传播研究》,1996(4)。

的传播联合起作用。因此,本章主要讨论人际传播、小团体传播、组织传播、公众传播、大众传播和跨文化传播的基本特点。最后,还介绍对这些传播的特点加以比较的理论。

新兴的网络传播工具既构成了对其他传播的支持,显然也可视为构成一种独特的复杂传播类型。我们将在第九章独立加以讨论。

第一节 人际传播

人际传播(Interpersonal communication)可以看成是人类传播活动的基本范型。在传播活动中的地位和大众传播同等重要。如在个人社会化的过程中,起最大作用的就是人际传播和大众传播。

人际传播中的大部分为面对面(face to face)传播,但也有通过个人性中介如电话、电报、书信、便条来交换信息的人对人的(person to person)传播。作为新生事物,因特网支持的人际传播也属后者。

在传播学中,人际传播研究与大众传播研究一起构成最重要的部分。西方专门的单独研究及专著甚多。王怡红总结了西方学者对人际传播下的几种定义,我们择要论述如下。①

美国学者麦克罗斯基(J. C. McCroskey)等人将人际传播定义为"一个人运用语言或非语言讯息在另一个人心中引发意义的过程"。王怡红认为他们"对人际传播有自己选择性的理解",也即"人际传播关心的不是讯息的传递,而是意义的生发"。

特伦赫姆等人则从他们提出的传播语境的四条边界规定范围出发对人际传播下定义。他批评了在对人际传播的探讨中将四条

---

① 见王怡红:《西方人际传播定义辨析》,载《新闻与传播研究》,1996(4)。

边界中交往者人数看得最为重要的观点,这种观点认为,人际传播应该被限制为双人交流(in a dyad),因为只要有第三个人加入进来,就会发生重要的质变。特伦赫姆认为,从传播语境的角度界定人际传播,可以超逾人数的界限,交往者可以是两个人、三个人或更多的人,在后两种情况中,人际传播与其他传播的差别在于,人际传播的交往者可以最大限度地使用感官渠道,可以最大限度地互相观看、倾听、言说、触摸、品味。另有学者指出,这一情境通常包括两到八个人,但其传播的本质特征是参与者在一对一基础上的直接沟通。

美国学者斯图阿特(J. Stewart)对人际传播的领悟被认为更为独特、更为本质。他发展了德国哲学家布伯(Martin Buber,1878—1965)的观点。布伯认为"人在两种情形中与世界发生关系":"其一是'我与你';其二是'我与它'。""我与你"是"心灵对话的世界,是沐浴精神关系的世界","我与它"是指"我"在社会生活中与社会事物及人发生关系,"它"是满足"我"的利益需要和欲求的工具。布伯指出,虽然人总是生存在"我与它"的关系世界中,没有这个世界人不能生存,但只依赖于"它"的世界生活的人,并非真正意义上的人。斯图阿特站在布伯的这一思想高度,将传播分为"人际的"与"事际的"。他认为,人际传播只能与最大限度展示人性的特点有关。

为此,他将人性的特点分为五个方面:1.人是独特的,是不能相互置换的;2.人是不可测量的,因为人有"情感"、"感觉"和"精神";3.人具有选择的能力,不仅能反映现实,而且能回应问题,把握未来;4.人能够反思,即不仅思考周围的现实,还能反思自己的思维;5.人具有言说能力,能与人交谈,能互相回应。因此,斯图阿特对人际传播的定义为:人际传播是两个或更多的人愿意,并能够作为人相遇,发挥他们那些独一无二的、不可测量的特性及选择、反思和言说的能力,同时,意识到其他的在者,并与人发生共鸣时所出现的那种交往方式、交往类型或交往质量。

回顾对人际传播认识的历史,曾出现许多富有启发性的思想、理论。其中影响最大的就是"符号互动论"(symbolic interactionism 或 symbolic interaction theory),这一理论又称"符号相互作用论"、"象征性信息互动论"。它在第二次世界大战以前的美国社会哲学家米德、库利等人的思想中萌芽,后经米德的学生美国社会学家布鲁默(H. Blumer)总结提出。这一理论虽然可以说能涵盖对各种传播现象的解释,但对人际传播的解释力量尤其大。其后这一理论影响甚巨,至今仍为社会学和传播学的重要理论。

这一理论认为,借助于语言、非语言等符号进行的人际传播是构成社会、形成自我意识、获得社会角色和调整社会关系的基础,也即它们在形成思想、自我和社会中具有不可取代的作用。这一理论还强调符号讯息超越时间和空间的限制而使传播双方产生相互作用。

与"符号互动论"差异甚大,一种西方关于人际传播的当代理论被称为"社会交换论"。这一理论将人际传播重新概念化为"一种社会交换现象"(a social exchange phenomenon),认为人际传播的推动力量是"自我利益"(self-interest),人们出于交换包括爱情、地位、服务、货品、讯息和金钱等在内的资源(resource)的需要进行相互间的传播活动。

传播学认为,"社会交换论"的提出有其社会学、心理学、社会心理学等多学科根源。比如,有人认为人们在这种传播关系中或是寻求事物的结果带来的好处,或是努力寻求加入高额报酬和低度代价的情况中;有人假设人际传播的目的是环境控制(environmental control),人们为了达成包括财务、生理和社会报酬等各种欲望,而与他人进行传播;还有人则认为,奖赏的互相依赖是两个人联系在一起的主要纽带。

应该说这种植根于西方社会土壤的理论所分析的现象在法制

健全的社会应该有更大的合理性。在法制不健全的社会条件下，这种社会交换现象的正当性就值得更大的质疑。

还有几种较为次要的关于人际传播的理论。美国心理学家疏兹(W.C.Schuts)提出人际传播的"需求论"，认为人际传播来源于三种人际需求：一是包容性人际需求(the interpersonal need for inclusion)，二是控制性人际需求(the interpersonal need for control)，三是情感性人际需求(the interpersonal need for affection)。每种需求又可以分为主动、被动两面：包容性需求可分为交往、沟通、融合、相属、参与的需求与期待别人邀请并接纳之的需求；控制性需求可分为支配、领导、控制、超越、管理的需求与希望彼此制衡、社会受到控制但宁可听人指挥、接受指导的需求；情感性需求则可分为喜爱、同情、照顾的需求与期待别人对他进行亲密性的传播的需求。

哈瑞斯(Thomas Harris)认为人际传播的效果与"生活见解"(life positions)密切相关。他认为有四种基本的生活见解，不同的生活见解对传播的影响截然不同。这四种生活见解分别是："我不好，你好"(I am not O.K, you are O.K.)；"我不好，你不好"(I am not O.K, you are not O.K.)；"我好，你不好"(I am O.K, you are not O.K.)；"我好，你好"(I am O.K, you are O.K.)。

仅有第四种生活见解会对人际传播起最积极的作用。柏恩(Eric Berne)在《在打招呼后要说些什么?》(What Do You Say after You Say Hello?)一文中分析道："持这种见解的是真正的英雄和女英雄，是王子和公主的见解"。这些人建设性地接触、解决问题，对自己和他人有合理的期待，同时认识到自己和对方的价值。这是胜利者的见解。

还有人研究人际传播内容的抚慰性，认为人际传播内容有其抚慰性的一面,加大抚慰性,能改善人际传播的效果。① 这种理论认为,人际传播的抚慰性大小不等。包括绝对的正面性(unconditional positive)、有条件的正面性(conditional positive)、有条件的负面性(conditional negative)和绝对的负面性(unconditional negative)。这一理论提示我们,在人际传播中,应注意加大正面的抚慰性,减少负面的非抚慰性。

第二节　小团体传播

小团体传播(Small group communication)突破了人际交往所具有的简单格局,可以被视为团体传播的较为微观的形式,在很多方面,它能体现团体传播的特点。因此对其进行分析研究是很有价值的。

费斯廷格认为,任何个人都有自我估价的需要。换言之,每个人的自我概念都包含自我估价。比如:一个人如果不能证明他持有的观点是正确的,他往往就不会满足;一个人感到自己具有某种特定能力,他就试图了解这种能力达到了何种程度。这些都需要和他人比较。简单的非社会化的和客观的比较方法往往是难以达到或不存在的。费斯廷格因此提出他的"社会比较"理论,指出人们往往倾向于和相似的人及有密切接触的人比较。换句话说,当与自己不同点较少的人比较时,自我估价就会更准确。②

美国传播学者费舍尔(B. Aubrey Fisher)指出,费斯廷格谈及的社会比较的选择性因素和小团体构成的人际选择倾向是相当一

---

① 见李茂政:《传播学:再见! 宣伟伯》,第 287~288 页,台湾美国教育出版社,1992。
② 见费舍尔等:《小团体决策的形成:传播与组织过程》,第 24~25 页,美国麦克格罗—希尔公司,1990。

致的。也即,小团体的组成依赖于成员的"社会比较"(social comparison),小团体一般由观点、能力和素质接近的人组成。同时费舍尔也指出费斯廷格的理论也可解释为何人的自我概念历经大量的社会互动仍能保持长期的相对稳定性。这种状况的原因就在于此类社会互动发生于相似的自我间,因此他们的自我概念得以保持甚至增强。当然,当社会境况发生变化,驱使人们和新的人物比较时,他们的自我概念也会随之发生变化。[1] 这里的理论分析是很有深度的。

从上述理论来看,小团体的构成是有其特定的动力学因由的。传播学的研究认为,小团体成员之间一般有相互依附的倾向,也即在心理上彼此意识到对方;各成员间在行为上有相互作用,彼此影响;各成员有"我们同属一群"的感受。

具体而言,小团体的类型又是多种多样的。有研究将小团体分为决策团体、学习团体、问题解决团体、创造性团体、心理治疗团体等。决策、学习、问题解决、创造性活动、心理治疗都指向具体的功能目标,在社会生活中也是普遍存在的。比如早期的印象派画家就组成了松散的创造性小团体,频繁交流,切磋画艺,组织展览,在得不到传统艺术界和社会认可的情况下,他们从彼此的相互联系中寻求支持。

据小约翰的总结,许多相关理论认为,小团体的努力可以分为任务的和社会情感因素的。任务的努力用于解决问题,社会情感的努力用于人际关系和维持整体性,小团体效率的高低取决于这两种交流之间的平衡状态。投入精力前者偏少时,会导致错误决策;后者偏少时,会导致不满情绪。[2]

不论在何种小团体中,传播活动都起着一个至关重要的纽带

---

[1] 见费舍尔等:《小团体决策的形成:传播与组织过程》,第 24~25 页,美国麦克格罗—希尔公司,1990。
[2] 小约翰:《传播理论》,第 529~530 页,中国社会科学出版社,1999。

作用。有学者将小团体传播定义为是三人以上或相对人数较多的集体,其成员可以相对容易地相互直接传播讯息,彼此以某些共同的目标及某种程度的相互牵涉来从事的传播活动。

从功能上来讲,小团体传播有如下四点特征:1.它可创造个人的社会性理想,即在"社会化"中起较大作用;2.满足个人情感需求;3.因个人顺应小团体规则,因而成为社会控制工具;4.当小团体的价值观与社会总体价值观发生冲突时,则可产生相反的功能。

也有学者指出,小团体传播有时在政治、经济生活中亦起重要作用。当社会全体成员或社会的某种特定成员处于相对缺乏组织化的状态时,将他们组织成小团体,宣传组织者的社会改造理想,有助于社会改造目标的实现。

第三节 组织传播

组织传播(Organizational communication)也是传播学研究的重要对象。所谓组织(organization)系一群人经由内部分工及层级区分,并给予合理分配权责后,为达共同目的,建立团体意识,随时在所处环境中自谋调整适应的一个完整系统。有人将组织分为私人营利、私人非营利、公营营利、公营非营利四种。

按照系统论的观点,组织即是一个系统,在其内部还可以分为若干次系统。现代的观点认为,组织不是一个封闭的系统,而相反是一个开放的系统,必须借助交换讯息使自身运作正常。

所谓组织传播也就是指在组织中个人与个人之间、次系统内部、次系统与次系统之间、次系统与组织之间以及组织与环境之间思想、观念、看法、资料、消息与情感的交流。这也是组织中谋求共同谅解及相互配合的一种方法。有人将组织传播分为正式和非正式两种。

很显然,传播对于组织来说是至关重要的。有学者认为,组织的形成过程就是传播过程,组织是通过传播行为来完成的,讯息的交流和意义的传递是社会系统及组织的基本要素。组织对传播的依赖基于两点原因:一是组织的复杂性及分工后的协调,包括共同目标之完成及减少摩擦冲突等;二是组织不仅是权责分配体系,也是全体成员情感交流的心理表现场所。

组织传播的研究经历了百余年的演进。早期,泰勒(Frederick Taylor,1856~1915)提出科学管理理论,韦伯(Max Weber,1864~1920)则提出结构主义组织理论。他们关注的首要问题是组织的生产力、效率和结构。组织成员被视为常量而非变量。就组织传播的形式而言,他们仅较为注意文书传播,同时往往将传播视为单向的。

从 20 世纪 30 年代开始,管理理论的人群关系学派开始兴起。这一学派开始强调传播、参与和领导工作的角色。

美国企业家、管理理论家巴纳德(Cheater Barnard,1886—1961)1938 年在《管理者的功能》(The Functions of the Executive)一书中充分强调了传播在组织活动中的地位。他认为在广泛的组织理论中,传播占有一个中心位置,因为组织的结构及组织影响的广度、范围,几乎全部是由传播技术所决定的。巴纳德最重要的贡献是对权威提出了新的概念。他脱离了对权威的传统解释,认为权威之所以存在不是取决于发号施令的人,而是取决于接受命令的人。只有当下列四项条件存在的时候,一项传播才会被接受为具有权威性:1.内容受到了解;2.内容被感知到与组织的目标一致;3.内容被感知到与个人利益相容;4.接收者有能力去实行。在实际组织工作中,因为上述四个条件通常都存在,所以大部分的命令都被接受。也正因为如此,在组织成员之内便有一个"漠不关心区域"(zone of indifference)。在这个区域内,一般人都不太用思维就把命令视为可接受。而且这个"漠不关心区域"通常都很大且稳定。正因为如此才产生所谓上级权威的拟制化(fiction of superior authority),也即大家倾向于赞成接受上级命令,而不会产生屈从感或有失身份的问题。在组织活动中,传播系统的主要功能之一,就是在维持这种拟制的上级权威,并落实"漠不关心区域",因而传播系统在组织活动中是非常重要的。

巴纳德在当时已经应用了如今被称为整体论的思想。他认为,在一个共同体中,个体或组织的行为都是直接或间接地相互联系、相互依赖的。①

加拿大心理学家杰奎斯(Elliortt Jaques)更加强调组织内普通成员的传播参与。他在20世纪50年代提出,应该完全认识到鼓励每个人接受尽可能多的个人责任的重要性,并使其对所有能回答的问题有发言权。在20世纪70年代他还著书批评了组织内的官僚主义,对管理人员及其下属的沟通方式和称谓上的莫名其妙之处提出了改进建议。②

组织传播对于组织内部冲突解决的作用也是组织传播学研究的重点。组织化的大规模兴起是工业革命的产物。自此以后,就反复有人谈到组织制度和人性尊严存在的冲突。卢梭曾著文反抗制度化对人性的损害;巴尔扎克则认为由无一可取的人所操纵的惟一大机器就是等级制度;马克思也论及工业组织对人类所造成的挫折感。

组织内部的冲突主要有两种类型。一是组织内个人之间发生冲突。此时传播方面的解决的办法是:通过传播改善人际关系,因为传播能影响到组织内个人的观念、态度、动机、忠诚,并能影响到组织内的气氛。组织内的第二种冲突是次系统间的冲突。研究表明传播方面的解决之道有:设法使组织内的次系统进行交谊活动;强调组织整体效率以及各部门对整体之贡献的重要性,增进各单

---

①② 见克雷纳:《管理大师50人》,第18页,第158页,海南出版社,2000。

位间的传播关系。

小约翰将我们以上介绍的两种观点总结为组织传播的职位论和关系论。前者视组织为一系列职位的集合;后者将组织视为一个有生命力的、不断变化的系统。还有关于组织传播的第三种理论即文化论,这种理论以符号、意义为核心,认为事实、仪式及工作任务的参与者创造了组织世界。①

第四节 公众传播

公众传播(Public communication)与小团体传播及组织传播一样,也是发生在特定的群体中。只是这时的群体并非体现为组织的形式,而是体现为所有成员都面临着若干需要解决的共同问题。也就是说,公众(public)并非指简单的人群集合,而指有共同问题需要解决的人的集合。前者在社会学当中一般被称之为群众(crowd)。有共同要解决的问题,因此才有了合群意义,才称之为公众。有学者举了这样的例子,如火车站、飞机场的一群人,没有什么核心去团结他们,因而虽群居而无意识,我们称之为群众。但是假如突然敌机临空,大家面临一个求掩蔽的共同安全问题,于是合群意识使这一盘散沙的群众变成有目的公众了。

杜威主张,我们可以分属于很多"公众",也即,人可依其所持的各种关心、兴趣与利害关系等,相属于各种公众。如一个人可以是某市的市民,又可以是消费者,还可以是某个全国性志愿活动的参与者,等等。

公众与组织的区别在于前者有情绪作用和冲动反应而后者没有;与"大众"(mass)的区别在于后者分散各处且一般(除遭遇巨大

---

① 小约翰:《传播理论》,第 545~569 页,中国社会科学出版社,1999。

社会变迁)无共同对象可言。

公众传播的主要形式为演讲。传播学认为,公众传播出现的条件是:通常非偶然发生,听众亦非偶然聚集;听众数量比小团体大,比大众小;反馈大于大众传播,小于小团体传播。所以有学者将公众传播定义为:当一位演说者在特定场合对相对较多的听众发表相对有准备及连续性的演说、听众对演说者有相对较小的反馈时,公众传播即存在。

与组织传播一样,公众传播从传播使用的工具的层面上来讲,它并不排斥现代大众传播媒介。一次演讲,既可是通过口头直接传播的,也可通过广播电视传播出来,也可以两种传播渠道兼有。这也反应出当代传播研究对象的复杂状况。

公众传播自古就存在,而且在当代传播学出现之前,主要研究演讲的修辞学也有着悠久的历史,并在近代形成传播研究的一种类型,得到过充分的发展。传播的修辞学研究一直到20世纪60年代仍保持很强的势头,其后影响虽然减弱,但并未消亡。

公众传播并非因其古老而在现代社会就没有其存在价值。有传播学者认为,公众传播仍然是现代社会最主要的传播形式之一。不仅政治生活,在经济生活和一般社会生活中,演讲仍然是一种重要的传播形式。

有人认为,强化公众传播的效果的具体方法如下:在说服性讯息中,同时提供正、反两方面的论点,以提高信息的客观性;在传递信息时,要使被说服者感到说服者不是因环境压力或出于个人偏好、个性等等才采取这种立场,要让被说服者感到讯息是客观的论证;运用多位说服者进行说服,使被说服者感到不同的说服者对同一讯息有共识性,因而使他容易认同;要重复讯息,这样会使被说服者感到讯息具有一致性;应注意运用讯息来源的专家背景因素,有专家背景的讯息自然会有更大的说服力。

第五节　大众传播

对于大众传播我们将在第七章和第八章讨论。这里我们就其和其他传播类型相比而言的主要特点集中谈两个问题。

首先我们要谈的是,所谓的大众传播(Mass communication),可以从两个角度去理解。

第一种理解角度是,大众传播也就是运用了大众媒介(mass media 或 mass media of communication)的传播。所谓大众媒介,简而论之,也就是那些能大量复制承载讯息的符号的传播中介。换言之,即中间插进了用以大量复制传播符号的机器和个人的传播渠道,如书籍、报纸、杂志、广播、电视等。正式出现这一词组,乃在20世纪20年代广播出现以后。过去一般将大众媒介分为印刷媒介(print media)和电子媒介(electronic media),现在由于印刷业中电子技术的大量运用,此种划分已显的不够准确。还有一个经常用到的概念是新闻媒介(news media),它过去一般是报纸、广播、电视、新闻杂志这四种媒介的合称,现在它包含的范围由于因特网等新媒介的出现也应有相应的扩展。

由于大众传播使用了大众媒介,因而它与其他传播产生了一个极大的区别,即获得了几乎无限的信息增殖力。相应的后果是信息渠道中把关人的权力大大加强了。就其最主要的影响看,也即从讯息增殖以及从传播克服空间障碍的意义上看,大众媒介的使用标志着人类传播信息的能力有了一个巨大的飞跃。这种飞跃从现代印刷技术开始,始于古腾堡。

另一种理解认为,大众传播固然是在运用了大众媒介的基础上出现的,但它还必须依赖于大众社会的形成这样一个社会条件。也就是说,大众传播不仅意味着使用大众媒介作为传播工具,而且

必须是在大众社会中进行的。(参见第一章第四节、第八章第二节)

那么,什么是大众社会呢?在西方社会学中,这是一个与现代化、城市化、工业化有关的理论。也即,在涂尔干、韦伯等西方社会学家那里,大众社会是可以用来概括工业社会特征的词,以使工业社会区别于封建社会、农民社会或部落社会。他们认为在大众社会中机构庞大、集中、官僚主义化、缺乏人情味;人与人的关系大都肤浅、局限而又短暂;个人在这种社会中常常感到寂寞、忧虑、无依无靠。这些思想家有一个共同的"社会解体"的中心思想。他们认为大规模工业化社会的出现使人们加速集中到城市,原始的社会纽带如家庭、地方社会、宗教都被破坏了。工业化的城市是一个非人情的社会,个人之间是被分割的,而不是有机地联系在一起的,因此个人感到不安。

相应的,大众(mass)的概念就是指分布在广大范围内,没有固定组织形式的非特定多数人群。组成大众的个人以专业的方式相互依赖,缺少统一的价值观和目的。非人格性在相互关系中盛行,个人享有较大自由而不受非正式社会义务的束缚,同时,心理上处于一种孤独状态。

这种观点认为,大众传播不仅是由于使用了大众媒介,更主要的在于,它是在大众社会中进行的,或者说是在大众本身之中进行的。所以,在古腾堡之后,典型的大众传播是随着大众社会的逐步成熟而逐步出现的。延伸观点认为,由于大众孤独等心理上的特点,因此大众传播才能够得以迅速发展。这种观点虽然在第二次世界大战后遭到了发展了的受众理论的有力挑战,但将考察受众性质作为考察大众传播性质的研究角度却一直保存了下来。①

接着,我们讨论大众传播的特点。麦奎尔对大众传播特点作

---

① 在传播学中,与大众概念相联系的大众文化概念有两种表述:一为 mass culture,一为 popular culture。有学者提出前者含带轻蔑,因此应该用后者取代之。

了较好的总结,我们述评如下:

1. 一切传播的公开性与开放性。这是从传播内容上来讲的。如果内容仅仅对特定对象开放,那么就不叫大众传播了。

2. 接近"发送"设施的有限性与有控性。虽然传播内容是对大众公开、开放的,但大众接触大众传播机构却是受实际条件限制和控制的。

3. 传播者与受传者之间关系的非人格性。由于大众传播的受众处于无限广大的空间,成分极其复杂,所以难以认为传播者是在针对有统一人格特点的对象传播。

4. 传播者与受传者之间关系的不平衡性。大众传播者向受众传播的讯息是大量的、有规律的,而受众的反馈却是零星的、延缓的和不一定具有代表性的。

5. 传播者与受传者之间制度化安排的介入。在内容安排,播出时间、节奏与频率等方面,都体现了这种制度化安排。

控制论的创始人维纳认为,大众传播的不断发展造成了按人分配的通讯量的巨大增加和总通讯量的日益减少。他在晚年回忆说,在他的年轻时代,他的家乡有许多小报,在上面人们可以发表有自己个性的文字。但大众传播工具的发达虽然使人们接触的大众传播内容在单纯数量上增加了,但有差别的讯息的量相反却减少了。

维纳的这一观点可以看作是对麦奎尔观点很好的补充。从他们的分析我们可以看出,大众传播是一种复杂的现象,难以对之作出简单的积极或消极评价。

麦奎尔进而论及,事实上,普遍统一的大众传播过程是不存在的,不同的大众传播过程之间存在巨大差别。对此需要我们进一步的细致分析。

第六节　跨文化传播

从语境的角度将跨文化传播(Intercultural communication)视为一种独立的传播形式,是有着充分的理论根据的。爱德华·霍尔认为传播发生的环境可以扩大到文化范畴。他认为,尽管文化不会独立地依存于连续变量的某一级,但在复杂性较小和变化较慢的时代,受传者理解传播内容,较多的依赖于对传播者及话题背景的既有了解,相反,在变化剧烈的现代社会,受传者则必须直接面对传播内容本身。结果是,前一种传播内容可能是简约的、稳定的,而后一种则可能是复杂的、多变的。他将前一种情况称为"高语境"(high context),此时绝大部分信息存在于物质语境中,或内化在个人身上,很少存在于编码清晰的被传递信息中;后一种则被称为"低语境"(low context),此时,情况正好相反,大量信息被置于清晰的编码之中。他认为虽然目前构成人类世界中大部分的扩展,大体上属于低语境,但人们付出的代价是不稳定、快速变化、目标不集中、可预见性差、社会结构受威胁,人们对由此引起的紧张关系不可能有无限忍耐力;相反,高语境体系则可以在不动摇其根基的情况下吸收行动主义,因此必将成为另一个发展方向,以成为前者的补充。[①]

这是一种高屋建瓴的分析。由于工业革命和信息技术革命在全球范围的展开,不同文化的相同因素越来越多了。但即使如此,许多文化的自身特点仍很突出。而且,文化又内化于个人身上,见诸每个文化成员的个体行为。因此,跨文化传播就构成了一种特殊语境背景下的传播类型,值得我们深入研究。

[①] 爱德华·霍尔:《语境与意义》,载莫滕森编选:《跨文化传播学:东方的视角》,第36～39页、第45～46页,中国社会科学出版社,1999。

但同时,与组织传播、公众传播等传播类型一样,从传播使用的工具的角度来讲,跨文化传播牵涉到经由口头和经由大众媒介等各种传播渠道。而且,跨文化传播又是具体的存在于人际传播、组织传播、大众传播等各种传播形式中。比如在组织传播的研究中,荷兰心理学家霍夫斯泰德(Geert Hofstede)致力于探讨组织内的跨文化交流。管理学界认为,是他或多或少的把文化差异变成了一个管理课题。① 人际传播和大众传播中的跨文化传播更是显而易见。在大众传播中,内容的文化混杂性是一个倾向,特定内容针对不同文化群传播则是另一倾向。

因此,我们在本节讨论的是与前面讨论的传播形式有许多交叉的传播形式。但由于语境概念本身内涵的丰富性,也为了我们探讨问题的方便,我们仍把跨文化传播作为一个独立的、与前述传播形式并列的传播形式加以探讨。

曾有大量学者给文化下过定义。在此我们采用美国跨文化传播学者萨姆瓦(L. A. Samovar)的定义:文化是一种积淀物,是知识、经验、信仰、价值观、处世态度、赋义方法、社会阶层的机构、宗教、时间观念、社会角色、空间关系观念、宇宙观以及物质财富等等的积淀,是一个大的群体通过若干代的个人和群体的努力而获取的。文化表现为一定的语言模式和行为方式;这些共同接受并采用的言行模式和传播模式使我们在特定的时间内生活于具有一定技术技能并受到一定地理环境限制的社会之中。同时,文化也详指并受限于在共同生活中起着实质性作用的物质存在,诸如房屋、工农业生产中的用具和机器、运输方式、战争器具等构成的社会生活的物质基础。

特定文化可能还可以包含若干亚文化。萨姆瓦将其定义为:亚文化是指在某一包容广泛的文化中表现出足以区别于其他人的

---

① 见克雷纳:《管理大师 50 人》,第 149~153 页,海南出版社,2000。

行为模式特征的一定的种族、民族、地域、经济和社会群体所具有的文化。

基于上述对文化和亚文化的定义,萨姆瓦认为跨文化传播也就是来自不同文化背景的人们之间进行的传播活动。文化在给社会提供构架、稳定性和安全方面起重要作用,而在一种文化背景下编码的讯息要在另一种文化背景中解码会有诸多困难,因此由于参加传播双方的"社会—文化"因素不同,因而造成跨文化传播的复杂性。跨文化传播既可以在不同国家、不同人种、不同民族且文化背景不同的成员之间进行,也可以在同一国家、同一人种、同一民族的不同亚文化群的成员间进行。

文化对传播行为的影响途径是多方面的。文化可以影响人们的感知方式、言语及非言语过程。文化通过影响信仰系统、心态系统、世界观和社会组织而影响感知,并直接影响人们的言语模式、思维模式、非言语行为、时间观念、空间的运用等。

应将跨文化传播和跨国传播及跨人种传播区别开来。后两者既可以是,也可以不是跨文化传播。

首先,对跨文化传播的探索包括对不同文化之差异的研究。两个文化群体之间的文化差异程度是由两个社会独特性的相对程度决定的。

其次,对跨文化传播的探索包括对文化识别的研究。文化识别既包括对影响着我们的感知、思维、讯息编码及其他传播行为的文化模式的认识,也包括对影响传播对象传播行为的文化模式的认识,还包括对文化的差异及其对传播的或多或少的不同影响的认识。

再次,对跨文化传播探索还包括跨文化成见和偏见研究。在跨文化传播中,成见和偏见是两个影响感知并进而影响传播的因素。成见是由于缺乏知识或适当的观察而具有的对人们整体的不确切印象;偏见通常指对个人的否定评价,仅仅因为他们具有某些人种或种族的群体成员身份。成见和偏见常常先入为主,妨碍我们进行有成效的跨文化传播。

最后,对跨文化传播的探索还包括对参与双方传播目的的差异、权力的不平等以及跨文化传播参与者逃避、缺乏移情等问题的研究。

第七节　比较理论

本章论述了各种语境下的传播。但其中隐含的一个重要问题是通过对不同传播的比较,来深入理解大众传播的独特性。

通过简单比较分析,我们可以看出大众传播与其他传播的不同。首先,从受传者人数来看,在"自身传播—人际传播—小团体传播—组织传播(或公众传播)—大众传播"这样一个具有某种层级(hierarchy)关系的排列中,受传者的人数是由少到多逐渐增加,至大众传播而达至最大。其次,在上述层级关系中,从来自受传者的反馈的大小来看,却是在逐渐减小,至大众传播而至最小。再次,在上述层级关系中,从受传者反馈的相似性来看,也是在逐渐减小,至大众传播而至最小。因此,大众传播虽然有着极强的信息增殖能力,但与之相伴随的却是传播双向性的逐渐减弱,这成为大众传播最突出的特征。跨文化传播加入到上述层级的不同层面上,其复杂性也表现出程度的不同。

当然,这种比较仍然是非常直观的。对不同语境下各种传播所表现出的不同特点,也有许多理论家作过深入分析。其中英尼斯与麦克卢汉的理论就反映了更深入的理论思考,产生了很大影响。

英尼斯和麦克卢汉都是加拿大学者,且都有在美国求学或工作的经历。起初,英尼斯是一位历史学家,麦克卢汉则是一位文学批评家,两人都很晚才开始研究传播课题,且麦克卢汉受到其师英尼斯的影响。

英尼斯的传播研究开始于 1940 年,直至他 1952 年逝世。他的主要传播研究著作有《帝国和传播》(1950)、《传播的偏向》(1951)和《变化中的时间概念》(1952)等。他的主要理论贡献是将传播分为两大类型:第一类是较为传统的传播,也即在人们的紧密接触中发生的人际传播、团体传播和公众传播;第二种是较为现代的传播,也即人们跨越空间距离进行的抄写书面语传播和大众传播。他又独创了传播偏向(the bias of communication)的概念。任何传播都是既在时间领域,又在空间领域进行的。但他认为,第一类传播对时间依赖更大,第二类传播则对空间的依赖更大。所以,较为传统的传播是偏向时间的,而较为现代的传播是偏向空间的。传统传播由于其时间偏向,易于培养对宗教、道德和历史等传统的尊重,而现代传播由于其空间偏向,则易于培养世俗文化、科学技术和民族扩张。

他的进一步分析还认为:传统传播是以口语来进行的,而现代传播则是以书面语来进行的;在社交特征上,前者与人际交往相联系,关注对方情感,后者与人际交往不相联系,不关注对方情感;在思想特征上,传统传播是辩论式的,以非标准化为特征,较易发现真理,现代传播则是僵化的,以标准化为特征,较易传播真理;在数量特征上,前者以"万事不可过量"为特征,后者则以"万事无不可过量"为特征;最后,在社会影响上,英尼斯认为偏向时间的传播是造成和维系传统社会的主要力量,而偏向空间的传播则是造成和维系现代社会的主要力量。

英尼斯认为任何社会都包含这两种传播,但两者处于均衡状态的情况很罕见,而当代的西方社会正处于大众传播压倒传统传播的不均衡中。

他盛赞古希腊的口语传统,认为希腊文明的成就反映了口语的力量,持续不断的哲学讨论的目的在于寻求真理。他认为,完全有必要重新掌握口语传统的一些精神,在现代的大学里更有此必要。他坚信口头辩论具有极为重要的意义,在辩论中人类的行为和情感成为主题,它对于发现新的真理是重要的,虽然对于传播真理只有较小的价值。口头讨论与个人交往及对他人感情的关注从根本上联系在一起,并与机械化传播的冷酷和我们已注意到的现代社会的倾向形成鲜明的对照。

而在当代,他认为,在美国,印刷品完成了它对知识的完全垄断。他称之为"智力的工业化"和"机械化的知识"。他认为,大学的活力正在衰退,因为大学缺乏时间偏向的传播,而为空间偏向的传播所垄断。他在晚年,悲观地预言美国可能无法克服自己的这种文化中的传播偏向,达到两种传播的平衡。

从根本上讲,他的观念有两个思想基础,一是对美国文化对加拿大文化的巨大压力的担忧,另一是对当代社会中物质力量的巨大和人的道德力量的缺乏来源之间的不均衡的担忧。

麦克卢汉从 1950 年开始研究传播问题,20 世纪 60 年代达到高潮。他继承了英尼斯的观点,并加以拓展。他这方面的主要著作有:《机械的新娘》(1951)、《理解媒介——论人的延伸》(1964)和《媒介即讯息》(1967)等。

他的最著名的论断"媒介即讯息"(the medium is the message)其实也就是概括了英尼斯的观点:一种新媒介在社会生活中广泛存在,不仅因其传播内容影响社会,而且因其改变了人们的传播方式影响社会,后者影响甚至更大,因而媒介存在本身就向我们传达了某种讯息。

就对"媒介即讯息"的纷纭注解而言,麦克卢汉本人说过的一句话,可以作为较好的诠释。他说,"正是传播媒介在形式上的特性——它在多种多样的物质条件下一再重现——而不是任何特定的信息内容构成了传播媒介的历史行为功效。"①《简明不列颠百科全书》提到,这句话表明麦克卢汉认为"电视、计算机、电子通讯等对艺术、科学、宗教在形成其影响的方式上会产生强烈影响"②。美国著名传播学者凯里(James Carey)认为这句话的含义是,"传播媒介……是巨大的社会比喻,它们不仅传递信息而且告诉我们存在着什么样的世界;它们不仅激发并娱悦我们的感官,而且,通过改变我们所使用的传感设备的比例,确实在改变我们的性格。"③切特罗姆认为这句话"指由传播技术的任何进展引起的人类事物在规模、步伐或类型上的变化"④。我国学者居延安则认为"麦克卢汉这个极端的命题比任何人都更鲜明地指出了标准化的电子媒介对活生生的,变化着的创造力的统治"⑤。

麦克卢汉的另一个著名的观点是"媒介是人的延伸"(media is the extension of man)。他认为每一媒介都可视为人的某一官能的延伸,从而夸大了感觉:车轮是脚的延伸,书本是眼睛的延伸,衣服是皮肤的延伸,电子线路则是中枢神经的延伸。对媒介本身的关注反映了麦克卢汉对现代传播特征的准确把握,从而形成他的传播理论的突出特色。

麦克卢汉还提出"地球村"(global village)概念,认为由于传播媒介飞速发展造成的无远弗届的即时传播,使人们的时空观念得以重构。

施拉姆认为,对于英尼斯和麦克卢汉的理论,首要的一点是不能以对待寻常理论的方式来对待,因为他们的研究采用了不寻常的方法,其理论也形成了不寻常的特性。这一点,已成为一种共

---

① 转引自切特罗姆:《传播媒介与美国人的思想——从莫尔斯到麦克卢汉》,第185页,中国广播电视出版社,1991。
② 《简明不列颠百科全书》(第5卷),第696页,中国大百科全书出版社,1986。
③ 转引自施拉姆:《传播学概论》,第138页,新华出版社,1984。
④ 切特罗姆:《传播媒介与美国人的思想——从莫尔斯到麦克卢汉》,第191页,中国广播电视出版社,1991。
⑤ 转引自李彬:《传播学引论》,第159页,新华出版社,1993。

识。

对于英尼斯,施拉姆认为他的这些观点是饶有兴趣而发人深省的真知灼见。切特罗姆指出我们有必要去探索英尼斯的真知灼见和渊博学识的灿烂星空。

对于麦克卢汉,施拉姆提出对待他的理论应注意两点:1.不要指望用研究所得来的材料来证明他的观点,因为他的观点很少用可以检验的形式表述出来,而具有"神谕般的性质";2.不应以刻板的态度来对待他的理论,而应取其真知灼见,并在自己的思维中将之贯彻到底。

切特罗姆认为麦克卢汉对现代传播媒介的分析深刻地改变了我们20世纪生活的观念,特别是二战后出生的一代人的观念。他认为:当法国人创造出"麦克卢汉主义"这个词的时候,他们不仅指麦克卢汉这个人,而且也指一种文化态度,一种致力于对大众文化作严肃考察的态度;至少,麦克卢汉的影响使人们了解到,传播媒介环境是形成现代感性的基础力量;并且,麦克卢汉反映并鼓励了美国社会中媒介意识的发展。

随着网络传播的飞速发展,英尼斯和麦克卢汉的传播理论又重新焕发了它们对传播现实的独特的巨大的解释力量。

第七章 大众传播分析(一)

大众传播是传播学研究的最重要的领域之一。实际上,正是大众媒介在20世纪突飞猛进的发展,以及大众传播巨大而复杂的社会影响,刺激了各学科和整个社会对传播问题的高度关注。

对大众传播半个世纪以来有着大量的理论分析。一方面,既有的许多理论仍具有强大的解释力量;另一方面,我们要结合社会和媒介的双重变化,认识新情况,针对新问题,进行新的理论探索。

根据拉斯韦尔的划分,社会传播可划分为五个方面:1.谁传播(Who);2.传播了什么内容(Say What);3.经由什么渠道(In Which Channel);4.对谁传播(To Whom);5.取得了什么效果(With What Effects)。实际上这五个方面对大众传播来说刚好对应了它的五个主要的研究领域,也即:1.谁传播——控制分析(control analysis);2.传播了什么内容——内容分析(contend analysis);3.经由什么渠道——媒介分析(media analysis);4.对谁传播——受众分析(audience analysis);5.取得了什么效果——效果分析(effect analysis)。

如此对大众传播研究领域的划分,有其机械性的一面。因为传播的各个方面是相互联系、相互作用的,难以将之完全分割开并孤立的对各个部分进行研究。但同时,这种划分又不失其简明性的优点。有学者指出,"拉斯韦尔的五个W研究框架,将混乱的传播现象组织起来,互相联接,使各个部分构成一个有秩序的统一世界,形成了一个系统。另一方面,又让它们可以独立存在,构成看待事物的多元角度。"①

本书拟从"传"的分析角度(包括控制分析、内容分析和媒介分析)和"受"的分析角度(包括受众分析和效果分析)对上述五个研究领域分别加以讨论。

从大众传播"传"的角度看,传播者和传播内容是紧密联系在一起的。艾柯认为,为彻底地了解符号的生产,要求将话语行为的主体,连同其若干属性和态度,理解成所传达内容的一项因素。②同时,大众传播的渠道可以看成是与传播者的动机相联系的主观选择的结果。从"受"的角度看,大众传播的效果实际上就是大众传播在受众中引起反应的总和,因此,受众与传播效果是密不可分的。

我们将在本章和下一章分别讨论大众传播的"传"与"受"。"传"的分析角度包含了控制分析(即"传播者研究")、内容分析(即"传播内容研究")和媒介分析(即"传播渠道研究"),"受"的分析角度则包含了受众分析(即"受传者研究")与效果分析(即"效果研

---

① 王怡红:《美国传播效果研究的实用主义背景探讨》,载《新闻与传播研究》,1995(4)。
② 艾柯:《符号学理论》,第356~357页,中国人民大学出版社,1990。

究")。

第一节 控制分析

关于控制分析的理论可以分为描述理论和批判理论。首先,我们谈谈两种媒介控制的描述理论。

第一是把关人理论。把关人是大众传播探讨的重要方面。把关人(gatekeeper)又称守门人。大众传播的把关人是指在大众传播渠道上工作的新闻记者、编辑、节目制作者等。他们对信息进行取舍,决定传播内容的重点,并企图以此给受传者造成某种预期影响。前面已谈过,施拉姆认为,产生了权力极大的把关人,是大众传播的重要后果之一。追溯把关人研究的历史,卢因 1947 年在其题为《人际的联系》(Human Relations)的论文中首次使用"把关行为"(gatekeeping)一词。拉斯韦尔则强调,把关人除了取舍信息外,还改造信息。

把关人在大众传播中是广泛存在的。把关人的存在使大众媒介不仅扩散讯息,也过滤讯息,大众传播因把关人而成为二者的统一体,这正如施拉姆谈到的:大众媒介既是了不起的信息增殖者,也是信息的很长的输送管,大众媒介还成了信息所走的道路上的权力很大的把关人。同时,把关人行为也因此成为大众传播的传播者行为的最具能动性的方面之一。而在当代大众传播特别是新闻传播中,把关行为的难点在于在苛刻的时间限制中对极其大量的讯息进行取舍。

把关人研究的意义在于,对受众而言,通过对把关人的研究以及形成的结论,可以使他们更客观地看待经过把关的传播内容,从而尽可能减少可能存在的传播内容与实际情况的距离;对把关人本身而言,通过对他们的研究以及形成的结论,可以使他们对自己

第七章 大众传播分析(一)

取舍、强调、改造讯息的理由不断地进行重新评价和修正。有一位美国电讯编辑就谈到,既然认识到怀有偏见,即可实际上导致克服偏见的努力。

第二种媒介控制的描述理论是报刊的四种理论。我们前面已经提到,施拉姆的《报刊的四种理论》一书对有史以来的传播体制及传播观念进行了总括性比较研究,引起了巨大反响,成为西方对此问题较权威的描述。究其实质,他总结出了四种大众传播的控制形态。

该书把有新闻史以来报刊的控制模式分为四种。相应的理论也有四种:第一种是欧洲封建社会的极权主义理论,第二种和第三种是资本主义社会的自由主义理论和社会责任论,第四种是前苏联体制为代表的社会主义社会的共产主义理论。在这里对这些理论本身我不再多谈,而仅提出两个值得注意之点。

虽然施拉姆将资本主义发展史上的三种理论前后并列,但三者的关系实际上有很大不同。自由主义理论,是资本主义新闻理论的核心。它导源于资产阶级的天赋人权的思想,而在法律上,以美国第一号宪法修正案表达的最为明确:"国会不得制定任何法律……限制言论或新闻自由。"它对集权主义理论是完全取而代之的。社会责任论则出现在二战以后,1948年美国发布《广播执照持有者对公众应负的责任》,后又成立"联邦电讯委员会",进而形成这一理论,但它和自由主义理论是并存关系,也即它实际上是自由主义理论的一种补充而非取代。

另外,施拉姆在著作中认为,苏联式的共产主义理论中也存在新闻自由的概念,但这里的自由概念强调不受某一经济、社会阶级的控制。这也与一般的西方学者的观点有不同之处。

带有更大的现实干预企图的是媒介控制的批判理论。广义的大众传播批判理论既指法兰克福学派和其他西方马克思主义针对西方现代工业社会大众传播状况的批判理论,也包括文化研究学派等更注重当代分析的批判理论发展。

在此,我们从一个例子即美国学者阿特休尔(Herbert Altschull)1984年写的《权力的媒介》(Agents of Power)出发来谈谈此类观点。

阿特休尔在他的著作中反对施拉姆的广有影响的观点。他用大量篇幅论述了一个观点,即不论是过去的还是现在的大众媒介,都不是自立的、自为的,都是某种权力的"吹鼓手"。这种权力可能是宗教性的,也可能是世俗性的,可能体现为政治上的党派集团,也可能体现为经济上的利润指标。他把操纵的力量分为四种形式:官方形式、商业形式、利益形式、非正式形式。所以,阿特休尔不那么强调不同的政治经济制度下传播权力的区别,而认为他们都是某种权力的代理人。

从西方大众传播媒介控制的实际状况来看,第二次世界大战以后也历经了较大的演变过程。在西方国家,特别是在美国,大众传播控制状况一向是与资本主义经济紧密联系在一起的,因此商业化一直是其突出特征。这正如施拉姆所说,任何社会对它的传播机构所施加的控制都是从这个社会产生出来并代表它的信仰和价值的,而经济控制远比政府控制对美国大众媒介施加的影响更为有力,整个机构是为老板服务的,他有权决定这家媒介的性质。但从二战以后的实际情况看,欧美的大众传播却处于一种比较强的有控制状态,反映到理论描述上,就是所谓的社会责任论。从报业来看,新闻从业者的自律得到强调,从广播电视来看,特别是在西欧,公有的或政府补助的广播电视处于主导地位。

然而,自20世纪80年代以来,在西方国家要求广播电视从行政机构的束缚中解脱出来的呼声日益增强,大众传播的控制状态又发生了巨大的变化。这种变化分两个有联系的方面,一是以电视为代表的大众媒介的进一步的自由化、商业化和非规则化,二是以媒介技术不断发展为条件的大众传播内容的国际化。①

在美国,通过国家干预,广播电视领域引入新的经营者,出现了许多新的商业频道。在欧洲,原来公有电视一统天下的局面被打破,新增私有商营广播电视频道,许多西欧国家如德、法、意等已基本改变了国家垄断和公共广播电视独家经营的局面,出现公私竞争局面。与这种自由化局面相对应的是商业化,即公有广播电视经费中国家投入比重减少,广告收入比重加大。还有一个就是非规则化,要求国家放宽对节目内容的限制。这种变化已经形成气候,有学者认为,这是欧美广播电视出现以来在政策管理方面的一个重要的历史性转折。

同时,尽管各国纷纷采取文化保护主义立场,但跨国经营的各种媒介集团有增无减,卫星电视和有线电视合流促成的大众传播内容的国际化越来越成为现实。正如麦奎尔指出的,媒介技术的发展为跨国传播和文化全球化趋势创造了条件。他对这种文化全球化的解释是,每一种文化都有自己的强弱不等的防御体系,因此认为第三世界国家以及欧洲少数民族的文化会走向消亡是过于悲观的观点;但是,媒介全球化的存在,其文化成果就是全球性的媒介文化兴趣;这是一种没有地点和时段限制的文化,它没有很强的语境要求,是一种随着全球化电信体系的生成而信手拈来的混合物。②

对大众媒介控制状况的上述变化,西方理论界虽然予以极大的关注,但尚未形成统一看法。麦奎尔谈到,"当这种冲击提前到来时,我们对分析制度变化几乎毫无准备。"③ 但理论的探索还是取得了一些初步结论。许多欧美学者认为,市场化有促进民主化

---

① 见赵月枝:《公众利益、民主与欧美广播电视的市场化》,载《新闻与传播研究》,1998(2)。
② 见单波、李楠:《大众传播与文化》,载《新闻大学》,1998 年秋季号。
③ 麦奎尔等:《90 年代欧洲媒介变革分析框架》,载《新闻与传播研究》,1994(4)。

的一面,但商业利益不等于公众利益,市场主宰下的内容多样化并不等于思想文化上的多元化,由广告商支配的传播市场上的消费至上原则与民主原则也有根本区别。① 正如美国传播学者博加特(Leo Bogart)指出的:在美国媒介系统中,有许多值得赞美、值得欣慰的东西,也有许多令世界其他国家觊觎和竭力效仿的东西。由于广告业的稳步发展,这个系统已经达到了一定规模,实现了多元化并获得了娴熟的技能。然而,这个系统也存在着市场无法纠正的明显缺陷。这个系统正日益受到执掌大权的少数人的控制,而这些人受其兴趣与能力的限制,在任何非商业领域,都无法自鸣得意。他甚至认为对宝贵的传播内容环境应像对自然环境一样加以保护,并预言对大众媒介的内容与控制问题迟早都有可能以某种形式引发一场政治争论。②

英国学者史蒂文森(Nick Stevenson)的理论分析显然更有分析性和辩证性。针对哈贝马斯提出的西方现代化工业国家公共领域(public sphere)有重新封建化趋势的观点,史蒂文森提出两点修改意见:1.媒介理所当然的保留了某些霸权的能力,这使它具有表现出意识形态统一性的潜力;但同时,由于新闻记者等把关人对来自外部的控制传播内容生产的企图保持了某种程度的"独立性",又由于当代大众传播已依据于在各种生活方式需求方面具有异质性的消费大众,因此,它又具有表现出文化离散性的潜力。2.哈贝马斯对交往理性的关注是印刷时代的产物,而不是电子文化的产物,他的观点没有联系更加普遍的审美情趣的诸种形式;对音乐、电视和电影等特定文化形式来说,受传者的印象取决于审美鉴赏,虽然这种现象不具备能与公共文化再生产相联系的政治重要性。此外,史蒂文森对大众传播领域的民主与政治民主的关系也作了

---

① 见赵月枝:《公众利益、民主与欧美广播电视的市场化》,载《新闻与传播研究》,1998(2)。
② 博加特:《美国的媒介系统及其商业化》,载《新闻与传播研究》,1994(3)。

深入剖析。①

就我国的大众传播控制状况来说,20年来市场化因素也得到了增强。美国学者波伦鲍姆(Judy Bolumbaum)指出:20世纪80和90年代,在国内变化和国际挑战面前,中国的报纸、杂志、广播、电视和其他媒介的规模与雄心共长,不仅数量持续上升,而且风格和内容也变得更加多样。这是中国经济改革和对外开放政策的一个必然结果。在改革开放政策之下,作用于新闻媒介的压力点和权力资源已开始扩散和分解,即中国的新闻工作者、新闻宣传机构必须回答来自比以往任何时候都更为广泛的需求和需要。这些需求既来自政治领导人的统治需要,也源自日益增长、渐趋复杂的媒介受众的需要,同时也出自新型的市场导向的经济政策对不断加强的国际间媒介和舆论影响的回应。她指出将来的研究应致力于回答诸如中国媒介的商业化怎样反映并刺激了价值系统的改变、新闻界经济基础的转型对政治意识和参与来说孕育着什么样的危险和前途、轰动效应和严肃新闻在中国新闻界是代表了两种不同路线还是只是一个硬币的两面等一些问题。②

虽然这只是她的一家之言,但中国大众媒介控制商业化因素的增强以及由此引发的相应后果显然应是我们研究的重点问题之一。

第二节 内容分析

大众传播的内容指大众传播活动中传播者发送出的讯息。特别是在网络传播出现以前,大众传播的内容往往又被称为"媒介"内容。对大众传播内容的研究是传播学研究的重要方面。

---

① 史蒂文森:《认识媒介文化》,第101~119页,商务印书馆,2001。
② 波伦鲍姆:《中国新闻事业之透析》,载《新闻与传播研究》,1996(1)。

各种类型的工业社会中大众媒介的内容状况是我们分析的对象。实际上,大众传播的内容不是一个独特的、短暂的现象,而是一种可以大量生产并不断复制的符号结构物体。大众传播的内容状况与大众传播的媒介控制状况是紧密联系的。正如博加特指出的:"广告是支撑我们媒介系统的重要来源。媒介系统对广告的这种依赖性,造成公众的优先选择权(Public's Preferences)与掌管媒介者所用的标准的不一致。作为消费者,我们是以传播提供的价值及其意义来评判它的,而广告商则是以他们称之为'接触媒介的机会'(exposure opportunities)判断传播价值的。大众传播内部经济(internal economics)正发生着巨变,它影响了媒介的内容,因而也影响了社会。"[1]

内容分析可以分为定量和定性两种。1938 至 1956 年间,拉斯韦尔和贝雷尔森等人对大众媒介中政治性内容所作的定量分析,开创了传播研究中的一个重要的传统。[2] 此外,在大众传播效果分析的许多理论中,都将媒介内容的定量分析作为效果分析的前提。

定性分析并不排斥定量分析。在定性分析方面,有许多学者对大众传播内容提出了自己的观点。1922 年,美国著名新闻工作者和作家李普曼(Walter Lippmann, 1889—1974)在他的舆论研究中提出"拟态环境"(pseudo-environment)理论。他认为,由于现代社会的巨大化和复杂化,人们要依赖新闻机构了解外界事物,但大众传播只提供了某种"拟态环境"。这是一种带有很强的哲学思辨色彩的大众传播内容观,对以后影响甚大。但实际上,大众传播是在一种对立中存在:一方面,实际的报道工作所受到的客观条件限制以及报道者自身的主观倾向时刻影响着大众传播对现实的再

---

[1] 博加特:《美国的媒介系统及其商业化》,载《新闻与传播研究》,1994(3)。
[2] 见丹尼尔·贝尔《第二次世界大战以来的社会科学》,第 16 页,中国社会科学院情报研究所,1982。

现;另一方面,正如德弗勒所说的,也正是大众传播告诉我们世界上每日发生的事情,这是大众传播对现代社会的最大贡献。

1968年,日本学者藤竹晓进一步提出"拟态环境的环境化"问题。他认为,现代环境不仅越来越信息化,而且信息环境也越来越环境化。许多包括语言、观念、价值、生活或行为方式等在内的"拟态事件"最初并不具有代表性和普遍性,但一旦进入了大众传播渠道,很快就会演化为社会流行现象,变成随处可见的社会现实。大众传播使得现实环境越来越带有"拟态环境"的特点,以致人们很难在这二者之间作出明确区分。①

还有许多日本学者从"信息的环境化"视点出发分析日本人生活方式和价值观的变化。他们认为,第二次世界大战以后日本大众媒介大量报道西方,把西方生活方式当作楷模提倡,结果造成全社会无批判模仿西方,"都市化—美国式生活方式"成为主流。与此同时日本人的集体主义的"贡献价值"转向个人主义的"充欲价值",造成一种"他律的欲望主义"。②

我国青年学者孙玮提出大众传播内容的平面化理论,对于上述大众传播内容分析所牵涉到的问题作出了较为全面的论述。孙玮认为,从四个方面来看,大众传播内容具有平面化的特征:一是,从真实与非真实的关系来看,"媒介真实"不可避免的要建立在从整体中剥离出来的单个真实之上,虽然媒介也尽可能的估计某一事件与其他事件的关联,但要达到完全真实几乎是不可能的,因此大众媒介长于表现"点"的真实,短于表现"面"的真实,也即媒介提供的是一种平面化的真实;二是,从现象与本质的关系看,大众媒介长于描摹现象,同时由于大众对大众媒介过度依赖,使大众媒介的这一特点被过度放大,从而忽略了本质的存在可能与重要意义;三是,从表层与深层的关系看,抽象的观点、主观的想象、飘忽的情

---

①② 见郭庆光:《大众传播、信息环境与社会控制》,载《新闻与传播研究》,1995(3)。

绪等深层心理上的东西难以为大众媒介所表现,因此,在大众媒介的世界里,表层比深层更有价值和意义,深层的存在是可有可无的;四是,从能指与所指的关系看,大众媒介的语言特征表现为大众媒介提供的能指排斥所指的丰富多样性,它限定的所指不仅是狭隘的,甚至是有偏差的。①

如果说李普曼等人从"真"与"假"的对立中来探讨大众传播的内容,法兰克福学派则从"美"与"丑"、"高雅"与"庸俗"、"独创"与"复制"的对立的角度来探讨这一问题。法兰克福学派的观点被称为"文化工业论"。这一学派的思想家如霍克海姆、阿多诺、马尔库塞和哈贝马斯等人都认为,借助于现代传播工具,文化在资本主义社会已经失去文艺复兴时期的那种"自主"形式和风格,成为商品工业的附属品,成为像任何其他工业一样的、以谋利为目的的工业。为了赢利,一切工业生产中的标准都被引进文化作品的创作之中,造成文化产品千篇一律,文艺的个性已不复存在。这种文化工业使千百万人接受相同的电视节目、广告,收听相同的音乐和歌曲,结果使人们丧失了思维的主动性。"文化工业论"认为完全商业化的大众文化是文化的堕落,其生产的文化产品表现了对现实的盲目肯定,压制了人们的个性,满足人们短暂愉悦的感官需要,进而使受众成为被动消极的"文化白痴"。法兰克福学派对资本主义世界是完全绝望和彻底否定的。由于他们倡导在资本主义社会不可能得到充分发展的高雅文化,因此他们的思想又被称为是一种"精英文化观"。②

德弗勒则从大众传播内容"品味"的角度提出了金字塔理论。这一理论试图分析各种品味的内容在大众传播中所占的比例及其成因。他所谈的品位,主要包含有无道德上的潜在危害性和美学上的高雅或低劣两个标准。德弗勒的分析认为,在社会人群中有

---

① 孙玮:《试论大众传播的平面化特征》,载《新闻大学》,1998年夏季号。
② 见单波、李楠:《大众传播与文化》,载《新闻大学》,1998年秋季号。

高度文化素养的人占少数,缺乏文化修养的人占多数,而中等文化素养的人数居中。在美国社会中,由于媒介制作和分发组织主要是必须在成批生产的体系中图利的私人公司,因此,他们服从广告客户的利益,配合公众的偏爱。同时,自由主义关于政府不得直接影响大众媒介自由表达意见这一传统的要求,造成低级趣味内容占有最大比重,无争议内容居中,高级趣味内容最少。

德弗勒认为在实践中很难规定一套范畴用来分析媒介内容,从而方便地鉴别"低级"文化趣味的材料。难是难,实际上也并非不可能。德弗勒认为,低级趣味内容即那些不断触怒批评家、广泛传布并拥有大量受众的内容。例如强调暴力的犯罪电视剧或连环画,各种大众媒介中的公开色情,供认隐私的杂志,挑逗性音乐,或其他被广泛认为起到降低情趣、败坏道德或刺激社会所不容许行为等作用的内容。无争议内容是指那些广泛传布并有大量受众,但媒介批评家很少议论的媒介内容。如电视天气预报、某些新闻内容、既非交响乐亦非流行乐的音乐、专业性杂志、"健康"主题的电影等。这些内容被认为既不提高也不降低趣味,不被看作是对道德标准的威胁。高级趣味内容是指那些有时得到广泛传布但并不一定拥有广大受众的媒介内容。媒介批评家认为它趣味高雅,能起到提高道德、教育和某种鼓舞作用,例如严肃音乐,意味深长的戏剧、政治讨论、艺术电影以及从事政治评论的杂志。这些内容作为评论家们坚决反对的低级趣味材料的对立物受到倡导。

德弗勒指出,应将讨论集中于低级趣味内容这一范畴。这类内容的特点是重复性,因为有最大的接受群,所以它在媒介系统中的存在最为稳定。它通过维持这一系统的财政稳定性而将整个复合体维系在一起。人们可以暂时触动这一系统,甚至还能最终从某一媒介中完全取消某些具体形式的低级趣味内容,但低级趣味内容存在于形形色色的形式之中,一种次要形式暂时甚至永久消失,并不会改变大的局面。因此德弗勒认为正是这类内容使大众传播成为一个稳定的社会系统。他谈到:美国大众传播的社会系统变得越来越根深蒂固;预计它将不会在生产那种维持自身稳定的内容上作出多少改变;这些低级趣味内容的功能,是保持一个深深体制化的社会系统的财政稳定,而该系统已与整个美国社会体制紧密结合。

麦奎尔在对上述观点作进一步分析时认为,任何社会,大众传播内容均可分为低级趣味内容、无争议内容和高级趣味内容三部分,但西方国家的大众传播中,低级趣味内容所占的比重大于社会主义国家,在西方国家,自由主义时期的又大于社会责任时期的。其原因就在于商业化和迎合大众需要。

德弗勒还预计随着媒介技术特别是电子传播技术突飞猛进的发展,媒介系统将变得更加专门化。一些媒介组织也许专门从事于低级趣味内容,一些专门从事于知识和技术信息,一些专门从事于新闻内容,还有一些专门从事于高级趣味内容。实际上,他的预计正逐步变为现实。

还有许多思想家、政治家对现代工业社会大众传播中价值观念的状况表示关注。许多学者认为,大众传播内容具有的某种价值观念或目的观念相结合时,才具有其本身的意义。但现代工业大众传播的现实是许多传播内容缺乏价值观念或出现价值观念与目的观念的混乱。由于这一原因,西方社会的讯息的洪流不仅没有改变,却反而促进了人的孤立化。

甚至有位美国学者在1991年出版的《中国打开了电视》一书中分析了我国电视节目中价值观的混乱和矛盾现象,如教育性节目强调对社会的贡献价值,而娱乐性节目中则充满了对个人主义和利己主义的崇尚(某些电视剧和广告以豪华的酒宴或商品刺激人们的超前消费倾向,在另一些描写商战的电视剧中犯罪分子和不法之徒却奇妙的成为成功人物)。这位学者认为,电视这种媒介,本应反映和宣传某种一贯的社会哲学并示意人们去服从它,但

第七章 大众传播分析(一)

在中国的电视界,这种哲学目前似乎并不存在。这种分析值得我们充分重视。①

对大众传播内容较为乐观的观点来自英国伯明翰大学的文化研究学派。这一学派的代表人物霍加特和斯图尔特·霍尔等人打破了法兰克福学派所坚持的文化的高雅与庸俗的简单二分。他们认为"文化工业论"在当代社会条件下对大众传播现实的解释失之简单,它们只是刻板地描绘了大众传播的功能,成为一种精英主义、现代主义的文化乡愁,而非对当下文化的明智反应。在文化研究学派看来,大众文化与现实生活紧密相连,通过它可以考察日常生活结构的空间,具有沟通、交流及促进多样化的积极功能。②

麦奎尔则就大众传播的内容分析提出了一种折衷的观点。他认为,在当代社会,媒介和文化形成互相依赖的一体关系。他既不象法兰克福学派那样站在精英文化的立场批判大众文化,又不像文化研究学派站在"工人阶级文化"的立场研究大众文化。他认为斯图尔特·霍尔等人认为文化无雅俗之分的观点是不确切的,法兰克福学派思想家对大众文化的责难至今仍不失针对性。但他认为此类文化批判的目的应是重建高雅文化与大众文化的联系,以促成雅俗共赏文化的诞生。麦奎尔也认为大众文化的消极因素是由大众媒介的商业化带来的,同时他又指出,实际上同类型的市场体制可以毫不费力地支撑起多种高质量文化产品的供应和消费。因此他实际上是将媒介在经济上的市场体制和媒介文化内容放在一个前者对后者具有不完全决定作用的关系下。这一看法看上去自相矛盾,实际上反映了麦奎尔对文化质量的独到看法。他认为,文化质量的高低不应看其与传统经典的契合程度,而应从现时文化认同的差异性或伦理道德的多样性来理解。也即,如果大众媒介支持文化的差异性与多元化,就意味着它对高质量文化的支持,同

---

① 见郭庆光:《大众传播、信息环境与社会控制》,载《新闻与传播研究》,1995(3)。
② 见单波、李楠:《大众传播与文化》,载《新闻大学》,1998年秋季号。

时也意味着文化生存于商品经济之中而消除了商业化追求。相反,"流行化"大多意味着文化质量低,经营层面的市场体制和文化内容的市场化合流,意味着"拯救"大众文化的失败。麦奎尔认为实现上述目标关键在于人的自觉性与自主性的建立,因此他呼唤"人的力量崛起"。从个人引申到民族,他提出文化全球化与保全民族文化可能的统一也同样基于这种对"人"的依赖。①

在美国,虽然德弗勒对改造美国大众传播内容状况表示绝望,但博加特仍然指出应该在社会得到大规模改造之前改造大众传播内容。他谈到:"品味方面存在的巨大社会阶级差异源于社会经验差异。不同流派所获成就的差异,与人接触音乐、文学和美术的审美情结的长短时间有关,甚至更有意义的价值观差异也与亲友关系有关。正是这些关系教会我们如何适应社会秩序、应该接受什么活动和思想……这就是社会阶级的预先倾向性而非遗传倾向性(genetic predisposition)。那么这是否意味着,只有通过迅速改变美国的社会结构,才能改变与之相关的偏好呢?处于社会高低阶层的人们普遍选择单个媒介,在某种媒介所能提供的信息范围内接受不同的讯息。尽管如此,'品味属后天形成而非先天预定。品味在极大程度上,是环境而非遗传的产品',这一事实,使我们有必要考虑将大众媒介内容提高到更高层次,而无需等到整个社会展开大规模改造。因为通过改革媒介系统本身,社会也有可能得到改造。"② 应该认为,他的这一观点是积极和富有建设性的。

第三节 媒介分析

媒介分析可广义针对媒介在各层次社会结构中的地位、媒介

---

① 见单波、李楠:《大众传播与文化》,载《新闻大学》,1998年秋季号。
② 博加特:《美国的媒介系统及其商业化》,载《新闻与传播研究》,1994(3)。

的财政支持、媒介的技术设备因素、媒介的人员因素以及媒介运作及内容生产的总和,也可狭义针对媒介的技术设备因素。

大众媒介地位兼指大众媒介在一个社区、一个社团或整个社会结构中的地位。媒介在整个社会结构中的地位与一个国家的政治经济制度有密切联系,对大众传播过程、模式、效果等均有重大影响。德弗勒等人曾从大众媒介与社会的冲突与合作的角度研究大众媒介的社会地位,认为媒介与社会其他系统是相互依存的。

现代社会大众传播事业的兴旺是以一个庞大的知识产业为基础的。知识产业(Knowledge Industry,又称知识工业)即直接、间接为讯息传播事业服务的各部门,它们构成大众传播的外部环境。早在1962年,就有学者对知识产业作了如下分类:大众媒介本身也即讯息传播机构;讯息传递机构;图书馆、数据库等讯息提供机构;制造与维修机构;通讯社、软件编制人员等提供讯息机构;财政部门、广告部门等经济支援机构;法律咨询部门等行政咨询部门;人事支援机构;数据收集机构;相关教育机构等。

从世界范围来看,近几十年来知识产业不断壮大。在美国,1956年知识产业从业人员超过产业工人;到20世纪90年代,知识产业从业人员占总从业人员的80%以上。我国近20年来知识产业也获得突飞猛进的发展。同时,发达国家和发展中国家知识产业规模差距极大,有些国家内部也存在知识产业发展严重的不平衡。

大众传播媒介的财源从世界范围来看有三个特点。其一是大众传播媒介的财源与大众媒介的所有权与控制权相联系;其二是大众媒介的所有权与控制权在全球范围内呈多元化趋势;其三是20世纪80年代起经济全球化的趋势及媒介技术的进一步发展使媒介所有权和控制权状况呈现新特征。

从微观的方面看,媒介的技术设备因素,特别是其体现出的传播能力上的特点,应是媒介分析的重点。施拉姆提出了如下主要

的对不同媒介及其与其他传播渠道作比较分析的角度。虽然媒介本身处于不断发展之中,但这些分析角度仍然能为我们所使用:

1. 所刺激感官的差异。在面对面的交流中,我们每个人都是作为一个完整的人进行交流,交流时有可能刺激所有感官并使对方同这种全身心的交流相呼应。但只要在交流渠道中插入了中介物,感官的使用就受到了限制。视听媒介(如电影、电视、多媒体)排除了嗅觉、触觉和味觉,而单一的视媒介(如印刷品、早期的默片电影以及早期的个人计算机终端等)或听媒介(如广播等)更是仅仅刺激了单一的视觉或听觉感官。虽然一般来讲媒介刺激感官的广度反映了其传播效能,但刺激单一感官的媒介在有些情况下也有其长处。如听媒介可使听难懂的东西不受干扰,视媒介可使难读懂的东西不受干扰。

随着媒介技术的不断发展,菲德勒提出将出现所谓"融入式虚拟现实系统"。他谈到:"融入式虚拟现实的概念实际上成形于20世纪60年代。到80年代初,这种技术被当作'人工现实'为人所知。然而,新闻媒介和大众似乎很少注意到这一点,直到80年代末,雅伦·拉尼尔开始推销一种……融入式系统……从那以后,融入式虚拟现实系统被开发应用于广泛的现实世界。"他认为在这一系统中,"由于虚拟现实的数据库搜索工具不一定那么拘泥于文字,在不远的将来,可望向用户提供各种熟悉的视觉、听觉和触觉线索"。[1]

目前这一技术还仅仅应用于特定领域,它是否会向大众媒介的方向发展,以及在传播特性上带来的实际变化,还有待进一步观察。

2. 反馈的机会不同。有中介物的传播反馈的机会往往要远远小于没有中介物的传播。面对面的交流为迅速交换讯息提供了最充分的机会。在这种情况下,双方的交流是最容易到位的。因此,

---

[1] 菲德勒:《媒介形态变化:认识新媒介》,第154~155页,华夏出版社,2000。

人们就有连续不断的机会来评判自己发出的符号的效果并加以纠正、解释和补充。随着面对面交谈人数增加,主持人只能注意其中少数人。如果再加上中介物,反馈就减少了。

网络传播的出现使受传者反馈的机会大大增加。但因特网已经不是一种单纯的大众媒介。网络传播既是一种大众传播的新形式,又是一种人际传播的新形式。

3.速度控制的方便程度不同。面对面的交谈可以控制速度,但广播、电影和电视的接收都是无法控制速度的。对印刷品的阅读则又可以控制速度。人们发现,在大众传播中,发送者控制速度更能打动人心,而学习者控制速度则能使传播更有成效。

因特网作为大众媒介,其中存在大量以电子技术为其表现基础的阅读材料。这使其在控制速度能力方面表现出与印刷媒介相同的潜力。

4.语文符号使用的比率不同。讯息传播在一些渠道中比在另一些渠道中更多的使用语文符号。其中文字印刷品最多,广播次之,电影、电视再次之,相比较而言,面对面的交流往往最少。因此文字印刷品往往更容易表达抽象化内容,而视听媒介往往更容易表达情感性内容。

作为大众传播工具的因特网,它既支持高语文使用比率的传播(如文字阅读材料),又支持低语文使用比率的传播(如大量的图片甚至录象)。更准确的说,它支持在这些不同传播内容之间迅速切换。

5.保存讯息的力量不同。在"传统"媒介中,印刷品具有在保存事实、思想和图片方面的极大优越性。电子媒介则与面对面的交流一样转瞬即逝。但对于后者,人们试图进行技术改进的努力从未停止。录音机、录像机实际上已经成为一种普及化的大众传播支持工具。

网络传播的最新特点之一就在于其巨大的讯息储存和检索能力。与传统的印刷媒介相比,这种储存和检索又具有节省空间及廉价的特点。这实际上使大众传播的效能进入了一个全新的境界。

6.满足专门需要的力量不同。施拉姆将诸如阅听天气预报、当天新闻、球赛成绩、价格公告等视为一般讯息需要,而将诸如了解一个国家首都、解决生活中遇到的特定困难等视为专门讯息需要。在各种传播渠道中,行家里手满足专门需要的力量最强,"传统"电子媒介最弱,而印刷媒介介于二者之间。

因特网作为新兴媒介由于其储存和检索潜力,它在满足专门需要方面则有着引人瞩目的巨大优势。

上述分析表明,当代实际的媒介状况越来越复杂。实际上,自上个世纪初以来媒介形态一直处于不断的变化之中:新媒介不断出现,已有媒介不断改良,各种媒介还有融合趋势。而自20世纪80年代以来,这些变化趋势更加明显。菲德勒认为,近来的媒介形态变化过程有如下特点:

共同演进 他谈到:"一切形式的传播都是紧紧交织于人类传播系统的结构之中,而不能在我们的文化中彼此独立存在。每当一种新的形式出现和发展的时候,它就会长年累月地和程度不同地影响一切其他现存形式的发展。共同演进与共同生存,而不是相继进化和取代,这一直是自从第一批有机物在这个星球上首次出现以来的常规。如果每一种新媒介的诞生都导致一种旧媒介的同时死亡,那么我们现在习以为常的丰富多彩的传播技术就不可能有了。"

汇聚 菲德勒认为,媒介形态变化的另一个趋势是各种各样的技术和媒介形式都汇聚到一起。1979年尼葛洛庞帝第一次提出了汇聚(convergence)这个概念。当时他指出,"所有的传播技术正在遭受联合变形之苦"。他指出广播和动画业、电脑业和印刷出版业正在走向部分相互交叠。汇聚与合并(merger)不同,合并暗示两个或更多的实体(如公司、技术或媒介)集中到一起形成一个单一的、统一的实体;汇聚则引起每一个相关实体的变革,并创造新的实体。

复杂性 菲德勒认为,对媒介变革的复杂性只能用"混沌理论"来描述。这一理论表现了这样一种核心观念,混沌系统(chaos systems)内部那些看似无关紧要的事件或轻微的初始变化最终会导致重大的或灾难性的事件发生。这一理论的启示在于:没有人能够最终精确预报哪一种具体的新媒介技术和传播形式最终将取得成功。同时,有研究表明,媒介作为一个复杂的社会系统具有适应性,它们不是仅仅消极地回应事件,而是想方设法让无论发生着的什么事情都朝着对它们有利的方向发展。适应性实际上已成为新媒介生存的前提条件。[①]

菲德勒的上述分析甚为深入。实际上,媒介形态变化终将对大众传播内容的特性以及特定媒介内容的专门化产生影响,并进而影响到大众传播的宏观社会效果。

切特罗姆认为将传播技术进步与传播的共享等古有意义联系在一起在19世纪中叶人们对电报发出赞美之词时就开始了,在当代这一趋向更为明显。他论述道:"我们可以认为,对每日生活中现代传播的巨大作用的更深入更精确的意识,成为'后麦克卢汉'时代的特征。曾经围绕着传播(communication)这个词所产生的语义学上的那种模糊现在似乎又围绕着媒介(media)这个越来越含混的词而重新出现。"[②] 随着因特网等新兴传播技术的发展,对媒介的关注将成为传播学研究的重点。

[①] 菲德勒:《媒介形态变化:认识新媒介》,第19~25页,华夏出版社,2000。
[②] 切特罗姆:《传播媒介与美国人的思想——从莫尔斯到麦克卢汉》,第198页,中国广播电视出版社,1991。

第八章　大众传播分析(二)

我们已经谈到,从大众传播"受"的角度看,传播效果就是传播在受众中引起的反应总和。我们不能脱离受众来谈效果,也不能脱离效果来谈受众。正因为如此,在西方大众传播研究中形成了"受众中心观念"。本章即试对大众传播这两个紧密联系的方面作出理论分析。

第一节　受众分析

受众即大众传播内容的总体接受者。简而论之,有人认为大众传播的受众具有人数多、成份杂、分散、隐匿等特点。详而论之,对受众的研究可包含多方面的深入认识。

第二次世界大战以来,对受众认识的最大进展在于看到受众成员之间的巨大差异和他们之间人际影响的重要作用。

第八章 大众传播分析(二)

最早的突破始于拉扎斯菲尔德等人的两极传播论。基于对1940年美国大选的社会调查,他们1948年在《人民的选择》一书中提出了两级流动传播(two step flow of communication)和舆论领袖(opinion leader)的概念。这一理论在传播学中第一次依赖定量研究说明,受众成员是各不相同的,其中有些人发挥更大的主动性和影响力。

研究人员将大众传播可能的效果分为"无变化"、"小变化"、"强化"、"结晶"和"改变"五种。其中"强化"是指对受众固有态度得到巩固和加强;"结晶"指使原来态度未定者态度变明朗;"改变"指受传者态度发生逆转。调查表明,最后一种效果仅占8%,而且他们往往并非是受到大众媒介的宣传的影响,而是受到家人、朋友或同事的劝说。这一理论揭示了大众传播的有限效果,但更重要的还在于它揭示出受众并非铁板一块,受众成员之间差异极大,而且人际影响发挥的作用决不能忽视。所以这一理论实际上也开启了受众研究之门。

1955年卡茨(Elihu Katz)和拉扎斯菲尔德在《个人影响》(Personal Influence)一书中作了更集中的研究,并对原来的模式从理论上进行了再评价。该书提出了如下假设:1.个人不是与社会隔离的,而是那些与其他人相互影响的社会群体的成员;2.对媒介讯息的响应和反应受到社会关系的影响;3.对大众媒介的讯息接收不等于反应,因为有来自个人接触的次要接收,对大众媒介的讯息不接收也不等于无反应;4.受众成员可以被分为两类,一类积极接收和传播来自媒介的思想,另一类主要依赖个人接触作为其指导,前者参与高层次的交际活动,自认能影响别人,并扮演信源和指导的角色。

总之,拉扎斯菲尔德等人的理论提示了受众成员实际上处于十分复杂的社会关系中,大众媒介处于和其他思想、知识和权力来源的竞争中。

与上述问题相关,1962年罗杰斯在《创新的普及》(Diffusion of Innovations)一书中开始的开拓性研究形成了对"两极传播论"的修正。根据对新事物(新农药、新良种等)普及过程的调查,罗杰斯提出人际之间的影响可能是多级的,如早期采纳者影响早期追随者,早期追随者影响后期追随者,后期追随者影响滞后者等,因此他就进一步发展了受众及其成员间关系复杂性的理论。

1959年,有美国社会学家对受众成员关系作出了社会学分析。[1] 他们继承了库利的社会学思想遗产,批评了传统的认为大众传播的受传者是孤立的处于没有组织的大众中的观点。他们认为,传统上研究者们不注意那些心理过程的重要性,但这些心理过程虽不是直接发生在传播过程之中,却仍可能影响传播过程。

这一理论揭示了三个层次的社会系统对受传者的影响。首先是基本群体和参照群体。所谓基本群体,就是指与受传者有密切联系的社会群体,如家庭就是一个典型的例子。参照群体则是指受传者未必是其成员,但在其帮助下可以确定其态度、价值观念和行为的群体,如某个政治组织等。这一理论认为,受传者在对讯息的选择、理解和反应等方面都会受到基本群体和参照群体的影响。第二是更大的社会结构。如果说一所学校的特定班级是基本群体的话,整个学校就是更大的社会结构。基本群体的态度和行为,一部分是成员相互影响的结果,一部分受到更大的社会结构的影响,后者也可以直接影响个人。在这个过程中,参照群体也可能以与基本群体一样的方式提供规范与指导。第三是社会总系统。这是指某一社会整体,包含了传播参与者、他们所属的基本群体、周围的参照群体以及更大的社会结构。大众传播过程影响其外部社会,又同时受到它的影响。

有学者指出,这一理论的最大贡献就在于强调了大众传播对

---

[1] 见麦奎尔等:《大众传播模式论》,第47~50页,上海译文出版社,1987。

个人和群体发挥影响时人际的以及人所受所属各层次社会集团的心理影响作用。

从受众分析与效果分析的联系的角度来说,相关研究的最突出成就是"使用与满足论"(uses and gratifications approach)。所谓的使用与满足论,也就是从受众如何使用大众媒介以及大众媒介如何满足受众需要两个角度研究媒介与受众的关系。麦奎尔认为它是受众中心研究取向的典范,我国学者郭庆光则将之称为"受众行为理论"。

使用与满足研究可以分为"传统"与"现代"两个时期。早期的研究包括1940年贝雷尔森等人在《他们为什么阅读》一文中对阅读动机的研究;有学者在1942年对收听电台古典音乐动机的研究及1944年对听众在收听无线电广播连续剧中的追求及所获满足的研究;贝雷尔森1949年对在报纸罢工期间纽约各日报读者心理感受的研究。

到了20世纪60和70年代,使用与满足研究呈现出更加复杂的形式。卡茨等人在1974年对这一理论的基本逻辑作了如下表述:具有社会心理根源的需求引起期望,即对大众媒介和其他信源的期望,它导致媒介披露的不同形式或导致其他活动,结果导致需求满足或其他意料之外的结果。

同年罗森格伦(K.E.Rosengren)对这个研究取向的逻辑作了更详细的表述:人的某些基本的高、低需求在与个人内在和外在特性的有差别结合以及在与包括媒介等社会结构的相互作用下,导致或多或少被强烈感受到的个人问题以及已经找到解决这些问题的方法,问题与解决方法的结合导致寻求满足或解决问题的不同动机,导致实际的媒介消费的不同形式和其他行为的不同形式,这二者引起满足或不满足的不同形式,并可能进而影响个人内在与外在特性的个体结合,并可能最终影响媒介结构和其他社会、政治、经济和文化结构。

这一研究模式还被延伸到对其他相关问题的研究。如有人运用这一模式研究不同媒介在功能和特点方面的异同;有人借之研究电视对儿童来说的多功能性;有人借之研究特定媒介的社会功能等。

虽然使用与满足论影响甚大,但对其的批评也很多。主要包括:这种研究取向在方法和概念上太强调个人,这就使它很难与更大的社会结构相联系;对于"满足"的描述较为主观,因此易陷于所谓的"心灵主义";这个研究取向的前提是受众的自由选择,但动机实际上往往受制于基本需求、社会动机与社会条件;这个理论取向往往成为"低劣"内容制造的借口等。

在受众分析领域的实用性研究方面,受众区隔理论运用范围甚广。所谓受众区隔理论,也即认为可以按受众的不同的偏爱、兴趣、需要、价值观念等划分为不同的部分。年龄和受教育程度也可以作为划分的标准。这种划分的基础主要是心理学的个人差异理论。

早期心理学植根于哲学,到19世纪中期,开始发生两个转变:一是关注行为的生理基础,二是重视实验方法,成为这一学科的信条。到20世纪早期,爆发"先天与后天"大讨论,争议的焦点是"个性的来源"问题,最终形成了认为人各有其独特个性的个人差异理论。(参见第三章第五节)

基于对个人差异的认识,采用经验主义的调查研究方法,将受众划分为不同部分,针对不同部分受众的特点设计传播内容以加强传播效果,已经广泛运用于广告宣传、公共关系、慈善救济、政治选举等领域。此时,对内容的设计包括加入能吸引特定部分受众注意力的呼吁、论据、口号和其他特定内容。

具体到受众成员的个体方面,一个瑞典研究小组于1976年提出"传播潜力"概念。他们认为每个人所具有的能使他们发送和接收讯息并进而在生活中获取价值的特性和资源不同。这种特性和资源也即传播潜力包括:1.个人的特性,包括听和说等基本能力,说不同语言和打字等后天能力,以及在传播、知识、态度及个性方面的潜力;2.个人社会地位特性,包括收入、教育、年龄和性别等变量;3.个人所处社会结构的特性,包括个人的家庭、工作组织、学校等在传播中所起的作用,以及整个社会对传播的影响。①

对受众处于讯息"过载"(over loading)中的选择性接触、理解、记忆的理论也是受众分析的重要内容。在当代社会,大众传播渠道处于讯息的过载状态是其一个最基本的特点。此时受众成员的选择性接触、理解、记忆就成为他们重要的行为方式,同时这也成为受众研究的重要对象。

有人因此提出"个人选择的或然率"的概念,用以指讯息流中个人选择不同媒介及不同内容的比率。也就是说,个人在讯息流中可以从不同渠道获得信息,他可以看电视,可以读报,也可以听广播,还可以仅仅看杂志与书或仅仅与人交谈。那么,他的选择的比率受哪些因素影响呢?有人总结认为个人选择媒介受两种因素的支配,一是"报偿的保证",一是"费力的程度",具体来说就是,个人选择某种媒介的比率随预计的报偿的增加而增加(成正比),随预计的困难的增加而减少(成反比)。因而增加一种媒介的受传者有两个方式,一是增加报偿,使受传者得到更多,二是减少费力的程度,使受传者更易弄到手。

更细致的分析认为,受众选择大致取决于以下方面因素:1.现成可得的程度;2.吸引力的大小;3.感染力的大小;4.人们关注的问题;5.人们的传播习惯;6.人们的传播技能。②

与选择问题相关,受众媒介观念的研究也受到注意。我国学者卜卫指出:受众的媒介观念应是现代传播研究的一个重要概念。因为受众使用何种媒介,如何使用媒介及利用媒介传播中的何种

---

① 见麦奎尔等:《大众传播模式论》,第96~97页,上海译文出版社,1987。
② 见施拉姆等:《传播学概论》,第111~120页,新华出版社,1984。

信息,都与媒介观念相关。她谈到早在20世纪60年代美国哈佛大学学者英格尔斯(Alex Inkeles)在现代化研究中就发现个人的大众媒介接触与个人的现代性呈有规则的和显著的相关:观念较现代的人愿意积极同各种来源的信息保持接触,但在评价和接受信息时,他们对新的大众传播工具较信任。

她针对北京受众抽样调查表明,受众的媒介观念可以由积极观念、消极观念、限制性观念和开放性观念四种因子构成;年龄、文化程度、职业等状况不同的受众媒介观念也不同;受众媒介观念和受众媒介的占有量、媒介接触频度的高低以及媒介内容有关。她又指出,在我国多数实证研究关注媒介传播的效果问题,对受众本身的研究尤其是对受众媒介观念的研究较少;今后的研究需要在较大范围内利用人口资料构成抽样样本,使研究结论可以涉及人口总体,并经过更为充分的理论论证,从而较好的解释受众媒介观念及其与受众媒介接触的因果关系,同时扩展研究结论。[①]

此外,受众权益的探讨也受众研究的重要方面。郭庆光指出,受众不仅是传媒信息的使用与消费者者,他们还是构成社会的基本成员,也是参与社会管理和社会公共事务的公众,当我们把受众看做是社会成员和公众的时候,受众拥有各种各样的正当权力。他认为受众在大众传播中享有的基本权力包括传播权、知晓权和传媒接近权等。

我国还有传播学者探讨了保障大众传播消费者的法律手段。宋小卫指出:"根据国内现行法律文件的有关规定,我国公民在享受传媒服务、参与大众传播消费活动中的某些利益,可以分别得到民事法律、行政法律或刑事法律的维护与保障。"[②] 在我国大众媒介与受众的实际关系中,这些法律维护与保障手段已经得到不同

[①] 卜卫:《受众媒介观念研究》,载《新闻与传播研究》,1996(2)。
[②] 宋小卫:《简析保障大众传播消费者利益的法律手段》,载《新闻与传播研究》,1996(4)。

程度的实现。

第二节　效果分析:历史

效果分析是传播研究五个方面中历史最长、争议最大、然而也是最有实际意义的方面。特别是在美国,效果研究一直是美国大众传播研究的主流和旨归,几十年来美国大众传播效果研究一直占主导地位。美国学者费杰斯(Fred Fejes)甚至认为效果研究几乎成为大众传播研究的同义词。[①]

王怡红认为,美国大众传播效果研究的目的和范畴与实用主义有着密切的联系,高度体现了实用主义的思想价值。她论述道:"建立在实用主义背景下的效果理论,具有特殊的含义。按照实用主义者对真理的看法……人不能满足于获得真理,这不算事情的结束,而应该像实用主义者要求的那样,真理应该具有能确定、能证实、能生效的品质,即让真理变得有用,能有'实际的后果'。半个多世纪以来,美国大众传播研究理论的钟摆始终偏向效果一边,而且从不同角度看,受众分析、控制分析、媒介分析和内容分析也都涉及到效果研究的问题。比照拉斯韦尔分析框架中的其他部分内容,效果研究之所以经久不衰,具有其他研究方向所不能匹敌或被打倒的强大力量,这与效果研究的有用性不无关系。"[②]

她同时指出,效果研究的巨大"有用性"恰好与美国社会追求实用的观点相吻合。"无论是媒介对儿童的影响,对大选的影响,对战争宣传的影响,还是对社会价值观、对人的行为态度的影响等等,效果研究似乎能最大限度地满足社会的实际需要,解决人们对大众传播的认识问题。"因而,"效果研究的地位无法不显赫。其重

[①②] 见王怡红:《美国传播效果研究的实用主义背景》,载《新闻与传播研究》,1995(4)。

要性不能不持久,犹如某个反复出现的公式,它会长久地成为研究的焦点。"①

王怡红还谈到经验和批判两大大众传播研究学派在效果研究上的差异。她指出,"经验学派的主要理论是建立在效果研究的基础上的,它所关心的是媒介对社会与人的影响。批判学派则要扭转这个方向,考察媒介、传播和社会权利之间的关系。"虽然表面上看批判学派抛弃了效果研究,"然而,事实是,批判学派的研究有一个重要假设,那就是媒介的影响是巨大的。在这个假设的前提下,批判学者如果要提出自己的理论观点,就无法绕开效果研究的难题……因此,也可以这样说,批判学派也关注效果研究,只不过是与经验学派的实用主义特征有所不同。"因此两大学派关注传播效果构成了他们间的重要共同点。②

就"效果"这一概念本身来讲,瑞典传播学者温德尔(Sven Windahl)将之分为"效果"和"后果"。他把由大众传播内容引起的结果称为效果;把由使用大众媒介本身而引起,如排除、减少或防止了其他活动,而非传播内容引起的结果称为后果;而把大众传播的两种结果合称"效—后果"。大众传播的一些重要影响,如施拉姆曾作过详细分析的重新分配受众成员的闲暇时间,以及麦克卢汉传播思想所揭示的人的感官注意对象大规模的从自然转向现代传播媒介,实际上都属于温德尔所说的后果的范畴。在大众传播的效果分析中,大多又是将二者混合在一起来研究的。

还有一个著名的二分就是将效果分为即时直接效果与长期间接效果。对这两种效果的认识发展伴随着效果研究的发展历程。对此我们在下文中将谈到。传播的即时直接效果是指这种效果是传播者预期的、是立即的和暂时的、必然与个体的态度或行为改变

---

① 王怡红:《美国传播效果研究的实用主义背景》,载《新闻与传播研究》,1995(4)。
② 同上;并参见古尔维其等编:《文化、社会与媒体》,导言,台湾远流公司,1994。

第八章 大众传播分析(二)

有关、相对来说是非间接的等。传播的长期间接效果是指这种效果不仅作用于个人,而且还影响文化知识的贮存、一个社会的规范和价值观念,大众媒介提供一系列概念、思想和评价,受众成员可以从中选择自己的行动方向。具体而言,大众传播的长期间接效果表现在为受众成员提供非正式社会角色及非正式社会规范的学习途径、传播与强化基本社会价值观念、传播不明确的意识形态、促进舆论的形成、造成社会中知识分布的差异等。

对传播效果的研究经历了长期、曲折的发展演变。可以说,在20世纪,人们最关心的就是大众传播对受众的影响力问题,也即大众传播在支配受传者行为以及改变受传者固有立场、观点、态度上究竟怎样发挥影响,以及究竟有多大威力。对这一问题的认识历程大致可以分为早期、中期和近期三个阶段。

20世纪20年代,随着广播的普及,人们开始对大众媒介抱有其具有无穷威力的信念。当时流行的观点是:大众媒介具有无穷的力量,在巧妙的宣传家的使用下,它所传递的讯息作用于人就像子弹击中躯体,或是药剂注入皮肤一样,效果立竿见影。这些观念后来被称为"枪弹论"(bullet theory)或"皮下注射论"(hypodermic needle theory)。它们构成了早期的效果理论。

施拉姆谈到,这种理论虽然实际上只是一些记者的"发明",当时就未曾得到任何第一流学者的拥护,但却广有影响,在一般人当中流传了十年左右。这些理论之所以能在当时有极大影响,施拉姆认为,原因在于它是在第一次世界大战中被德国宣传所培养并为纳粹主义的宣传而极度增大的。

德弗勒则认为,这种理论虽然未经哪一位学者的系统陈述,但在某些学者的研究中的确也形成了类似的信念。如拉斯韦尔1927年指出:"在作出种种保留、消除种种过高的估计以后,事实仍然是,宣传是现代世界上最有力的工具之一。它上升到现在的突出地位,是与改变了社会性质的复杂变化环境相应的……在大型社会,用战舞的火炉来把任性的个人熔为一体已不再可能。必须用新的更微妙的手段将成千上万甚至上百万人铸成一个具有共同仇恨、意志和希望的大集体。新的火焰必须烧尽分歧的溃疡,锤炼钢铁般的战斗热情。社会团结的这一新锤砧的名字是宣传。"①

德弗勒认为,枪弹论的流行不仅与当时世界大战中宣传战起了巨大作用的实例有关,也与当时所发展的心理学和社会学普遍理论完全一致。他指出,第一次世界大战期间,在达尔文的影响下,本能心理学登峰造极,人们的基本性质被认为相当一致。这类理论认为,人们继承了大致相同的复杂的体内生理机制,它为人们提供了以某种方式对某种刺激产生反应的动机和能源。此时,有关个人差异的心理学还没有发展到足够水平,不足以使学术心理学家苦心积虑去钻研以解释这种差异。因此枪弹论是以这种本能心理学的"刺激—反应"模式和媒介效力强大的信念为基础的。"刺激—反应"模式强调人的内心欲望、冲动及其他难以自控的过程的遗传性,因此每个人对效力强大的刺激的反应是多多少少一致的。同时,大众社会理论强调个人在心理上与有力的社会联系相隔绝,没有什么强大的社会关系可以改变这一点。因此合乎逻辑的结论必然是:受众成员可以被那些拥有媒介的人所影响和左右,特别是通过感情的号召来做到这一点。

德弗勒指出,虽然"枪弹论"似乎简单幼稚,但这一理论并不仅仅表明像卡茨和拉扎斯菲尔德所说的"一方是全能的媒介在发送讯息,另一方是分化的大众在等待接受它,其间别无它物",它还是包含了关于心理结构和社会组织特点的设想。德弗勒认为理解这些没有明言的设想的整个范围很重要,因为有关大众传播过程的更现代化的理论是通过对它们的系统替代或修正而发展出来的。随着有关个人性质和社会性质的新概念的出现,它们被用于修正

---

① 转引自德弗勒等:《大众传播学诸论》,第182页,新华出版社,1990。

大众传播的基本理论,在"刺激—反应"模式的刺激一方和反应一方之间引入不同系列的干预变量。随着研究的发展,从20世纪30年代开始,对媒介效果的研究开始从推测转向系统研究。实证研究被强调,那些限制媒介效力和作用的社会文化因素得到深入讨论。

就"枪弹论"本身来说,1964年哈佛大学心理学家鲍尔(R. A. Bauer)所写的《固执的受众》(Obstinate Audience)一文为其唱响了最后的挽歌。他证明了久已得出的结论:受众并不被动,而是主动"使用"媒介,他们是"固执的",他们拒绝倒下;而大众媒介传播的讯息也不像枪弹,而是放置在受传者爱怎么处理就怎么处理的地方。

效果研究的中期理论一般被统称为"有限效果论"。但实际上它包含了丰富的研究成果。这些理论认为,大众传播并不独立具有巨大效能。

较早的直接研究有1947年海曼和席特斯利(Herbert Hyman & Paul Sheatsley)的论文《传播活动失败的原因》(Some Reasons Why Information Campaign Fall)。他们指出影响效果的一些心理障碍,如选择性接触、理解和记忆。而一群难以触及的受众则是处于"慢性的无知"(chronic know nothings)状态。

大约同时还有1950年史塔和休斯(Shirley Star & Helen Hughes)关于辛辛那提居民对联合国认知程度所受大众媒介集中宣传活动影响的研究。宣传活动为期六个月,包括6万份资料,在2800个单位讲演,以及每周150次电台插播广告。但研究结果表明,宣传活动结束后,知道联合国的人仅仅从70%增加到72%。他们的结论是:只有当信息本身能发挥作用,尤其是特定活动与对人发生实际影响的行为有关联时,宣传才会引发人们的兴趣。

施拉姆认为,除卡茨和拉扎斯菲尔德在《个人影响》中阐述的"两极传播论"思想之外,有两个理论成果在这一时期最有代表性。

第一个是拉扎斯菲尔德和默顿(Robert Merton)在1948年所写的《大众传播、大众鉴赏力和有组织的社会行动》一文。在该书文中,他们提出大众媒介可能在四个方面发挥社会影响:一是大众媒介能提高社会地位,使个人、团体和政策的声望及地位提高和合法化;二是大众媒介能在一定程度上增强社会规范,也即媒介可以用向公众揭露对规范的偏离来重申社会规范;三是大众媒介可以用作社会麻醉剂,使人们把知道某事与亲身实践混淆;四是电台这类媒介由于占据了人们用来学习的时间,因此降低了人们的鉴赏力。他们分析了现实中大众传播的这些效果,得出的结论是:总的趋向不是带来变化而是鼓励维持现状。他们进一步分析得出的结论是,大众传播要取得重要的社会效果,必须具备三个辅助条件:1.当只有一种观点垄断了大众媒介时;2.当大众媒介的努力与"疏导"性的改变相结合,不是进行广泛和普遍的改变而是进行一种小的和特定的改变时;3.组织面对面的交流来辅助大众媒介的传播。这些分析道出了有限效果论的核心观点:大众传播难以独立于其他社会因素之外独立发挥作用。

第二个是克拉帕(Joseph Klapper)在1960年所写的《大众传播效果》一书。这本书普遍被认为最集中、最完整的表述了大众传播效果有限的理论思想。他提出了五个基本观点:1.大众传播本来并不是对传播对象产生效果的一种必要的和充分的因素,而是属于和通过中介因素和影响关系来起作用;2.不论在何种条件下,对某种社会效果来说,大众传播都起着加强而非导致作用,而且也不是唯一起作用的因素;3.当大众传播对现实起改变作用时,其他中介因素不应起作用或它们本身也起着促进改变的作用;4.大众传播效果的产生,受到某些生理、心理因素的制约;5.大众传播的效果无论是辅助性的,或是某种直接效果的中介,均受到媒介及传播活动本身条件的影响。

克拉帕在提出这些一般性的意见时又强调了大众传播并不是

无所作为的。他提醒必须记住,虽然大众传播似乎通常只是产生效果的一种辅助的起因,但它通常是一种主要的或必不可少的因素,在某些情况下还是一种充分的因素。事实是它的效果常常是中介的,或是常常同其他影响一起发生作用的,我们不要看不到这个事实,即大众传播拥有超脱于其他影响的特点,或是由于这种特点它可能具有独特的效果。

施拉姆对"有限效果论"总结说:复杂的行为总有着复杂根源,我们难以把这些分开。要估计长期接受大众媒介宣传的积累的作用是很困难的。例如,许多个小时观看暴力节目所吸收的效果,不到在某些情况下某些事件中触发某些人采取模仿的暴力行动是看不出来的。大众传播的效果,除了已经看到的加强业经被遵循的现存观念之外,许多潜在的效果是隐藏着的,或是在一些不被知道的领域中,抑或在一些不被强烈遵循的观念中才起作用。

在大众传播效果研究的这一历史时期,霍夫兰关于"如何使大众传播的说服更有效果"的研究也取得了令人瞩目的成绩。

霍夫兰提出,态度可分为认知、情感与行为三个层次,三者在表现上可以不尽一致。霍夫兰尤其致力于态度的形成与转变的研究,这就牵涉到什么样的劝服能取得最佳效果的问题。

霍夫兰的研究表明:增加信息来源的可信度、知名度等,可增强劝服对改变态度的作用;正确运用一面之词与两面之词、加强情感型的劝服等,亦可增加劝服力。

从20世纪60至70年代,学者们开始重新探讨大众媒介的影响力,因为此时许多从事广告、宣传或竞选研究的人员仍然认为大众媒介具有极为可观的影响潜力。新的研究动向和新的理论发展首先是基于对"有限效果论"的反省,"有限效果论"开始受到学者们的批评。这些批评集中在两点上:1.在认知、情感、行为三个态度层面中,"有限效果论"主要研究受众的行为变化,而对受众在接受传播后认知和情感的变化注意很少;2.对效果的研究主要是针对即时直接效果,而对长期间接效果研究不够。实际上克拉帕等人对后者已经提及,只是没有展开充分的探讨。早在1959年,就有学者认为,大众传播在产生一种较为间接,然而却是更为深刻的效果,它在两次竞选之间的闲暇时期,影响和决定着选民投票倾向的形成。内尔—纽曼则指出:有限效果论并不能真正证明大众传播力量有限,恐怕是由于传播研究者所使用的理论与方法过于有限。

新理论出现同时又是对大众媒介发展本身的回应。20世纪50至60年代,电视迅速普及,这一新的大众媒介展现了非凡的魅力,产生了前所未有的影响。20世纪70年代大众传播探索的一个重要取向是"时间取代"(time-displacement)研究,结果发现,美国家庭平均一天要花7小时看电视,这就显然是电视这种新媒介的传播特性所带来的受众反应变化。

最初的理论突破的见于1973年孟德尔森(Harold Mendesohn)的论文《传播活动成功的理由》(Some Reasons Why Information Campaigns Can Succeed)。该文证明,只要宣传活动经过规划设计,遵循某些传播策略,还是会成功的。有人提出这标志着"条件效果"或"中度效果"时代的到来。

更大的突破表现为有着深广影响的近期理论。这些理论都是就大众传播的长期间接效果提出的。它们包括"议程设置功能"、"沉默的螺旋"、"知识沟"、"培养论"以及"依赖模式"等理论。(详见下节)这些理论除了被称为大众传播的长期间接效果理论之外,还被称为大众传播的强效果或宏观效果理论。

大众传播的效果分析,从以枪弹论为代表的早期的媒介万能论观点,到探讨大众传播作为复杂社会过程之组成部分的有限效果论研究,再到近期对大众传播长期间接效果的出色研究,反应了理论的深化、发展。这既是对许多相关学科研究方法、研究成果的吸纳与在此基础上的综合研究的结果,又是直接针对大众传播现象研究的结果,同时,也是对变化了的大众传播现实作出的理论回应。

第三节 效果分析:理论

本节即将大众传播效果分析的主要近期理论作出述评。这些理论探讨的都是大众传播的长期间接效果。这种效果用德弗勒的话来说就是:大众媒介不会立刻产生直接的轰动效应,但长期积累的潜移默化的效果是不可忽视的。

一、议程设置功能(the agenda-setting function)理论

虽然第一次明确提出这一理论的是麦考姆斯和肖(Maxwell McCombs & Donald Shaw),但它最早萌芽于李普曼的观点:大众传播创造了我们关于世界的图像,而这种图像常常是不完整的和扭曲的,我们就是借助于这些不完整的图像来构筑我们对世界的认识,这当然是十分危险的。(参见第七章第二节)

1963年,科恩(Bernard Cohen)提出:大多数时间,报界在告诉他的读者该怎样想时可能并不成功;但他在告诉他的读者该想些什么,却是惊人的成功。这是最早的关于议程设置效果的猜想。[1]

麦考姆斯和肖通过对议程设置效果的验证,明确的向"有限效果论"提出了挑战。他们对1968年总统选举进行了实证研究,并在1972年发表题为《大众传播媒介的议程设置功能》(The Agenda Setting Function of Mass Media)的论文。在研究中,他们首先对一个地区的几种主要大众媒介进行了内容分析,把被强调的焦点问

---

[1] 见慎之:《议程设置研究第一人——记马克斯韦尔·麦考姆斯博士》,载《新闻与传播研究》,1996(3)。

题按重要程度排出顺序。然后对这个地区的受众实施了民意测验,把受众认为重要的焦点问题也按其重要程度排出顺序。这时他们发现了一个有趣的现象,大众媒介强调和受众认为的焦点问题的优先顺序居然相当一致。也就是说,大众媒介强调了哪些问题,受众也相应地认为哪些问题是重要的,这就是议程设置功能的原理。①

经进一步的研究,他们发展出了议程设置效果研究的模式,也就是将大众媒介的报道重点和受众的认识重点相比较,从而证明两者之间是否存在一种引导与被引导的关系。这种关系被麦考姆斯设想为三种形式:一是主张大众媒介只在某个特定的焦点问题报道上对受众认识产生影响的"知觉模式"(awareness model);二是被大众传媒所强调的焦点问题也被受众相应感知的"优先顺序模式"(priorities model);三是大众媒介的全部报道重点与受众的认识重点虽然不同,但是对其中某个焦点问题的认识却相同的"显出性模式"(salience model)。

这种研究模式的变量由"媒介的议程"和"受众的议程"两部分组成。以大众媒介为中心的研究注重大众媒介的性质和它的议程设置效果的强弱;以受众为中心的研究优先考虑大众媒介的议程设置功能会在什么层次影响受众。

在媒介的议程研究方面,报纸被证实具有较好的议程设置能力,而电视的这种能力相对较弱。麦考姆斯和肖后来的研究又证明报纸和电视所发挥的议程设置效果层次不同,报纸是长时间的、点滴式的感染受众,而电视却能在短时间内给他们强烈的、但可能一闪而过的印象。所以,报道时间的长短是一个重要因素。

在受众的议程方面,研究表明可以从不同层次发现议程设置功能。从个人议题(个人私下认为重要的议题)到谈话议题(在与

---

① 见张宁:《试论大众传播媒介的议题设置功能》,载《国际新闻界》,1999(5)。

别人交谈时受到重视的议题)再到公共议题(个人认为社会上大多数人都重视的议题),大众媒介的议题设置功能会随报道时间的增长而慢慢扩大化。再回到媒介来说,报纸对个人议题影响较大,而电视对谈话议题影响较大。

这一理论历经几十年的发展,相关的实证研究成果层出不穷。据统计,至 20 世纪 90 年代,已有数百篇相关论文发表。显然议程设置研究已成为大众传播效果研究的最重要方面。据麦考姆斯自己的总结,议程设置研究大致经过了四个发展阶段:第一阶段围绕议程设置的基本假设即新闻的报道方式影响公众对当时重要议题的感觉扩展开来;第二阶段将媒介效果研究与"使用与满足"研究结合起来,从原先研究的问题"什么是媒介议程对公众议程的效果"变成了"为什么某些选民比其他人更乐于接触特定大众传播媒介的信息";第三阶段的研究将议程扩展到公众议题之外,并对比各种不同议程(包括各种媒介的议程、媒介议程与政府议程)之间的区别;第四阶段的研究则已经将新闻议程由自变量转为因变量,最初的问题"是谁设置了公众议程"变为"是谁设置了新闻议程"。

麦考姆斯还认为,20 世纪 90 年代以后,议程设置研究已经进入第二个层次,即由研究焦点型议程设置(issue-agenda setting)转向研究属性型议程设置(attribute-agenda setting)。如果说,议题等还是相对具体的研究对象的话,属性则是更为抽象的对事物的思考。[①] 这一新的研究取向甚至已经影响到日本,1993 日本的相关研究发现,数家媒体对"政治改革"问题报道中强调的"伦理问题"和"制度问题"两个较为抽象的问题都对受众的认识产生了一定的影响,从而证明了属性型议程设置功能的存在。[②]

郭庆光认为这一理论的意义一是它重新揭示了大众媒介的有

[①] 见慎之:《议程设置研究第一人——记马克斯韦尔·麦考姆斯博士》,载《新闻与传播研究》,1996(3)。
[②] 见张宁:《试论大众传播媒介的议题设置功能》,载《国际新闻界》,1999(5)。

力影响,二是它间接的把大众传播背后的控制问题重新摆在人们面前。

郭镇之认为议程设置在中国也可以成为一块研究领域,因为我们不仅可以研究政府通过大众媒介对议程的干预,也可以研究人民对政府议程的决定作用。作为学科传统的议程设置有其特定含义,也即理论以实证材料为基础。此时,"方法"相对于"问题"显示了突出的重要性。①

二、"沉默的螺旋"(spiral of silence)理论

德国社会学家内尔—纽曼(Elisabeth Noelle-Neumann)1973年发表《回到强大的大众媒介观念》(Return to the Concept of Powerful Mass Media)一文,认为大众媒介对舆论的确有很大的影响效果,但是这些效果由于研究上的限制,在过去一直被低估而未被测量出来。她主张我们对大众传播效果的研究需要在实验室之外多做长期研究。1974年她发表的一篇论文第一次提到"沉默的螺旋"概念。1980年,以德文出版的《沉默的螺旋:舆论——我们社会的皮肤》一书对这个理论进行了全面的概括。

这一理论包含两个方面。第一个是关于个人意见的表达所体现的社会心理过程方面。她最早注意到社会生活中所谓的沉默的螺旋的现象是在1965年,这一年联邦德国进行议会选举,竞选双方支持率一直处于不相上下的胶着状态,但在最后投票时发生了选民的"雪崩现象":一方以压倒优势战胜了另一方。纽曼发现尽管双方的支持率未变,但对获胜者的估计却发生了明显倾斜,即认为一方会获胜的人不断增多,到投票前日便成了压倒多数。纽曼认为,正是这种"意见气候"(opinion climate)所带来的压力最终改变了许多人的投票对象。此后,她对此进行了多次实证研究。她

---

① 郭镇之:《关于大众传播媒介的议程设置功能》,载《国际新闻界》,1997(3)。

提出人作为一种社会动物总是力图从周围环境中寻求支持,避免陷入孤立(avoid isolation)。当他发现自己属于优势意见,便倾向于积极大胆地表达自己的观念;当他发现自己处于劣势意见,一般人就会转向沉默和附和;进而,形成了一方越来越大声疾呼,而另一方越来越沉默下去的螺旋式过程。纽曼认为,任何多数意见、舆论乃至流行或时尚的形成,其背后都存在着沉默的螺旋机制。

  这一理论的第二个方面是大众媒介的影响力方面。她对大众传播进行了大量的研究,提出大众传播具有累积性(同类信息的传达活动在时间上具有持续性和重复性)、普遍性(媒介信息的抵达范围具有空前的广泛性)和一致性(不同的媒介比如报纸、电视台等常常有雷同的新闻报道,而且其发表的论点也雷同)等特点,因此,大众媒介影响了受众的态度。研究显示:大部分人以大众媒介所表达的方式来看待问题,也即大众媒介有很强的力量去塑造一种强势的意见气候;大众媒介扮演政治话题设定者的角色,不断创建共识和多数意见,使人无法逃离这样的意见气候。

  沉默的螺旋理论综合了传统的舆论研究理论与大众传播研究,重新发现媒介有很强的效果。尤其是,大众媒介在大力鼓吹之余,使大众产生"最后一分钟跟进"(the last minute swing)效应,因此大众媒介,尤其是电视,对于塑造优势意见有很大力量。

  这一理论的最大积极意义就在于明确提出了大众媒介舆论影响力这一肯定命题,使舆论研究得以在全新的社会传播条件下得以深化。也有学者认为这个理论也有两点很明显的缺点:即过分强调人会避免孤立而没有考虑到个人差异;参照群体的重要性也被忽略了。

三、知识沟(knowledge gap)假设

  大众传播效果研究中,"知识沟"(knowledge gap)假设很有名。从20世纪60年代开始,在美国要求实现教育机会平等的社

会呼声不断高涨,其背景之一是学校中贫富儿童在学习能力和学习成绩上的差距引起了社会的广泛注目。在当时强大的社会压力下,美国政府推出了一个补充教育计划,试图通过大众传播和其他手段来改善贫困儿童的受教育条件,其中一个重要项目是制作了一部名叫《芝麻街》的儿童启蒙教育电视系列片。利用普及率已经很高的电视媒介来缓解贫富儿童受教育机会的不平等,是制作这部系列片的重要意图。虽然后来的研究表明,以缓解受教育条件不平等为目的的这部系列片的实际结果却是扩大了两者之间的差距,但这一事件却说明了当时美国社会对大众传播改变社会知识占有状况能力的高度关注。

美国学者蒂奇纳(P. Tichenor)等人1970年在《大众传播与知识的不同增长》(Mass Communication and Differential Growth in Knowledge)一文中最早提出这一假设。他们认为,流入社会系统的大众媒介传播的信息一旦增加,那些受过较好教育、具有较高社会经济地位的人们,将比受教育较少、社会经济地位较低的人们能更好地吸收信息,这样,信息增长导致了知识沟的扩大而不是缩小。

与上述假说相似,1974年卡茨曼(N. Katzman)就着眼于新传播技术的发展,提出了他的"信息沟"(information gap)理论,其主要观点包括:新传播技术的采用将带来整个社会的信息流通量和信息接触量的增大,这对每一个社会成员来说都是如此;新技术的采用所带来的利益并非对所有社会成员都是均等的;与人的能力相比,电脑等机器的信息处理能力要强大得多,既有的信息富裕阶层通过早期采用和熟练使用这些先进机器,能够比其他人更拥有信息优势;新媒介技术层出不穷,更新换代周期越来越短,其趋势更可能是"老沟"未能填平,而"新沟"又不断出现。

1975年蒂奇纳等人又为知识沟假说增加了社会系统的变量。他们认为被报道事件的本质、社会系统中该事件引发的冲突程度、

第八章 大众传播分析(二)

社区的结构和多元程度以及大众媒介报道的频率及重复的程度,都相互作用,影响知识沟的大小。在变量研究的发展中,还有学者提出自我兴趣(self-interest)和社会兴趣(social-interest)以及动机对知识沟的影响。

1976年罗杰斯进一步指出,信息的增长不仅导致知识沟的扩大,而且还导致人们在行为态度上的变化,他称之为"传播效果沟"(communication effect gap)。这是对蒂奇纳知识沟假设的一个重要发展。这一理论提出了这样的问题:大众传播不仅改变了社会的知识分布,也使不同的人们的行为态度的差异加大,因此使大众传播受众影响力的分析从认知层面深入到行为层面。罗杰斯还指出,大众传播并不是产生这些沟的唯一原因,人际传播也可能起类似的作用。

1976年瑞典研究小组提出的"传播潜力"概念与"知识沟"假设有紧密联系。他们认为,不同群体的传播潜力的大小,对其社会目标和价值观实现有直接影响。(参见本章第一节)这也是对"知识沟"假设中"不同状况的个人"所作的更深入的理论说明。

与"知识沟"假说观点相反,艾蒂玛和克莱因(James Ettema & Gerald Kline)于1977年提出"上限效果"(ceiling effect)假说。他们认为,当有关某一谈论中的问题的潜在信息受到限制时,这种上升限度可能达到。那些有很大信息吸收能力的人们经过一些时间以后,从有关某一主题的信息流中就不能收集到更多的东西,这一事实使特权较少的那些人能够赶上。这一假说向我们提出了大众传播在重新分配知识占有状况潜力方面的复杂性。但从知识深度可以不断发展以及知识普遍联系的观点看,这种上限效果又是有限的。与这一假说有关联,麦奎尔还指出,电视造成知识沟的力量要小于报刊。

在全球信息化的时代,知识沟理论具有强烈的现实意义,对于包括中国在内的第三世界国家尤其如此。就我国来说,大众媒介等技术设备在 20 年内得到了巨大的发展,但在人均受教育程度、设备的人均占有水平、节目制作能力、大众传播与人际传播在知识普及中的配合等方面,仍与发达国家有巨大差距。同时,在我国的不同地区间,也存在发展失衡。因此,为了真正发展大众传播的潜能,我们应加强对相关问题的研究。

四、培养论(cultivation analysis)

美国的 20 世纪 60 年代是一个充满不安的暴力年代。当时,具有相当渗透性与普遍性的新媒介——电视的内容充满了暴力。因此,有许多学者把电视上大量的暴力内容与真实世界中逐渐增加的暴力联系起来,企图找出暴力电视节目对于观众的影响。就是在这种背景下,格伯纳(J. Gerbner)接受"国家暴力产生原因及防范委员会"(the National Commission on the Causes and Prevention of Violence)的委托,自 1967 年起对电视内容及其影响进行了十多年的研究,发展出他的"培养论"。

有学者认为,这一理论也渊源于李普曼的"拟态环境"思想。他们提出,培养分析即在探讨"客观现实"、"主观现实"与"媒介现实"(也称"符号现实"、"象征性现实"、"大众媒介内容"或"文化内容"等)的互动过程,尤其是"媒介现实"在其中所扮演的角色。实际上,早在 1966 年伯格和陆克曼(Perter Berger & Thomas Luckmann)就集中探讨了三者的关系,确认了大众媒介所建构的社会现实对受众成员的主观现实的影响,这一理论因而被称为"社会现实建构理论"。

格伯纳研究的基本结论是:虽然在绝大多数情况下可以否定大众媒介促成或扩大了暴力事件这种带普遍性的看法,但是可以肯定的是,电视节目是引起暴力行为的多种相互作用的社会因素之一。一个人经常在电视上看到暴力行为,会使他误认为现实世界也是充满暴力的,这种看法虽未必激发他去进行暴力活动,但会使他对周围的暴力行为持更加容忍的态度。

格伯纳从社会、文化、个人与传播间的关系,来探讨"培养论"与"社会现实建构理论"的相互关系,得出的结论是:1.电视不断"培养"的社会现实包括什么是存在的、什么是重要的、何者与何者有关以及什么是对的,一个社会透过这种方式来解释世界,并依据社会的功能与传统使行动合法化;2.文化的讯息系统不断地进行选择、解释、及塑造个人与团体的形象,因此不仅是在告知,而且塑造共同的主观现实,它虽然提供的是有限的情况讯息,但却是一种替代性的全面图像;3.大众传播所产生的作用是培养、保存、支持与维系媒介现实,欲探知大众传播的效果,应该探讨大众媒介大量制造的讯息系统与文化所培养的主观现实之间的关系。

格伯纳等人的研究可分为两部分:一是讯息系统分析(message system analysis);一是培养分析(cultivation analysis)。前者采用内容分析法,分析符号世界(即"媒介现实"或"媒介内容")的结构与组成,以暴力指数(violence indicators)测量涉及暴力的内容之多寡、比率与特性,制成"暴力素描",以了解电视节目的暴力成分;后者探讨电视对社会事实、规范与价值的认识的影响,观察受众是否因观看电视节目而产生对现实社会的恐惧。也即,分析出媒介讯息体系的内容后,再研究此结构如何影响人们对事物的定义、诠释与观点,以寻求讯息体系与人们价值观的关联。

格伯纳等人认为,电视在美国社会是一种主要的和普及的大众媒介,它以"报道事实"和"提供娱乐"等形式,大量传递同样的讯息,主宰了现代生活的符号环境,成为一种新文化。他们第一个基本假设是用收视时间来表示电视影响思想与行为方式的重要指标,收视时间愈长受电视之影响愈深;第二个基本假设是认为受众并非依据节目的性质作为选择的标准,而是无选择地收视电视,因此极受电视的影响;第三个基本假设是认为电视的影响是一种一致与持续的过程,它以不同的方式整合受众成员的主观现实。

他们的调查表明：在美国的电视节目中,男女角色的比例是三比一。电视剧有一半表现暴力,男人中有 2/3,女人则有 1/2 涉及暴力,女人比男人更易成为暴力的牺牲者。就年龄分布来看,电视夸大中间年龄,男性集中在 35 至 45 岁,女人年龄多集中在 20 至 24 岁,老年人(尤其是女性老年人)较易被描述成滑稽、愚昧。就社会成员构成看,占社会总人口实际比例 1% 的律师、法官和警察在电视剧中的比例为 20%。

通过对不同大众媒介的比较以及对电视传播特性的研究,格伯纳等人得出结论认为电视的"培养"能力是最强的。

培养论与议程设置假说一样,其重点是从认知的角度看大众媒介如何建构社会事实及其解释,进而塑造受众的观念。培养效果研究的主要贡献是再次从长期间接的角度确认了大众传播的影响力。

培养论从美国起源,影响甚广,世界许多国家都有研究。研究的题目也从最初的暴力行为扩展到家庭、职业、宗教、种族、政治以及第三世界国家形象等各个方面。

五、依赖模式(dependency model)

1974 年,美国社会学家鲍尔—洛基奇(Sandra Ball-Rokeach)首次提出"依赖模式"概念,提出这一理论的主要假设和观点。1976 年她和德弗勒合作发表《大众传播媒介效果的依赖模式》一文,将这一假设作为媒介效果理论提出。1986 年她在《媒介、受众与社会结构》一书中进一步阐述这一理论。1989 年,在德弗勒和她合著的《大众传播学诸论》一书中,这一理论再次得到拓展。①

在大众传播研究中,理论范式的引入大多来自于心理学、社会学或社会心理学。如心理学中的心理场理论、个人差异理论,社会

---

① 见张咏华:《一种独辟蹊径的大众传播效果理论》,载《新闻大学》,1997 年春季号。

学中的社会化理论、社会关系理论,社会心理学中的态度理论、认知不和谐论等。但依赖模式却是借助于生态学的基本概念提出的理论。

从生态学角度看待大众传播问题,有其理论的源点,主要是一种概念、理论的借用关系。所形成的理论又被称为"媒介系统依赖论"。

所谓生态学是研究生物之间及生物与非生物之间关系的学科。生态学长期不为公众所知,但自20世纪60年代起受到广泛注意,被视为生物学中的重大学科之一。这是因为人们认识到,当今人类面对的重大问题如人口暴长、食物短缺和环境污染等均为生态学问题。同时,现代生态学的中心概念是生态系统,而系统概念的基础有二:1.整体观点,即认为生物及其环境互相作用,形成一个整体;2.层次学说,即认为在物质组合的每一个层次都出现一些新的特性,为其下级成份单独存在时所不具备。

德弗勒等人以生态学的观点来研究大众传播效果问题,其基本概念和理论描述大致如下:它的中心概念是"依赖"。也就是说这种理论认为,在现代社会中,媒介系统、其他社会系统和个人之间存在一种相互依赖关系。所谓的依赖,牵涉到"目标"和"资源"两个概念。也就是说,生活于一个社会的部分意义就在于,个人或社会系统为了达到自身目标(个体的或集体的),必须依赖于其他个人或社会系统控制的资源,反之亦然。媒介系统所掌握的资源就是收集、创造、处理和传播信息的能力。

德弗勒等人以政治系统和媒介系统的关系为例来说明二者的相互依赖关系(他们所说的是美国的情况):政治系统要依赖于媒介系统来获得合法性,而媒介系统依赖政治系统恰当的立法、管理、税收及贸易政策。媒介系统与政治之外的社会系统(如经济的、宗教的、家庭的、教育的、军事的、娱乐的、法律的)都存在这种相互依赖关系。

从社会的结构功能论的角度来讲,这种理论认为大众媒介系统是现代复杂社会的一个必要组成部分,它在社会中必须与其他各种社会系统相互依赖,形成社会共同利益,确定社会的安定。与此相反,冲突论则强调相互依赖是各系统间产生紧张和压力的结果。

从较为微观的角度来说,德弗勒等人认为依赖模式作为效果理论的优势在于还可描述个人与大众媒介之间的具体关系。个人亦有奋斗目标,他们实现自己的目标需要得到媒介控制的资源。个人之所以依赖大众媒介,取决于三种需要,即理解、定向和娱乐。理解需要分为自我理解需要和社会理解需要,前者指利用媒介信息来增加个人对自己的信念、行为和个性的解释,后者指利用媒介信息来增加对历史、文化和事件的解释。定向需要分为行动定向需要和交往定向需要,前者指通过媒介来获得对自己具体行为如购衣、保持身段等的指导,后者指通过媒介吸取信息来处理人际关系。娱乐需要分为独自娱乐需要和社会娱乐需要。

综观上述五种关于大众传播间接长期效果的理论(包括其初始理论及其发展),我们认为它们表现出了两个较为突出的统一特点:一是,除依赖模式外,这些理论大都建立在较为充分的定量研究所提供的实证材料的基础上;二是,虽然这些理论都强调大众传播的强大效果,但它们都仍然为引入更多的变量以探讨更加复杂的社会影响因素提供了空间。

第九章　网络传播若干问题

网络传播20世纪90年代中期以后才在美国进入民间社会。其后它飞速发展,成为影响巨大的一种传播方式。就我国的情况来说,在应用上和西方发达国家几乎同步,这是自现代传播媒介诞生以来从未有过的。

因特网(Internet)是目前世界上最大的、全球性的和开放的计算机网络。它通过专门的通信界面和规程,将不同类型的计算机、不同国家和地区一系列的局域网、校园网以及其他各种类型的网络组成庞大的计算机网络体系,因此为全球化的各类传播活动提供了统一的技术平台,而且,其中储存大量信息,供世界各地的网络用户查询和使用。我们将以因特网为媒介进行的各类传播统称为网络传播。

因特网作为传播媒介,具备了对信息传播的各种强大支持功能,包括电子邮件、网络新闻组、万维网浏览、网络论坛、网络聊天等。相对于原有的传播媒介,它有时被称为一种"新媒介"(new media);由于其具有数字化传播的特点,它被称为"数字媒介"(digital media);因其诞生在报刊、广播、电视这三种大众传播媒体之后,又称作"第四媒介"。但显然,网络媒介的最大特点是它可以同时支持大众传播、组织传播、人际传播等各种传播,并且具有极其巨大的信息保存和检索能力。

因特网不仅可以充当大众传播、组织传播、人际传播的媒介,而且在军事、教育、金融、商务、医疗、科研、文化等各个领域,它都能成为强大的传播工具。实际上,更准确的说,因特网是以技术手段来实现很多功能的一个平台。

因特网作为一种新兴的传播媒介,技术上具有高度的复杂性。网络传播依赖于这种全新媒介,形成众多类型,具有独特性、复杂性。同时,由于网络传播的技术基础处于不断变化发展中,网络传播也处于不断变化发展中。本章即试图对目前网络传播的若干问题作初步探讨。

第一节 网络传播的性质和特征

网络传播的性质甚为复杂。我们可以从其技术基础、所支持的传播活动的特点、为传播参与者提供的极大便利等各方面来对之进行探讨。其中最突出的我们认为表现在如下方面:

1. 全球性。这是网络传播最引人注目的性质。也即,就因特网支持的传播可以达到的范围而言,网络传播具有一种全球性。这种全球性表明网络传播具有一种开放性的特征。在技术的层面上,因特网不存在中央控制的问题,也即不可能存在某一个国家或者某一个利益集团通过某种技术手段来完全控制它。

正如我国学者刘建明指出的,网络传播是真正的全球性媒介。

网络媒介很难用各国的社会结构等因素来分割它的传播领域,世界上各个部分将联成一体,这引出全球化的问题。①

这种网络传播的全球性和经济的全球化过程互相作用,并且在新闻、文化等传播领域愈来愈明晰的体现出来。(参见本章第三节)

应该指出,支持全球范围传播的技术工具并非自网络媒介始。报纸、电话、广播和电视都可以在不同的效率水平上做到这一点。通讯卫星的介入更是在很大的效能上帮助实现了这一点,奥运会的实况转播提供了生动的例子。只是网络传播的这一特点又是和它其他特点结合在一起的,这就使它具有了全新的传播能力。

2. 数字化技术特性。网络媒介是真正基于数字化技术的媒介。在网络传播中,无论是文字、图像、声音,归根到底都是通过"0"和"1"这两个数字信号的不同组合来储存、传递和表达的。这使得信息第一次在性质上获得了同一的技术基础。数字化革命的最大意义在于信息的便于复制、传送和储存,网络传播的许多优势如容易保存、容易检索以及信息量巨大,在一定程度上都建立在数字化技术基础之上。

由于数字化技术的不断发展,网络传播所牵涉到的符号系统已经从文字扩展到图像和声音等。这一状况往往被称为网络传播的"多媒体"特性。实际上,在网络传播之前,电视已经实现了文字符号、图像符号和声音符号的联合运用。一方面,固然电视技术的符号复制不是建立在数字技术的基础之上,但另一方面,数字化视频和音频技术在效果上目前还没有全面达到传统电视的水平。美国新闻工作者兼学者马科夫(John Markoff)谈到:"就技术支持而言,网上视频广播还不能与传统电视竞争……电脑与宽带连接,可以接收视频广播,但是图像很小,有人戏称网络视频广播为'跳舞

---

① 见《网络新闻传播教育与人才培养研讨会在我院召开》,载《现代传播》,2000(1)。

的小狗',信号不稳定……不过,美国的网上音频广播已经达到传统调频广播的水平,200兆带宽就可以接收。"① 这说明,看待数字化技术仍然要着眼于它实际产生的传播效能,只有这种实际效能才体现出数字化革命直接的传播学意义。

从传播学的意义上说,对同种符号的复制是建立在化学感光的,或是电子脉冲的,或是所谓"数字化语言"(digital language)的基础上,对符号特性的影响在大多数情况下并无实质性的差异。菲德勒认为"数字化语言"是相对于口语语言和书写语言的新型语言②,实为一种不严谨的提法,因为口语语言、书写语言和"数字化语言"是不同层面的概念。但是,由于数字化技术造成的网络传播(我们也可以设想这种技术也将最终融汇于其他领域的传播技术)的新特性(可以预计它们还将不断变化发展),却是我们应该加以密切关注的。

3. 双向性。从本书第三章第二节的论述可以看出,双向性是人际传播等传播活动的一个最突出的性质。由于大众传播的出现,传播的这一基本性质以一种更复杂的形态呈现出来。但网络传播工具显然重新支持了更大程度上的双向传播。

有人认为网络传播具有"交互性",实际上这只是双向性的另一种说法。大家强调这一点,也正是因为大众传播工具削弱了传播的双向性,使现代传播活动表现为与传统传播活动颇为不同的状态,但现在网络传播似乎又有使我们回到传统的和"自然的"的传播状况的迹象。

同时,这种双向性既非建立在人际传播一对一的基础上,又非建立在大众传播一对多的基础上,而是建立在开放的、多对多的基

---

① 见《网络时代的对话与交流——新媒体技术2000年报告会内容纪要》,载《国际新闻界》,2000(5)。
② 菲德勒:《媒介形态变化:认识新媒介》,第20~21页,华夏出版社,2000。

础上。对此,大家提到的相关的概念是"多元性"。① 所谓多元性是指传播的参与主体极大的扩展了,也可以说网络传播是对所有的组织和个人开放的。这种转变固然是实质性的,但如果我们将大众传播的受传者不看成完全被动的(正如许多大众传播研究所揭示的),那么我们怎么又能说大众传播的参与者不是"多元"的呢?因此,从传播学的意义上来讲,网络传播的一个突出特点应是它具有更大的双向性传播的特点,而且它又是完全不同于人际传播那样是在自然条件下发生的。

同时也应看到,网络传播造成的均衡双向性传播的潜力也是有限度的。因为实际的限制是,人们关注的面愈广,则关注的专注性也愈弱,二者呈反比关系。对此,美国技术专家、学者杜布诺(Daniel Dubno)谈到:"新闻个人化并不意味着人们不再需要权威媒体。这一点在灾难发生的时候体现非常明显,人们立刻不约而同关注同一个地方。"② 因此,谈网络传播的双向性不能离开人的传播需要来悬空的谈。

网络传播的参与主体还可以轻易使自己处于非常不寻常的地位,如在所谓"隐身"状态进行双向传播。这使因特网中进行的双向传播可以呈现一种特殊的面貌。

网络传播呈现的特征是值得我们探讨的另一个重要问题。我们初步的探讨认为,这种特征表现在如下三个方面:

1.网络技术平台对各种传播的支持。网络工具实际上可以支持我们在第六章探讨的各种语境下的传播活动。要正确认识网络传播,就应对此有全面的认识。

网络媒介对大众传播的支持可使自身成为大众媒介。其中,

---

① 见《网络新闻传播教育与人才培养研讨会在我院召开》,载《现代传播》,2000(1)。
② 见《网络时代的对话与交流——新媒体技术 2000 年报告会内容纪要》,载《国际新闻界》,2000(5)。

它对新闻及广告传播的支持显得十分重要。仅就我国的情况来说,目前网络新闻媒介已经形成多种模式,蔚成规模。

对此的理论探讨还只是刚刚起步。总的来说,对网络新闻传播关注相对较多,而对其他传播内容的关注较少。实际上,网络传播参与者对大量的、各种形式的网上资料储存的检索,也构成了大众传播的一种新形式。

网络媒介对组织传播的支持是其应用的最重要方面之一。这集中表现在工商企业的管理信息系统中。所谓电子商务虽然在新闻传播研究领域很少触及,但它却是网络媒介实践变革的最重要领域之一。从网络传播的经营层面来说,这一领域也构成了对网络传播发展的重要支持。

网络媒介还支持了传统的人际的传播活动。电子邮件、网络聊天等传播工具使非亲身接触的人际传播更加便捷、费用更加低廉。由于支持"隐身"传播的性质,网络媒介也使人际传播的类型增加。许多学者对此已经有了初步的理论探讨。

换一个角度,因特网也是跨文化传播最大的支持工具。这是与网络传播的全球性特点紧密联系在一起的。造成这一状况的根本原因在于,网络传播的参与者基本上摆脱了政府的管制,而且处于各国同步的状况。

2.网络传播牵涉信息的海量化。由于网络传播对所有传播者的开放性,又由于计算机数字化技术导致的复制、传递、储存技术造成因特网储存和发布信息容量的巨大,有人用"海量"来比喻网络传播的信息。

有学者指出,信息社会的基本要素不是原子,而是比特。比特与原子遵循完全不同的法则。比特没有重量,易于复制,可以以极快的速度传播。原子只能由有限的人使用,使用的人越多其价值越低;比特可以由无限的人使用,使用的人越多价值越高。

对网络传播参与者来说,他们可以在浩如烟海的信息中快速检索所需要的讯息,并将之储存到自己的计算机终端中。

这也造成网络传播文本结构上的变化。有人将之称为"超文本结构",也即指在网络传播中传播参与者在接触某一文本时,可以就该文本牵涉到的事件、背景材料、概念、图片等进行纵深检索,同时又可以迅速切换到其他相关文本。

目前与网络传播信息海量化关系最密切的技术发展领域是传输速度的提高。这取决于传输的"带宽"。所谓"宽带网"现在已经大大提高了它的普及范围。

3. 所谓网络传播之"永恒的变化"。主要由于网络传播的技术基础的迅速变化,网络传播本身也处于不断的变化之中。马科夫因此将网络传播的最大特征描述为"永恒的变化"。他谈到,计算机的运行速度在过去的 20 年中提高了数百万倍,在今后的 20 年里,也会再提高数百万倍。计算机技术以加速度发展,这与其他传统工业有所不同。同时,计算机的发展经历了从昂贵到廉价的过程,甚至计算机的价格与计算机的复杂程度成正比的情形将来也将反向发展,也即配置最好、最复杂的计算机成为最便宜的计算机。因此,这种技术发展历程必将给人类社会的传播格局带来巨大影响。

马科夫举了最近的几个技术发展的例子:1. 计算机目前使用的 hml 语言将被 xml 语言代替,xml 语言能使任何两个计算机的直接连接成为可能;2. 1995 年,IBM 向全美推出了一种语音识别系统,当时只能识别五个字,但仅此一项每年就节约二亿美元;3. 第三代无线计算机(3g wireless computer)诞生于美国,很快将普及全球。因此他认为,"最便宜的计算机将是最快的,每个人都可能拥有最快的计算机"将成为趋势。①

美国技术专家鲍威尔(Adam Power)则谈到:卫星图像与计算

---

① 见《网络时代的对话与交流——新媒体技术 2000 年报告会内容纪要》,载《国际新闻界》,2000(5)。

机技术使记者不用亲临现场也能做图片报道;已经出现可以同时展开网球场两边或者赛车场整个跑道的 360 度全角摄像。①

正因为如此,对网络传播的分析不得不带有许多前瞻的成份,但这种前瞻由于技术发展的速度和方向的变化又往往是不准确的。马科夫谈到:"在未来的二、三年中,互联网技术还会有大发展。美国流行这样的说法:'企业家都是优秀的预言家。'但他们的预见经常是错误的,比如,比尔·盖茨是广受尊敬的企业家,但他在 1995 年出版的《未来之路》一书中却没有提到互联网。"② 因此,密切关注网络技术的发展,应是了解网络传播特征变化的重要视角。

第二节　网络传播的语境

被称为传播学奠基人的施拉姆认为:当传播媒介处在早期阶段时,首要的问题是如何将消息传播得更快些、更远些,换言之,发展大众传播技术主要是为了帮助传播者,其次才考虑受传者。而在现在和未来,由于传播技术的发展,将出现主要考虑受传者的趋势,因为在信息时代里,各种信息势如潮涌、浩如烟海,关注受传者就成了首要的问题。③ 实际上对网络传播更是如此。我们不应忘记从网络传播实际参与者的角度来探讨网络传播。而从这一角度来探讨网络传播,我们就不能不关注网络传播实际参与者所处的复杂语境。

前节已经谈到,因特网是一种高度复杂的媒介,网络传播则是一种高度复杂的传播现象。就传播参与者所处的语境(context)来

---

①② 见《网络时代的对话与交流——新媒体技术 2000 年报告会内容纪要》,载《国际新闻界》,2000(5)。
③ 见中国社科院新闻研究所世界新闻研究室编:《传播学(简介)》,第 123 页,人民日报出版社,1983。

说,也处于一种复杂状况。对之作出更全面、明晰的分析,有助于加深我们对网络传播的认识。

我们在第六章对几种重要的语境理论做了简要介绍。本节我们即试从语境探索的几个重要角度来分析网络传播的语境问题。

在前面我们已经谈到,爱德华·霍尔从文化范畴分析传播语境,并对之作了高屋建瓴的分析。(见第六章第六节)我们认为,这对网络传播的语境分析来说,是一个很好的视角。

与此相联系,传播发生的实际环境同时又是具体的。如传播可以是发生在家庭中的,也可能是发生在所谓"饭局"上,或者是发生在法庭里。不同环境,对理解传播内容产生不同影响。大到我们居住的城镇、社区,小到我们的住宅、用品,都属这种环境。再大而论之,爱德华·霍尔认为,大自然本身也是这种具体环境的延伸。[①] 其中,很显然,传播媒介既是传播活动所借助的工具,也构成了传播发生的实际环境的一个重要组成部分。

这些环境本身,会影响到发生于其中的传播,影响到受传者对传播内容的理解。进一步讲,环境所发挥的影响,又是针对环境的社会阐释与其中特定个人的阐释互动的结果。联系到本文论题,特别要加以强调的就是,媒介本身也构成了传播语境的重要方面。麦克卢汉的"媒介即讯息"正是在这个意义上说的。如果说,广播、电视的出现在 20 世纪 40 至 60 年代已经引起了英尼斯、麦克卢汉等人的无限感慨,那么以因特网为代表的新兴媒介的出现就更需我们深入分析媒介自身的语境意义。

语境又体现为将传播者双方的既往"关系"作为交往前提。一对已经结婚 35 年的夫妇,或是一对一起长大的孪生双胞胎兄弟,与在火车上邂逅的两个素不相识的人,或是两位在法庭上的律师,双方传播关系的特点是极不相同的。

---

① 爱德华·霍尔:《语境与意义》,载莫滕森编选:《跨文化传播学:东方的视角》,第 42 页,中国社会科学出版社,1999。

在前一种情况中,这种密切关系可能是长期形成的,也可能是短期的共同特定经历形成的。巴赫金举了这样一段俄国寓言作为例子:

> 两个人坐在房间里,沉默无语。后来一个人说:"这样!"另一个人没有应声。

巴赫金指出,我们局外人完全无法理解这整个"谈话"。但实际情况是:在谈话进行的时候,两位谈话者抬头看窗外,看到又下雪了;俩人知道已是五月,正是春天降临的日子;最后,是两人厌倦了漫长的冬天,却因迟至的落雪而痛苦失望。因此这段谈话直接依赖双方共同的所见、所知和所盼。① 这是一个能说明对传播内容的理解取决于传播参与者共同经历的好例子。在网络传播中,参与者关系状况复杂,这是我们要加以关注的重要方面。

因此,对网络传播的语境分析,可以在文化、环境和传播参与者关系这三个方面展开。对于不同文化背景的人们在接受网络传播内容时效果与感受差异的研究仍然十分罕见。法国著名辞典学家及文化学者莱伊(Alain Rey)认为"传媒制度"还不能称为是真正体现了"人类普遍性"的东西,因为对于它是否能够有益于所有文化、是否能够融入各种文化之中而不损害整体还有待验证。② 对于我们中华民族来说,由于我们拥有源远流长、博大精深的最丰富文明,并有着强大的文化更新能力,因此对我们批判、改造、吸收异域文明能力不应做任何低估。但我们仍然应对某种无条件的"媒介乐观主义"保持警惕。这种媒介乐观主义不是从效果论的角度提出绝对肯定的答案,而是将媒介接触当作生活方式的优先方面,并认为这无条件代表了进步。联系到我们讨论的问题,网络传

---

① 见巴赫金:《生活话语与艺术话语》,转引自克拉克、霍奎斯特:《米哈伊尔·巴赫金》,第249~250页,中国人民大学出版社,1992。
② 莱伊:《从文化的多样性到人类的普遍性》,载乐黛云、比松编:《独角兽与龙——在寻找中西文化普遍性中的误读》,第43页,北京大学出版社,1995。

第九章 网络传播若干问题

播参与者心理上经历的文化冲突应是我们研究的重要课题。

如对网络传播中的色情内容问题。在我国对此持强烈批评态度的人有很多。美国学者华莱士(Patricia Wallace,1999)在承认"惊心动魄的网上色情"的前提下谈了3点意见:1.对于儿童应努力使之避免接触网上色情内容;2.网上色情内容以非人道的方式对妇女进行的描述过多过滥;3.司空见惯之后,人们对那些东西的热情和兴趣就会荡然无存。① 两种观点虽然主要反映了知识背景的差异,但文化背景在此产生的影响也是完全有可能存在的。而且,中国人参与网络传播时所体验的文化冲突可能并不仅仅局限于这一个方面,而是牵涉到中国人对人际关系、人与自然关系理解的许多方面。当然,很显然,随着社会转型的逐步展开,中国文化中个人阐释的差异因素也逐渐加大,这是我们讨论网络传播语境文化侧面时要注意的又一变量。

从网络传播的现实环境来说,因特网为传播活动提供的实有环境理所当然构成其语境的一部分。华莱士将之分为"万维网"、"非同步论坛"、"公告牌"、"同步聊天室"、"多用户游戏"、"元世界"和"互动的影像和声音"7种形式。②我们对她的具体划分可能持某些异议,但因特网为复杂的交往形态提供了技术支持却是毋庸置疑的。

网络传播终端设备所处的外在环境,如拥挤、嘈杂、"乌合之众"云集、经营合法性受到质疑的网吧,家中属于自己而非属于所有家庭成员的一角,工作环境中"悄悄"进行的网上私人传播,以及被称为"吞噬时间"的闲暇的大幅度重新分配,等等,也同时与前述内容混合加入到语境构成之中。

---

① 华莱士:《互联网心理学》,第 175~188 页,中国轻工出版社,2001。
② 同上,第 5~9 页。对"元世界"作者写道:"先进的图示效果更加逼真,本人把图式世界称为第六个环境,即元世界,这种说法可能不能得到一致同意。网络上生动、富有想象的图示效果,吸引了越来越多的参加者加入进来……而自己的化身也出现在电影里。"

与上述状况紧密相关,由于因特网是一种高密度科技凝聚的、处理讯息能力得到极大加强的新兴传播媒介,网络传播又是具体存在于特定"社会—经济"环境中,因此对这种媒介的使用就加上了使用本身所赋予的附着于传播内容意义之上的意义。这种意义可能形成"一般社会共识",并以积极或消极的评价形式出现。积极评价的方面如:"信息革命"代表社会前进方向,介入网络传播意味着能跟上时代潮流;介入网络传播为人们带来更多、更好的相互交往机会;因特网会帮助我们解决谋生、生活方面的问题;家庭介入因特网是富裕、快乐的象征;等等。消极的评价则有:介入网络传播只是一种赶时髦;"网吧"是不文明的场所;家庭具备上网条件对孩子成长不利;网络传播太难,自己的年龄相对来说太大了;因特网方面的事很神秘,很难理解;设备需要更新的时间间隔太短,难以追赶;等等。

这种理解方面的社会因素通过大众传播、人际传播对个体产生影响,并与个人阐释互动。互动中个人阐释的地位因人而异,结果形成个人对网络传播环境的理解,构成其网络传播语境的一部分。最终,它们又可能以所谓"世界信息化"、"全球化"为其更宏大的语境背景,从而形成一种在更大纵深维度上的语境。

网络传播语境构成的第三个方面因素是:由传播活动凝聚的主体间关系(intersubjective relations)格局具备了剧变的条件。20年前,两个相邻省会之间的通信,一年可能最多可达几十次来往。而在网络传播中,现在一天内就可能达到这个目标。但网络传播对人际传播最引人注目的影响还在于,它支持与隐匿角色(虚构了姓名、性别、身份、状况等自身信息中的一项、几项或所有项)建立传播关系。从技术角度讲,此类传播在网络传播出现之前也存在(如匿名信),但网络传播支持了隐匿角色传受双方接触可能的"无限"开放化,从而使之成为网络传播的主流形式之一。此时的传播关系和传统人际传播关系相比是最为"异质化"的。这就不是能用麦克卢汉所说的"媒介是人体的延伸"可以加以简单解释的了。因为此时在人体延伸之后，人体本身已经"消失"。美国学者扬(Kimberly Young)认为这体现了一种"没有真正相连的联系"。①就我们讨论的语境问题来说，在这种传播中，传播参与者没有任何对对方的既有了解作为语境内容。而讯息本身提供的东西也难以判定真伪。那么此时对网络传播介入本身的意义就必将凸显出来，以作为对内容解读意义的补充。

华莱士谈及这种隐匿角色传播的各种积极和消极表现。前者如"驾驭印象"、"人际吸引"、"利他助人"，等等；后者如"攻击"、"报复"、"欺骗"、"骚扰"，等等。但正如华莱士指出的，问题的实质还是在于在"匿名"中如何坚持"责任"。② 实际上，受众成员在大众传播中也处于"隐匿"状况，只是其传播者从未如此。也许正是因为受众的隐匿性，麦奎尔将"非人格性"视为大众传播的一大特点。我们是否能说因特网中隐匿角色传播更是具有一种"非人格性"？或者这体现了人格在一个特别方向的张扬？

更全面的讲，网络传播所体现的主体间关系的复杂特点在于复合性。它既可极大加强传统的机构与机构、机构与个人以及个人与个人之间的沟通效率，又能支持性质截然不同的隐匿角色传播。网络传播可以使参与者在不同的主体间关系中迅速切换，因此构成一个多种语境以拓扑学方式构成的语境集合。

综上所述，我们可知网络传播的高度复杂性。这种复杂性同时体现在语境的文化、"社会—经济"、环境、工具和主体间关系层面。它与世界变革有着根本性的内在联系。它吸引我们，使我们不适应，并在冲突中改变我们的生活方式。它既为我们提供了强

---

① 扬：《网虫综合征——网瘾的症状与康复策略》，第96页，上海译文出版社，2000。
② 华莱士：《互联网心理学》，第31～33、58～60、147～150、172～173、209～211、255～258页，中国轻工出版社，2001。

大的传播力量,又侵袭传统人际关系的基础。由于其积极面与消极面基于统一的技术支持,因此问题解决的难度增加了。可以说,在这样复杂的语境中,人们实在难以做到"畅所欲言"。

华莱士总结说:"遗憾的是,明智和技术上悟性的帮助微乎其微,因为即使是成年人也对互联网技术的日新月异感到不舒服。虽然我们明白有义务指导孩子远离互联网上的危险和麻烦,但很多人明显感到力不从心。"① 从上述分析,我们应能加深对这一结论的认识。而深入认识网络传播正是对之加以改造的基础。

第三节 网络传播提出的挑战

因特网作为一种全新传播工具,支持了各种形态的传播活动。网络传播在效能上,有许多大大不同于以前的各种传播的新的特点。从目前以及发展趋势来看,网络传播必将极大的改变人类社会的传播格局,并且成为社会结构本身巨大的影响力量。网络传播提出的挑战是多方面的,本节试就目前学术界讨论的主要方面作简要总结。

一、传播全球化的挑战

网络技术造成的最大挑战是它带来的传播全球化。网络传播的全球性并非意味着它是惠及全人类的每个成员的。法国著名传播学者马特拉(Armand Mattelart)指出:管理学家所主张的全球化社会中对世界人群的分类是清楚的,他们工作的目标是为 1/5 的人考虑,即只有 1/5 的人能参与全球化社会,另有 4/5 的人则被排除在外。② 这对世界各国特别是发展中国家的社会、政治发展前

---

① 华莱士:《互联网心理学》,第 263 页,中国轻工出版社,2001。
② 马特拉:《传播全球化思想的由来》,载《国际新闻界》,2000(4)。

途提出了严峻的挑战。

全球化是一个包含经济、文化、社会、政治和传播各方面内容的概念。其中,电视、电话、通讯卫星以及以计算机和光纤通讯为核心的网络技术代表了其传播方面的决定性技术力量。从全球化的各方面内容的关系来说,传播是起最重要作用的方面之一,而网络传播的全球化又代表了传播技术发展的最新方向。

马特拉首先从全球化的经济方面切入他的批评。他认为,全球化过程的推进使我们重新看见了一张新的世界不平等的地图。他谈到,对全球化的批评有两种观点:一种是认为它是技术隔离的全球化,是拥有技术和没有技术之间的竞争,有的国家有技术,而有的国家则没有;另一种则认为全球化经济是岛状经济,处于不平衡状态,即世界上存在若干个经济中心,但在经济中心之间的地带则是贫穷、荒芜、落后的状态。联合国1999年报告中提到全世界只有2%的人是网民。所有大力鼓吹信息高速公路、计算机网络世界的这些话语都没有认识到正是在这个过程中存在着不平等。

他认为全球化传播带来的一个严重后果,即造成一个新的世界无秩序的边界。他谈到,按照五角大楼战略家的分析,一些新的网络群体把因特网用作常规的政治、经济之外的目的,如黑手党、邪教、原教旨主义、毒品、拐卖儿童等。它们导致的无序网络、阴影网络,成为今天赛博空间(cyberspace,即计算机虚拟空间)的一部分。①

还有许多中外学者谈到网络传播全球化在目前呈现出来的具体负面效应。这当然首先表现为信息倾斜。对此人们多有论述。加拿大学者莼斯(Lorna Roth)引用的数字表明,1998年非洲人口为7.62亿,上网人数为114万,南美洲人口为5.07亿,上网人数为526万;而当年欧洲人口为7.98亿,上网人数为3855万,加拿

---

① 马特拉:《传播全球化思想的由来》,载《国际新闻界》,2000(4)。

大和美国人口为3.01亿,上网人数高达9063万。而在美国社会中,不同种族使用比率也有很大差异。她提出:"在广泛散布的对因特网夸大其辞的民主话语中……资料开始区分各种族群体。它意味着,对使用因特网的热情及过度的概括可能掩盖了美国及其他国家'有者'与'无者'之间分裂的细节。它指出了目前对因特网'无所不在'的认定在方法论上存在不协调——即使在因特网最深入地占领了市场的美国,也是如此。最后,它提醒我们停下来,重新思考方法论上的问题。"①

负面效应还表现为语言独霸。统计资料显示,网络传播中90%的信息都是英语。显然这一特点是和上一特点相联系的。而且也与网络工具首先是从美国在冷战时期的军事技术发展起来的这一历史有关。

对这些挑战的应对力量方面,马特拉谈到,全球化的网络传播有可能和地方文化互动,不断进行信息循环,不断生产新信息。发扬传播过程中传播者和受传者的对话性,也就是提高接收者的主体意识。发展既不代表国家逻辑,又不代表市场逻辑的第三种逻辑,进行社会重组,如发展"绿色和平"组织那样的非政府、非正式社会组织的力量,可以重新找到有别于全球化思维的选择和替代模式。②

我国学者程曼丽则以新闻史为借鉴,指出这些负面效应是新兴媒介发展初期的必然现象,随着时间的推移,不均衡状态会逐步改观。③

从我国现代化发展的角度来看待传播全球化问题,我们同样面临极大的挑战。新华社国际部主任王树柏等在谈到传播全球化对大众传播格局的影响时提出,对此采取一种简单的"关门"政策

---

① 莞斯:《对因特网"颜色"的反思》,载《新闻与传播研究》,2000(3)。
② 马特拉:《传播全球化思想的由来》,载《国际新闻界》,2000(4)。
③ 程曼丽:《关于网络传播负面效应的辨析》,载《国际新闻界》,2000(5)。

并不可取。他们分析道:"对日益增多的海量信息进行全面过滤是不现实的,有益的信息交流也将被堵塞,最终肯定会造成我国的发展速度相对放慢。其次是可能造成知识精英的边缘化。知识精英被边缘化后,势必站到体制外的立场上,成为体制外舆论的代言人。历次革命或大动乱都与知识精英被边缘化有关。因此,保持知识精英的中心化是维护社会稳定的重要战略。第三是通信技术的发展会加重政府的财政负担。宽带和无线网络通信技术的发展将使通过防火墙定点堵塞信息交流变得越来越困难。堵塞和反堵塞之间的高科技竞争会加大政府的开支。第四是变通办法会层出不穷。由于目前网络是一种被动传播,要堵的对象不是海外的要进来,而是国内上网的人要出去,变通办法自然会层出不穷,防不胜防,最终可能会迫使我们将门越关越小,回到闭关锁国的年代。第五是不利于国内媒体在竞争中发展。采取堵塞办法会使国内媒体落后于世界潮流。将来如果要把门打开,国内媒体将被迫以'红缨枪'去对付外国的'滑膛枪'。"①

综上所述,传播全球化不论从国际范围内看还是从我国的情况看,都对既有的传播及社会格局提出挑战。传播学研究应对此保持密切关注。

二、巨大的社会文化影响

德弗勒在分析媒介与社会的关系时说:美国社会越复杂,媒介社会作用的变化就越大。最重要的是人际口头传播有局限性。日益复杂的社会的组织上的要求越来越难以单靠人际传播来满足。经过一段时间,大众传播系统填补了空缺。大众传播变得越来越必要。换言之,媒介系统的信息资源变得越来越重要和珍贵。实际上,网络媒介也同样是社会需要的产物。因为正如德弗勒所说,

---

① 王树柏、司久岳:《信息传播全球化的挑战与对策》,载《国际新闻界》,2000(4)。

各种社会力量决定了哪些技术生存下去和怎样得到发展而进入媒介系统。同时,新的媒介一旦进入媒介系统,往往就会给社会带来巨大影响。

有许多学者对网络传播可能给人的社会行为方式以及价值观念造成的深远影响作了初步探讨。目前大家谈论最多的是网上传播的道德规范问题。对此我国学者刘大勇谈到:"互联网的离散性特征,不仅使受众相分离,也使新闻的传播者和制作者处于一种隐蔽状态。这种状态对新闻道德的教育、监督和新闻道德的评价都十分不利。作为一种无强制性的行为规范,互联网上的分散、隐蔽造成的绝对自由的空间,对新闻道德的建设和规范十分不利。"① 人们大都寄希望于最终采用法律手段来规范这一问题的解决方式。

我国学者辛旗提出网络传播对社会文化具有如下两方面的巨大影响:一是追求速率成为最鲜明的时代特征。他说:"在整个历史过程中人类始终在追求一种速度和效率(简称为速率)。在网络文明和未来的信息文明时代,主要速率表现形式是电脑以及网络。所有速度都依靠能源,计算机的能源是什么?我认为是人。所以对人才的竞争就是对网络社会最高速度的整体能源的竞争。美国所以维持高科技的飞速发展,在网络文明时代起先锋作用,相当程度上依赖于对人才的控制。"二是形成实际和虚拟双重社会存在。他谈到:"网络时代与以往各个时代不同的突出特征就是双重的社会存在论,即一个客观实在的社会和一个用计算机终端及网络连接成的虚拟社会。"如何面对一个领土意义上的社会存在和一个超领土、超实体的社会存在,如何建立网络时代的国际规则、主权观念和政治规则,如何应对传统社会与信息社会之间的关系以及管理方式方面的巨大变化,都是新时代要解决的问题。总之,传统社会向网络社会过渡中传统在被打破,有的观念被颠覆、有的已经破

---

① 刘大勇:《网络传播对我国新闻文化的冲击》,载《国际新闻界》,2000(2)。

第九章 网络传播若干问题

碎的被重新建构。另外,个人将更加自由地表达自己的主张,展现自己的价值,也可视为网络时代的一个特征。

他认为对网络传播的社会文化影响应进行深入的哲学思考。首要的问题就是如何看待客观世界和主观世界之间的关系。网络文明孕育了一个虚拟社区,一个人们的感官不可能直接触及的客观世界。它究竟是主观的还是客观的,是物质的还是非物质的?如果我们用传统的哲学观念去界定,是非常死板、生硬和形而上学的。[1]

许多学者认为,网络传播对社会文化目前具体的负面效应表现为传播的无序状态,而从经济层面来说所谓的"新经济"则实际上可能是一种泡沫经济。对此也有学者持相反观点。程曼丽指出,所谓无序状态由于传播参与者自律和市场调节作用的发展会逐步好转,而所谓的泡沫现象也实际上起到了优胜劣汰的作用。[2]

我们认为,网络传播中形态丰富的信息俯拾即是的状况,实际上可能进一步强化了信息作为商品存在、传播参与者作为消费者存在的观念,这为消费主义文化打下了强心剂。同时,从传统的传播学理论来看,媒介现实的空前强势和混杂的局面,也必将为受传者带来长期间接的复杂影响。这些都值得我们作更为深入细致的研究。

三、传统媒介面临竞争

网络传播的发展对传统媒介形成的冲击是世界性的。国外的调查表明,因特网的发展造成了受众从传统媒介向网络媒介的明显转移。在成为因特网用户后,64%的人看电视的时间减少了,48%的人阅读报刊的时间减少了。自因特网出现以来,美国的电

---

[1] 见田伟发:《崛起中的中国网络媒体——现代传播评论圆桌会发言摘要》,载《国际新闻界》,2000(6)。
[2] 程曼丽:《关于网络传播负面效应的辨析》,载《国际新闻界》,2000(5)。

视收视率全面下降了30%。美国商业部1999年产业展望报告指出,该年度美国报业产值将减少4亿美元,导致这一结果的"罪魁祸首"就是因特网。另据美国一家研究公司调查,1998年13%的美国家庭因为因特网而退掉了原来订阅的报纸。国内的调查显示了相似的结果:我国2/3的因特网用户减少了看电视的时间。①

新变化表现在各个方面。仅在新闻传播方面,杜布诺谈到:"新闻正在经历一次革命。我们获得新闻的方式、分享新闻的方式、展示新闻的方式都发生了变化。新技术提供了高效的工具,将数据转化为新闻。人人都在做网上新闻。新闻更加个人化。各种搜索引擎让网民可以找到自己所需要的信息,窄播更加深化。因特网按需提供信息,观众不必等待电视的播出时间,可以根据自己的时间收看新闻。多种新的接收工具已经面市,比如掌上电脑。新的技术层出不穷,语音识别软件、外语翻译软件、网上广播、便捷个人电脑等都在改变我们获取新闻的方式。互联网使人人拥有个人频道成为可能。""近两年,电视新闻最大的变化之一是电视图像的变化。许多新软件和硬件改变了电视讲故事的方式。我们仍然像从前一样去采访,去向人提问,但当我们无法到达现场拍摄画面的时候,我们有图表、图像帮助我们更清晰地讲述新闻故事。"②

实际上,任何新兴媒介的出现,都会对既有媒介形成冲击。美国的日报人均占有量在广播出现以后从巅峰上逐步下滑。电视出现并普及以后,广播的人均接触时间迅速下降。由于网络传播技术仍然处于迅速的变化发展中,现在仍难以准确预计它对传统媒介冲击的深广度,但相关的前瞻分析对我们正确的应对战略和措施来说却又是十分必要的。

---

① 见王树柏、司久岳:《信息传播全球化的挑战与对策》,载《国际新闻界》,2000(4)。
② 见《网络时代的对话与交流——新媒体技术2000年报告会内容纪要》,载《国际新闻界》,2000(5)。

我国学者李希光认为,毫无疑问,网络媒介将是下一代主流媒介。对此他分析到,任何一家传统媒介不上网都不能成为主流媒介;但是,从总体上说,如果网站只由网络技术人员、工程师、计算机系的学生来办,他们不懂得怎样做内容,他们也成不了主流媒介,顶多是个门户网站或搜索引擎。因而他认为,由来自传统媒介的、受过专业化训练的记者和编辑掌管的网络媒介将会成为主流媒介。他以微软和美国全国广播公司(NBC)合建网站 MSNBC.COM,后又拉进《华盛顿邮报》为例,说明这在美国已经成为趋势。①

刘建明则认为,网络媒介出现以后不管将来发展的前景有多大,传统媒介的生命力始终是旺盛的。报纸不会消亡,广播电视更不会消亡。他进一步谈到:现在我们对传统媒介有危机感,是我们的办报指导思想有危机。因为网络媒介的信息量特别大,什么消息都有,非常丰富;我们报纸过滤掉了许多消息,但网上都有,所以报纸不好办了。他提出,虽然网络媒介的优点就是能够大信息量地反映世界的变化,但传统媒介的忧虑不在于网络媒介的先进,而是新闻观念的陈旧,它使传统媒介丧失了报道的勇气、主动性、机动性甚至责任感。②

对此,仅就我国的情况来说,王树柏等人提出了加快大型综合性网站的建设、继续大力办好传统媒介、建立超级媒介集团等应对措施。③

四、研究及教学新任务

网络传播作为人类传播活动最新的发展,也为新闻传播研究

---

① 见《互联网:我们与世界同步——"网络时代的新闻传播"研讨会综述》,载《国际新闻界》,2000(4)。
② 见田伟发《崛起中的中国网络媒体——现代传播评论圆桌会发言摘要》,载《国际新闻界》,2000(6)。
③ 王树柏、司久岳:《信息传播全球化的挑战与对策》,载《国际新闻界》,2000(4)。

以及高等教育领域的新闻传播教育提出了新任务。

在针对网络传播的学术研究方面,我国学者闵大洪指出:近年来在我国,对信息高速公路、因特网、"第四媒体"研究的专著、译著、论文及评介文章大量涌现,新闻传播研究机构和院校对网络传播不断加大研究的投入力度。国家社科基金项目对这一新兴领域也极为重视,1996年以来几乎每一年都有相关课题,已经取得的成果和正在进行的项目显示了中国新闻传播学术界对当代信息革命这一前沿研究领域尽可能与国际同行保持同步观察思考所做的努力。

他同时指出,由于人员水平、物质条件、研究理论和方法等多方面因素,我们对网络传播的研究目前处在较低水平的初始阶段。这种状况如果不能很快得到改变,不仅会与国外海外同行进一步拉大距离,而且与国内因特网飞快发展的现实也会造成更大的脱节。

他提出为使研究的广度和深度不断得到拓展,应不断加强以下三方面的工作:

第一是研究人员水平的提高。由于网络传播研究是一个崭新的领域,因此研究人员均是从自己原来的专业进行"转轨"或对原来的研究领域进行延伸,没有任何知识和技能方面的积累,一切从头开始。而这开始的过程相对来说又较滞后,因此当网络媒介猛地进入高速发展时期,网络传播研究人才的缺乏和自身知识、技能准备之不足就明显地突现出来。同时网络技术发展一日千里,相关知识的更新周期缩短,研究人员需要不疲倦地跟踪学习新知识、新技能。

第二是研究手段的投入。我国网络传播研究所以未能很快形成一定规模的一个重要原因,是相关研究机构和大专院校缺乏必要的手段。很长时间内是靠个人微薄的财力去购买计算机及支付高昂的上网费、通信费,处于一种少数人"各自为战"、"小打小闹"

的状况。这种局面的改观,必须依赖研究机构的重视和大力投入,而且这种投入不是一次性的。

第三是研究课题的选设。由于我国网络媒介目前尚处在低速窄带的"初级阶段",我们对高速宽带网络今天所实现的、未来能够实现的可以说无从体验甚至无法想象。在这种情况下,希冀一下建立起网络传播理论是不可能的。因此,研究工作的重点应首先放在今天网络传播中的一系列重大问题上,如网络传播法规;网络传播中的道德与自律;网络传播对社会政治、经济的影响;传统新闻机构网站的建设与经营;网络媒介与传统大众媒介的关系;网络传播与人际交往;网络传播与全球化等。

他认为,在对以上网络传播重大课题展开全面深入研究的同时,必然会导入对原有传播理论的思考、扬弃和发展,在这一基础上,才有可能逐步建立起包括新的基本概念、基本命题和传播模式在内的网络传播理论架构,并为传播学理论武库增添新的利器。①

同时,应该说,网络媒介对传统媒介的挑战说到底是对传统传播方式以及传统传播人才的挑战。对此,我国的许多高等院校已经高度重视。

程曼丽指出,网络传播时代,人才短缺将成为一个突出的问题。虽然目前我们一些新闻院系已经意识到这一点,但是从总体上看,就新媒介发展的需求而言,我们还缺乏足够的准备,或者说我们在许多方面还是滞后的。她指出,这具体表现在教材、教学手段尤其是教育观念上。

在教材方面,我国以前的教材主要以大众传播为研究对象,其中的一些理论和操作方法只适用于传统媒介,而因特网是一种交互式的集合媒介,对此我们研究得很少。如果学生在校期间既得不到必要的理论知识,又缺乏网络实践的话,那么说得轻一些,他

---

① 闵大洪:《网络传播研究亟待加强》,载《新闻与传播研究》,2000(1)。

们一毕业就落伍了,说得重一些,他们一入学就落伍了。

就教学手段来说,现在虽然有一些新闻院系已经实行了网上教学,但是大部分新闻院系的课堂教学还停留在书本加粉笔的原始状态,学生甚至包括教师很少能够接触到开放式的网络教学环境,在这方面既缺乏感受,也缺乏了解。这不能不说是个缺憾。

在新闻传播的教育观念方面,我们一直人为地把学生分成文科和理科,而新闻院校以前招的都是文科学生,似乎觉得学新闻有基本的文字基础就行了,其他都不需要。事实并非如此。还有对文字记者、摄影记者、电视记者等人为的划分,也是不适应新形势的要求的。

关于这一问题,许多学者仍然充分肯定传统新闻学的价值。曹璐认为,培养有全球视野、大手笔的新闻人是一个重要问题。技术和技巧都是无穷的,重要的是新闻观念。一些新闻媒介受众意识淡漠,问题出在不懂基本的新闻规律。涂光晋认为,网络新闻传播人才,运用网络技术和手段进行新闻传播,但其专业基础还是新闻学,培养这方面的人才,一要体现综合素质,二要理论和实践能力并重。[1]

总之,正如新闻学伴随着报业而发展、传播学伴随着广播电视传播而勃兴一样,传播工具、传播方式的巨大变革必将要求必要的理论和教育回应。

---

[1] 见《网络新闻传播教育与人才培养研讨会在我院召开》,载《现代传播》,2000(1)。

第十章 传播学研究方法

西方传播研究的大规模开展已有半个多世纪,在中国受到普遍关注也已有20多年。新兴传播媒介的迅速普及与社会各方面的迅速变化发展的相互作用,成为令世人瞩目的现象。因此,传播研究的兴起与发展有其历史的必要性与必然性。进入20世纪60年代,传播研究进入了兴旺发达的时期,许多学说纷纷登场。这些学说在研究方法上也各有不同。可以说,传播研究与一切科学研究一样,所采用的方法问题是研究的关键前提之一。了解这些方法,对于我们深入理解这些理论有着重要意义。本章即从传播研究所使用的定性与定量研究方法及二者的关系、西方传播学研究方法概览及其借鉴意义等方面对此作出分析。

第一节　定性与定量研究方法

普遍的观点认为,社会问题的研究有两大方法,即定性研究和定量研究。也有人认为可分为思辨研究、定性研究和定量研究①。我们在此采用前一种看法。

所谓"定性研究"(Qualitative analysis)是剖析事物性质的一种研究方法。其着眼点在于对事物的表象进行全面的、深入细致的考察和分析,进而揭示出决定这一事物运动、变化和发展的内在规律。定性的过程是理论探索、历史研究与现状调查相结合的过程。

在这一定义里我们要注意的是,它认为定性过程也包括"现状调查"。这说明这一定义认为"定量研究"可以作为手段服务于定性研究。

这一方法的渊源正如社会科学本身一样来自于欧洲的哲学传统。关于欧洲的哲学传统,可以英国哲学家罗素(Bertrand Russell,1872—1970)的论述为理解的入门途径。他认为,在西方历史上解释世界主要有三种形态:1.神学的;2.哲学的;3.科学的。罗素认为一切确切的知识都属于科学,一切涉及超乎确切知识之外的教条都属于神学,介乎神学和科学之间还有一片受到双方攻击的无人之域就是哲学。神学知识是武断的、不容辩驳的;科学知识则相反,是可以验证的,但科学不能完全解释世界;哲学虽不可验证,但却是允许辩驳的。罗素认为对科学尚不能回答,而神学信心百倍地作了回答但却并不能消除所有人疑问的问题的解答可算是"哲学的业务"。②

欧洲哲学开始于公元前 6 世纪的希腊,除中世纪浸没于神学

---

① 见卜卫:《传播学思辨研究论》,载《国际新闻界》,1996(3)。
② 见罗素:《西方哲学史》,绪论,商务印书馆,1963。

之中外,一直保持着生命力。科学却走着一条步步为营、节节上升的路。神学则相反,自文艺复兴以来,对社会的影响越来越小。

19世纪以来,由于各种原因,对哲学的价值出现了怀疑倾向。美国科学家理查德·托尔曼(Richard Tolman,1881—1948,即我们在第五章谈到的心理学家爱德华·托尔曼之兄)曾说:"哲学就是对一整套为此目的而特意编造的术语的有系统的滥用"。而爱因斯坦对此却评论道:"哲学是其他一切学科的母亲,它生育并抚养了其他学科。因此人们不应该因为哲学的赤身裸体而对她进行嘲弄,而是应该希望她那种堂吉珂德式的理想会有一部分遗传给她的子孙,这样它们就不至于流于庸俗了。"① 爱因斯坦的话反映了伟大科学家的眼光和襟怀。

可以认为,传统的哲学就是一种"定性研究"。而传播理论采用定性研究的方法很多。如:

1.批判学派的理论。传播研究的批判学派针对行为主义研究的缺陷而发言,认为它把传播的现状当作天经地义、毋庸置疑的事实,并以接受既定事实为前提来从事研究。阿多诺试图开拓定性的课题,如大量当代音乐中的虚假的和谐,广播中对交响乐的歪曲,以及美国流行音乐中美感的消失。在对音乐、广播与社会的关系的深入洞察中,他发现,他的思想不可能变成可验证的假设,但他抵制了将文化现象转变成定量的数据的压力。(参见第一章第四节)

2.20世纪30年代美国学者库利和米德的社会传播研究。后布鲁默在他们研究的基础上提出了"符号互动论"。这一理论后来成为社会学和传播学的重要的基础理论。(参见第六章第一节)

3.始于20世纪初、二战以后得到发展的符号学传播研究。这种研究从现代语言学理论出发,在文学和其他艺术作品传播方面

---

① 见《爱因斯坦谈人生》,第93页,世界知识出版社,1984。

开拓研究领域,取得了很大的成绩。对于大众传播的分析,特别是批判学派在欧洲的新近发展,许多成果也是建立在符号学理论观点的基础之上。(参见本章第二节)

4. 拉斯韦尔20世纪40年代提出的"传播三功能论"。这一理论受到社会学中"功能分析"这一研究方法的影响。正如法国社会学家布东(Raymond Boudon)所说:"存在着一系列社会学问题,人们现在几乎还未发现除了用功能分析这种尽管很模糊和界定不清楚的方法外,怎么阐述这些问题。"① (参见第五章第一节)

5. 大众传播效果研究中的"依赖模式"。诚如麦考姆斯所言,它是一种极为宏观的研究②,因此也只能是得之于定性研究。(参见第八章第三节)

6. 显然,一些看似奇特的方法,如英尼斯与麦克卢汉的大众传播研究,也属于定性研究。(参见第六章第七节)

7. 20世纪80年代以来美国出现的一些新的传播理论如"仪式派"的传播研究。"仪式派"强调传播的共享、参与和交往功能,集中研究新闻的形式及特定的新闻形式与社会、文化传统的关系。其哲学基础认为新闻与故事一样,都不可能是事件的"客观"表达,因此也是一种"叙事"。从这一新闻与神话、传说的相同点出发,"仪式派"研究不同文化价值观对其新闻的影响。代表性的研究者有凯里等。③ 这种研究也大多采用定性研究的方法。

所谓"定量研究"(Quantitive analysis)是指运用统计技术,考察事物"量"的规定性,从而把握事物性质的一种研究方法。着眼点在于用数量关系指示事物的根本特征,即通过精确测定的数据和图表反映事物的现状、类属和相互关系,从而使不确定的、模糊

---

① 布东:《社会学的方法》,第112页,商务印书馆,1995。
② 见吴文虎:《对中国大陆传播学研究的思考》,载《暨南学报社会科学版》,1994(4)。
③ 见孙皖宁:《传播学研究中的仪式派——暨叙事文文体分析法介绍》,载《新闻与传播研究》,1994(4)。

的社会现象变得相对确定和明晰。

在这一定义里我们要注意的是,它认为考察事物"量"的规定性的目的是把握事物的性质。这说明这一定义认为"定量"本身是作为手段服务于"定性"的。

我们认为这一方法的哲学渊源可能始自培根(Francis Bacon,1561—1626)。他被马克思和恩格斯称为"英国唯物主义和现代实验科学的真正始祖"。他主张用归纳、分析、比较、观察和实验的理性方法整理感觉材料,对归纳法作了比较系统的论述,被认为是归纳逻辑的创始人。而归纳逻辑正是定量研究方法的逻辑基础。

后来主张"一切关于事实的知识都以经验的实证材料为依据"的有法国孔德(Auguste Comte 1798—1857),他被认为是"社会学"的创始人。

定量研究作为一种研究方法是逐渐成熟起来的。19世纪对数据的使用往往只有官方记载的出生率、死亡率、犯罪率和自杀率等。因为数据的简单,因而研究成果不大,仅涂尔干(Emile Durkheim,1858—1917,也译迪尔克姆)对自杀的问题研究最成功。可以说,涂尔干最早对日常生活的特定现象进行了成功的定量研究,因而他也被认为是当代社会学的创始人之一。他在1897年写的《论自杀》一书中提出,个体与他所属的文化结合的松弛或紧密决定了自杀率的高或低。

定量研究方法广泛应用于社会研究的各个领域,其中尤以社会学为多。20世纪,社会学研究获得了稳步的发展,定量研究在其中成为一种成熟的方法。这种发展的标志首先是世纪初至20年代托马斯(William Isaac Thomas,1863—1947)等人所写《欧美的波兰农民》五卷本巨著的出版;第二是社会学芝加哥学派的兴起,在帕克等人领导下对都市社区的大规模调查,使理论、方法论和调查结果结合在一起;第三是统计学方法引进社会学,对测量社会关系具有很大价值;第四是与传播学的建立密切相关的卢因开创的实验法;第五是出现社会测量学,在资料的收集方法和技术、术语的使用、调查单位的选择、调查表格的设计、物证的收集等方面都有发展。

在美国的传播学理论中,用定量研究方法占支配地位。20世纪40至50年代,著名的如两级传播论及霍夫兰的说服研究都是。20世纪60年代以后,议程设置研究以及培养分析也均属此。

20世纪以来,采用定量研究方法的社会科学理论有逐步增多的趋势。特别是在美国,这是一种主流方法。虽然如此,许多学者对这种二战以来社会科学定量研究占上风的情况不满,认为应根据研究的实际需要来确定研究方法。因为反过来说,局限于使用定量方法,会使许多传播领域的问题得不到深入研究。

但我国的情况却大为不同。改革开放以前,新闻传播领域的定量研究几乎是空白。有人总结我国新闻研究传播方法一直延续到目前的特点为"定性分析重于定量分析"、"世界观重于方法论"。①

具体而言,目前使用的定量研究方法的主要类型有如下几种:

调查研究法(survey research) 研究步骤为:根据假设要求,确立调查的总体范围与样本个数;制定抽样方案;设计抽查问卷;整理、分析调查结果。

此种研究方法的局限为,由于各种原因会出现总误差。总误差的来源为抽样误差和偏差。抽样调查中的抽样误差是次要的,而且对于熟练的抽样者来说是可以避免的,而偏差是总误差的主要来源。

偏差在抽样过程之内和抽样过程之外都可产生。抽样过程之内的偏差产生的主要根源是样本抽取过程中没有严格遵守概率抽样基本原则。与抽样过程之外产生的偏差相比,这种偏差的影响

---

① 见葛昀:《新闻传播学研究方法初探》,载《新闻大学》,1998年冬季号。

通常是次要的。抽样过程之外的偏差可产生于各个工作环节,包括调查员、调查问卷、调查对象造成的偏差,无应答导致的偏差,以及部分问卷散失和数据处理过程中工作差错导致的偏差。

虽然我国改革开放以前采用调查研究法研究新闻传播属空白领域,但改革开放以后这一方法很快得到运用。1982年1至8月,北京新闻学会对北京市337个单位、2629名居民进行了我国新闻史上的第一次受众调查。其后这种研究逐渐增多,如1994年中国社会科学院新闻研究所卜卫的《关于我国儿童媒介接触与道德发展的研究报告》、孙五三的《交往行为与观念现代化——媒介与观念现代化全国调查报告》等。

内容分析法(content analysis) 贝雷尔森认为内容分析是对传播内容进行客观、系统和定量的分析与描述的一种方法。拉斯韦尔和贝雷尔森对这一方法作出了重要贡献。有人将他们所做的媒介内容分析方面的研究列为20世纪初到1965年西方社会科学的62项进展之一。①

内容分析法最初仅见于报纸,后来扩大到声音和图像讯息。步骤与调查研究法相似,不过它没有问卷,而是分析内容类型。内容分析可描述传播内容的倾向或特征,可描述传播内容的变化趋势,可比较不同样本的内容特征。

我国自1987年以来,也不断有较高质量的内容分析的研究成果出现。如:《市场分析》(孙五三,《新闻学论集》,第12期);《国产与进口少儿节目制作形态与传播观念的比较研究》(王怡红,《北京广播学院学报》,1993(4));《北京地区少年儿童节目内容分析研究报告》(杨瑞明,《新闻研究资料》,第60集);《我国电视广告中的女性形象分析》(刘伯红等,《新闻与传播研究》,1997(1));《论社会主义市场经济条件下人民日报批评报道》(李晓明硕士论文,1998)

---

① 见丹尼尔·贝尔:《第二次世界大战以来的社会科学》,第16页,中国社会科学院情报研究所,1982。

等。

控制实验法(control experiment) 实验法为卢因首创,主要探索一个或多个自变量与一个或多个因变量之间存在的因果关系。其牵涉范围小,并且是在人为控制的环境中进行,这些都与调查法不同。霍夫兰将之用于"说服"研究。

其主要步骤为:简化因素模式;控制与实验;统计分析。

此种研究方法的缺陷为不能使控制下的环境与实际环境完全一致。卜卫对实验方法用于传播研究作了如下总结:传播学中的一些重要理论是实验研究结果;实验法适用于某一类研究问题;实验法用于传播研究有一定的局限。如果在实验研究的同时,采用其他研究方法相互印证,将大大提高研究的信度。[①]

孙旭培认为:"实验法多适用于微观的传播效果研究领域……那些涉及心理因素明显、涉及社会因素较少的问题,更适宜于实验方法。"[②]

早期的实验有1929至1932年间的佩恩基金研究,研究的主要内容为电影对儿童的负面影响。该研究的缺陷为缺乏看电影的"实验组"和不看电影的"控制组"的比较。

实验法研究的成果最著名的是霍夫兰二战期间关于影片《英国之战》的实验。实验总共有4200名经抽样选出的美国士兵参加,分为看电影的"实验组"和不看电影的"控制组",实验得出了"该影片能提高士兵对英国的信心"的结论。战后在1946至1961年间,他又在耶鲁大学领导完成了50多项实验。

对"理解"的心理学实验也很著名。研究证明,"理解"与"人已经有的假设"、"人的文化背景"和"人的态度"都有关联。

个案研究(case study) 个案研究方法较前几种少见,甚至有

[①] 卜卫:《论心理实验在传播研究中的应用》,载《新闻与传播研究》,1995(1)。
[②] 孙旭培:《新闻学呼唤规范与方法》,"党报舆论导向与读者意识"研讨会论文,1998。

人认为它非为一种正式方法。研究一个具体对象的各种情况,方法有针对人的问卷法和畅谈法及针对内容的个别研究等。

事实上,运用恰当的个案研究完全能得到有价值的结论。在1995年加拿大学术界年会的广播学会议上,康克迪亚(Concordia)大学历史系教授维庞(Mary Vipond)提出题为《"百万元婴儿"和1930年与1990年的媒介》的论文,对一部在真实事件基础上创作的电视通俗闹剧进行个案研究,指出了媒介表现历史的随意性及其巨大社会影响,得到了与会学者的很高评价。①

定性研究和定量研究的关系是包括传播研究在内的社会研究的重要方法论课题。我国学者郭志刚等人认为:在社会科学研究中,大量的事物运动过程还无法量化,可以量化的部分往往也只是反映事物局部的或某一标志的特征,因此定量分析应用仍然受到很大的限制,反映的不过是可以量化方面的特征。更为重要的是,定性分析是对于定量分析研究的指导,特别是在社会科学中,这一指导作用的意义更为强大。②

布东深入探讨了社会学研究中两者的关系,我们认为他的分析也大致适用于传播学研究。他认为:

1.学科呈现出的多样性不是因为她年轻,而是因为她的研究对象的多样性;这种多样性开始得到承认的事实,可能是学科臻于成熟的标志。

2.方法的不同源于所提出问题的逻辑性的不同,而与研究的范围似乎无关。

3.否认数学在社会研究中的重要性不对,在广大领域与许多问题上对数学寄于过高希望也不对。

4.认为社会研究永远要描述具体对象不对,认为得不出"抽象

---

① 见郭镇之:《加拿大学术界1995年年会介绍》,载《新闻与传播研究》,1995(2)。
② 见郭志刚等:《社会调查研究的量化方法》,第15页,中国人民大学出版社,1989。

模式"就不应研究也不对。

5."定量研究"使用了一整套既定逻辑原则为基础的方法,所以可以比较一般地描述定量调查的方法论。同样的思考工作尚未在定性研究中完成。我们可以保证,定性研究也要服从一种不言明的逻辑,但这种逻辑不如定量调查的逻辑统一和可以统一。

6.一般在不能使用定量方法的情况下使用定性分析。

7.在能使用定量分析的情况下,因定性研究简便、费用低,也可使用定性分析。使用"个案研究"也多属这种情况。①

对传播学研究中定性研究与定量研究关系作进一步深入探讨,有着重要的方法论意义。

第二节 西方传播研究方法及其借鉴意义

虽然概而论之,传播研究的方法可以归纳为定性研究和定量研究两种,但传播研究方法还可以作更具体的划分。一方面,定性研究和定量研究在实际理论目标的实现过程中往往是结合的,如议程设置研究和培养分析既是以"符号现实"与"客观现实"对称这一定性结论为逻辑起点的,但研究的过程又是借助定量化的实证来实现的。另一方面,具体理论研究中的方法还可以作更细的划分。

英国传播学者瓦拉寇特(Janet Woollacott)指出:"不同的理论学术根源,各自引发对大众媒体的讨论兴趣。这些学术理论范围广阔,有些研究途径更相互矛盾,但对媒体讯息的分析,却都有不同程度的重要性。"② 在传播学中,应对不同理论及相应的研究方

---

① 布东:《社会学的方法》,分见全书多处论述,商务印书馆,1995。
② 瓦拉寇特:《讯息和意义》,载古尔维其等编:《文化、社会与媒体》,第123页,台湾远流公司,1994。

法作归纳、总结和分析。然而我国的传播学研究对于方法问题的探讨仍然是不够的。认真探索西方传播研究所采用的各种方法,考察其诞生渊源、发展原因,分析其在解释价值上的潜力及局限性,并从中得出有借鉴意义的结论,将之体现在我们自己的传播研究中,有着非常大的意义。

纵观西方传播研究的主要成果,我们可以发现一个显著的现象,那就是研究方法的丰富多彩。由于方法的多样,使他们的研究能从不同的侧面得出结论。就西方传播研究最突出的理论成果而言,我们至少可以分析出它们使用了如下各有其自身解释潜力和不足的方法。

1. 使用社会学、心理学等学科中的行为主义方法。

最典型的例子是拉扎斯菲尔德和霍夫兰的传播研究。拉扎斯菲尔德被认为是20世纪的社会科学特别是在行为主义的社会研究发展中的中心人物之一,研究范围遍及当代社会的各种重要领域。在大众传播研究中,他也成绩斐然。正是由于拉扎斯菲尔德,行为主义方法的大众传播研究达到了社会科学其他学科的同等水平。

霍夫兰领导的始于二战时期的关于传播如何才能取得更大效果的研究也是严格地采用经验主义方法来进行的。在研究中,他们试图用严格的实验来辨别各种因素的不同作用。霍夫兰所领导的传播研究的耶鲁学派,把传播研究与美国心理学的主流学派——行为主义心理学融合在一起。

正是由于拉扎斯菲尔德和霍夫兰等人的开拓,行为主义研究方法成为西方特别是美国传播研究的主流方法。

2. 引入行为科学其他分支的理论成果解释传播现象。

与上一点相联系,半个多世纪以来的传播研究的一个重要特点是许多学者在传播研究中直接引入行为科学其他分支,特别是社会学、心理学、社会心理学等学科的理论,用以解释传播特别是大众传播现象。德弗勒将这种方法称为"范例引入"。

我们认为出现这种情况是自然的和合理的,因为传播与一切社会活动、心理活动本是不可分割的整体,而大众传播也只是传播方式的变革,因而社会学、心理学、社会心理学等学科的理论对于传播现象往往具有天然的解释力。

我们可以试举这种"引入—解释"的例子:

引入社会学中的"大众社会"理论,解释受众的特征及大众传播的性质及发展原因;

引入社会学中的"社会关系理论",解释受众成员的相互差别以及由此而来的他们对大众传播的不同反应;

引入心理学中的"心理场"理论,解释传播双方获得信息共享的心理环境;

引入心理学中的"个人差异理论",解释受众成员的相互差别以及由此而来的他们对大众传播的不同反应;

引入社会心理学中的"认知不和谐论",解释大众传播可能遇到的受众的心理的和认知的阻力;

引入社会心理学中的"团体动力学",解释受众成员对大众传播的反应所受到的团体影响。

3. 批判学派传播研究的"政治—经济—文化"分析方法。

对于批判学派,我国学者林珊将其总结为"采用政治—经济—文化的分析方法,从社会制度上进行理论探讨"。[①] 这种方法把政治、经济和文化视为不可分割的整体,并从这一整体上批判其弊端。

应该说,批判学派恰恰是与经验学派使用了相反的方法:前者主要以定性研究为基础,而后者主要以定量研究为基础。批判学派显然受到了深厚的欧洲哲学传统的影响,其对资本主义社会的

---

① 转引自李彬:《传播学引论》,第125页,新华出版社,1993。

批判,也显然受到了马克思主义的影响。在探讨西方传播研究的方法时,由于经验学派与批判学派使用相反的研究方法,因此我们从研究方法的角度来分析这两个学派的特点、差异及互补性,应有很大意义。

4. 借用和类比信息论、控制论的概念和模式。

信息论和控制论都萌生于第二次世界大战刚刚结束的1948年。它们原是研究生物(包括人)个体和机器内的通讯的数学关系和控制的理论。但信息论和控制论出现以后,引起了众多学科学者的注意。研究人类传播的学者也立刻意识到它们对自身研究领域的启发意义。信息论的创立性文件《通信的数学原理》的第一个注释本就是施拉姆组织出版的。施拉姆指出:"传播学者采用这个模型,必定对这一事实感到惊奇,它同人类传播是极为相似的。"[1]

正是基于这种"极为相似",施拉姆借用了信息论和控制论的"信息"和"反馈"等几个关键概念,并通过类比,由信息论和控制论的信息传播模式提出人类传播的模式。更明确地说,即,我们认为:信息论和控制论中的概念进入人类传播研究领域是一种借用关系;信息论和控制论的传播模式与施拉姆提出的相应的人类传播模式是一种类比关系。这种借用和类比,为传播研究开辟了一种新方法。

施拉姆的这种概念借用和模式类比提出后,很快为传播研究领域所熟知。20世纪80年代以后,在我国也有很大影响。虽然借用概念及通过类比而提出模式会有不完善的地方,施拉姆在这方面的工作却是开创性的。这种借用和类比,不仅以其高度的概括性引人瞩目,而且启发人们用模式方法来研究人类传播。模式方法后来成为一种重要的、成果丰硕的传播研究方法。

5. 类比人与自然的生态学关系描述人、媒介与社会各系统的

---

[1] 施拉姆等:《传播学概论》,第242页,新华出版社,1984。

关系。

　　与借用和类比信息论和控制论的概念和模式描述人类传播相类似,西方传播学者还通过类比人与自然的生态学关系来描述人、媒介与社会各系统的关系。鲍尔—洛基奇和德弗勒采用这一方法进行大众传播研究,提出大众传播效果研究的"依赖模式"。(参见第八章第三节)这也是传播研究的一种全新方法,得出了很有启发性的结论。而且,这种方法还有很大的进一步研究的余地。

　　6.英尼斯和麦克卢汉的超历史学和神话学传播研究。

　　切特罗姆指出,英尼斯对人类传播史的研究并非是使用严格的历史学的研究方法,他所进行的不断地在古代帝国和最近事件间的来回对比研究显示出英尼斯将过去看作是历史的实验室,用以对现代的难题进行凝思。因而,切特罗姆很有见地地将英尼斯所使用的传播研究方法称为"超历史学"的方法。

　　由于麦克卢汉"对于夸张和伤害的嗜好,对于双关语和钻牛角尖的着迷",由于他总是以象征或比喻的手法提出观点,切特罗姆称他所使用的传播研究方法是"神话学"方法。

　　将英尼斯和麦克卢汉两人的传播研究联系起来看,就他们所使用的方法而言,我们可以看出两个特点:第一,他们所使用的方法都是高度个人化的;第二,他们所使用的方法都是开创性的。正如切特罗姆所说,他们都很晚才开始从事传播研究事业,却带来了分析传播媒介的根本性的新方法。(参见第六章第七节)

　　7.根据符号学原理来分析传播现象。

　　符号学有两大传统,一是索绪尔从语言学发展出来,一是皮尔士从逻辑学发展出来。索绪尔最大的启发性在于将能指和所指剖分开来,为分析符号的意义奠定了基础。皮尔士将图像作为主要符号类型,为现代媒介传播中视觉内容的符号学考察开辟了道路。(参见第四章第二节)对大众传播的符号学分析有艾柯对通俗小说中的共同情节结构的分析,巴特对广告中符号内涵意义的分析等。①

符号学方法将媒体讯息视为结构化的整体,而不是可分割、量化的外显讯息内容,因此也蕴含了对内容分析量化预设的批判。英国传播学者布格林(O. Burgelin)指出:我们没有理由假设,出现频率最高的类目便最具有重要性。因为很明显地,文本是结构化的整体,所以不同元素所占的位置,远比它们所发生的次数的多寡还要重要。因此,符号学方法把分析的重点放在检视不同情节元素之间的关系以及结合方式,进而通过对各种层次的意指方式的把握,达成对特定复杂讯息的还原。②

8. 民族志的观众研究方法。

斯图尔特·霍尔在他的"社会符号学"(social semiotics)理论中表明,大众传播中的文本解读具有多义性(polysemy),与之相应,他认为受传者的解码策略可分为偏好的(preferred)解码、协商的(negotiated)解码和反对的(oppositional)解码。霍尔用这种理论分析大众传播现象,在传播学界有很大影响。荷兰传播学者洪美恩(Ien Ang)等人在这一理论的推动下,联系特定的社会语境对电视观众的"阅读"行为进行了研究。他们在这些研究中所采用的方法不同于行为主义研究所采用的单纯量化分析手段,他们强调的是深入的参与、观察和理性的分析。有学者认为他们所采用的方法是民族志(ethnography)的观察研究方法。②

洪美恩对电视文本的研究颇具代表性。20 世纪 80 年代,洪美恩通过在荷兰杂志上刊登广告征集到 42 封美国电视连续剧《豪门恩怨》的观众的来信,并写出论文《观看〈豪门恩怨〉》。她把

---

① ② 见瓦拉寇特:《讯息和意义》,载古尔维其等编:《文化、社会与媒体》,第 124~155 页,台湾远流公司,1994。
② 见吴文虎:《传播理论研究的大众文化转向》,载《全国第七次传播学研讨会论文集》。

观众的态度分为四种:一是否定谴责式的不喜欢;二是嘲笑和讽刺式的评论;三是讽刺型的喜欢;四是真正的喜欢。在洪美恩看来,产生不同态度的原因在于大众文化意识形态背景。她认为,许多欧洲国家对美国电视连续剧有一种官方的敌意:它们被看做对自己国家民族文化的威胁和对普遍的高雅文化价值的削弱。在这种意识形态背景下,专业知识分子创造了一种理论,为他们的敌意披上一件"科学的"外衣。意识形态话语以一种特殊的方式决定通俗文化形式的社会意义,这就是大众文化意识形态。在这样的意识形态压力下,观众便以不同的方式表达他们的爱憎。

我国学者吴文虎认为洪美恩等人的研究不但丰富了电视理论,而且别开生面的为传播学研究提供了一种新的有效的研究方法。① 我们认为,这种方法实际上体现了文化研究和定量方法的结合。

以上我们从所使用的方法的角度分析了西方传播研究中的最重要的理论。结合这些分析,我们可以进一步总结出如下两方面的结论。

第一,西方传播研究以行为主义方法为主流方法,并且,这一点亦与社会科学的其他学科相一致。实际研究成果的数量、它在各个社会领域的实用性以及它与其他社会科学学科在方法和理论特性上的一致性造成行为主义方法在传播研究中的主流地位。

第二,西方传播研究所使用的方法是多样的。部分地由于这一点,其形成的理论在特性上也是多样的。这反映了西方传播研究的探索勇气和活力。并且,理论的平等竞争和未有最终结论的观点都得到肯定。

从我们前面的分析可以看出,西方传播研究所使用的方法是多样的,所使用的方法的性质也有很大差异。由于所使用的方法

---

① 吴文虎:《传播理论研究的大众文化转向》,载《全国第七次传播学研讨会论文集》。

的不同,其形成的理论在特性上也有很大差异。我们甚至可以分析出多种两级性,如"社会层面—个人层面"、"理论型—应用型"、"整体解释—局部解释"、"即时效果探讨—长期效果探讨"、"不可验证形式—可验证形式"、"定性研究—定量研究"、"负面作用分析—正面作用分析"等。这些两级性反映了西方传播研究中的探索勇气。也正是这些两级性,才使西方传播研究始终保持张力,而显得生机勃勃。

由于这种与方法的多样相联系的理论的多样,所以德弗勒说:"大众传播研究并不患于理论解释的不足,而是患于丰富的理论困惑。"虽然他认为"这种理论上的充溢既有益,也带来了问题",但他还是肯定"每种新的理论观点都揭示了新的因素",因此"尽管已有许多理论,但仍需要更多!"德弗勒总结说:"若断言一种理论是'正确'或'完整'的而其他理论全然'错误'或应当放弃,那将是不合逻辑和草率的。还需要汇集大量有根有据的研究成果,才能认定什么是'最佳'理论。事实上,也许还要很长时间才能找出一种像物理学领域的爱因斯坦相对论那样,能归纳综合各种相互竞争的观念的大众传播学普遍理论。"[①]

西方传播研究的这种状况反映了它的两个特点:一是,各种方法、各种理论存在着平等竞争;二是,不认为某种理论已经对问题作出了终极的解释。我们借鉴西方传播研究的成果,其中一个重要方面,应是探讨其所使用的方法,并能在这一方面有所创新。这种学习和创新应包括针对不同研究对象使用不同方法,结合使用不同方法研究同一对象,创造新的研究方法等。就目前我们的认识水平而言,我们认为可以得出如下结论:

1.深入探索传播研究方法上的对象适用性。由于我们所要解决的问题在性质、范围、对其的已有解释状况等方面的不同,因而

[①] 德弗勒等:《大众传播学诸论》,第333~334页,新华出版社,1990。

它们可能适用于不同的方法。方法问题可能并非孤立地存在,而是与所要解决的问题有联系。对这种联系有一个更加明确的认识,应是传播研究的某种前提。

2.对于同一对象试图使用不同方法加以研究。正是因为每一种研究方法似乎都不具备全面、彻底的解释每一对象的能力,因此使用不同方法就具有不可辩驳的合理性。虽然以现有研究方法进行的复合研究也未必能全面、彻底的解释某一对象,但它却完全有可能使研究得到深化。

3.探索建立新的研究方法的可能性。第二次世界大战以来,西方社会科学研究的历史,同时就是探索和使用新方法的历史。在传播研究领域也是如此。其中所包含的不倦探求和勇于创新的精神值得我们学习。我国无比丰富的传统文化中关于传播问题的思想,近几十年以来新闻学和二十余年以来传播学研究的经验,也都可能成为我们取得突破的基础。

参考书目

[英]罗素:《西方哲学史》(上卷、下卷),商务印书馆,1963年、1976年。

[美]朗格:《艺术问题》,中国社会科学出版社,1983年。

[美]李普曼:《舆论学》,中国人民大学新闻系,1984年。

[美]施拉姆、波特:《传播学概论》,新华出版社,1984年。

[德]席勒:《美育书简》,中国文联出版公司,1984年。

[德]卡西尔:《人论》,上海译文出版社,1985年。

[日]池上嘉彦:《符号学入门》,国际文化出版公司,1985年。

[美]阿恩海姆:《视觉思维》,光明日报出版社,1986年。

[法]列维—斯特劳斯:《野性的思维》,商务印书馆,1987年。

[美]拉兹洛:《系统、结构和经验》,上海译文出版社,1987年。

[英]霍克斯:《结构主义与符号学》,上海译文出版社,1987年。

[英]麦奎尔、[瑞典]温德尔:《大众传播模式论》,上海译文出版社,1987年。

[法]埃斯卡皮:《文学社会学》,浙江人民出版社,1987年。

[法]巴特:《符号学原理》,三联书店,1988年。

[法]吉罗:《符号学概论》,四川人民出版社,1988年。

[美]萨姆瓦、波特、简恩:《跨文化传通》,三联书店,1988年。

[美]维纳:《人有人的用处——控制论和社会》,商务印书馆,1989年。

[美]乔姆斯基:《语言与心理》,华夏出版社,1989年。

[美]马尔库塞:《单向度的人》,上海译文出版社,1989年。
[德]哈贝马斯:《交往与社会进化》,重庆出版社,1989年。
[美]阿特休尔:《权力的媒介》,华夏出版社,1989年。
[美]贝尔:《资本主义文化矛盾》,三联书店,1989年。
[美]库什曼:《人际沟通论》,知识出版社,1989年。
[意]艾柯:《符号学理论》,中国人民大学出版社,1990年。
[美]德弗勒、鲍尔—洛基奇:《大众传播学诸论》,新华出版社,1990年。
[美]拉兹洛:《系统哲学讲演集》,中国社会科学出版社,1991年。
[美]切特罗姆:《传播媒介与美国人的思想——从莫尔斯到麦克卢汉》,中国广播电视出版社,1991年。
[美]克拉克、霍奎斯特:《米哈伊尔·巴赫金》,中国人民大学出版社,1992年。
[美]洛威尔、德弗勒:《传播研究里程碑》,台湾远流公司,1993年。
[美]戴维斯、布朗:《大众传播与日常生活》,台湾远流公司,1993年。
[英]斯温格沃德:《大众文化的迷思》,台湾远流公司,1993年。
[法]巴特:《符号帝国》,商务印书馆,1994年。
[美]柏格尔:《媒介分析方法》,台湾远流公司,1994年。
[法]布东:《社会学的方法》,商务印书馆,1995年。
[法]涂尔干:《社会学方法的准则》,商务印书馆,1995年。
[法]孔德:《论实证精神》,商务印书馆,1996年。
[美]卡特、迪、盖尼斯、祖克曼:《大众传播法概要》,中国社会科学出版社,1997年。
[德]卢因:《拓扑心理学原理》,浙江教育出版社,1997年。
[美]小约翰:《传播理论》,中国社会科学出版社,1999年。
[英]汤林森:《文化帝国主义》,上海人民出版社,1999年。
[法]格雷马斯:《结构语义学》,三联书店,1999年。

[法]巴特:《批评与真实》,上海人民出版社,1999年。
[法]巴特:《神话——大众文化诠释》,上海人民出版社,1999年。
[法]德里达:《论文字学》,上海译文出版社,1999年。
[法]巴特:《流行体系——符号学与服饰符码》,上海人民出版社,
　　2000年。
[美]克雷克:《时装的面貌》,中央编译出版社,2000年。
[美]列文:《时间地图》,安徽文艺出版社,2000年。
[美]菲德勒:《媒介形态变化:认识新媒介》,华夏出版社,2000年。
[加]麦克卢汉:《理解媒介——论人的延伸》,商务印书馆,2000
　　年。
[美]波斯特:《信息方式》,商务印书馆,2000年。
[英]史蒂文森:《认识媒介文化》,商务印书馆,2001年。
[法]马特拉:《世界传播与文化霸权》,中央编译出版社,2001年。

李茂政:《传播学:再见! 宣伟伯》,台湾美国教育出版社,1992年。
李彬:《传播学引论》,新华出版社,1993年。
关绍箕:《中国传播理论》,台湾中正书局,1994年。
刘志诚:《汉字与华夏文化》,巴蜀书社,1995年。
徐友鱼、周国平、陈嘉映、尚杰:《语言与哲学——当代英美与德法
　　传统比较研究》,三联书店,1996年。
李幼蒸:《结构和意义》,中国社会科学出版社,1996年。
朱自清:《论雅俗共赏》,三联书店,1998年。
郭庆光:《传播学教程》,中国人民大学出版社,1999年。

《传播学(简介)》,中国社科院新闻研究所世界新闻研究室编,人民
　　日报出版社,1983年。
《现当代西方文艺社会学探索》,张英进、于沛编,海峡文艺出版社,
　　1987年。

《文化、社会与媒体》,[美]古尔维其、[英]班乃特、柯蓝、瓦拉寇特编,台湾远流公司,1994年
《独角兽与龙——在寻找中西文化普遍性中的误读》,乐黛云、[法]比松主编,北京大学出版社,1995年。
《文化传递和文学形象》,乐黛云、张辉主编,北京大学出版社,1999年。
《跨文化传播学:东方的视角》,[美]莫滕森编选,中国社会科学出版社,1999年。
《大众传播学:影响研究范式》,常昌富、李依倩编选,中国社会科学出版社,2000年。
《大众文化研究》,陆扬、王毅选编,上海三联书店,2001年。

《简明不列颠百科全书》(1~11卷),中国大百科全书出版社,1985~1991年。
《辞海》,上海辞书出版社,1989年版、1999年版。

人名索引

阿多诺　Adorno, T. 22, 150, 213;
阿特休尔　Altschull, H. 144, 230;
洪美恩　Ang, I. 225, 226;
阿恩海姆　Arnheim, R. 35, 81, 86, 229;
培根　Bacon, F. 215;
鲍尔—洛基奇　Ball-Rokeach, S. 184, 224, 230;
巴赫金　Bakhtin, M. 117, 195, 196, 230;
布朗　Baran, S.J. 230;
巴纳德　Barnard, C. 125, 126;
巴特　Barthes, R. 74, 75, 79, 81, 93, 225, 229~231;
鲍尔　Bauer, R.A. 171;
贝尔　Bell, C. 91;
贝尔　Bell, D. 21, 30, 95, 98, 148, 217, 230;
本雅明　Benjamin, W. 23, 95, 98;
班乃特　Bennett, T. 232;
贝雷尔森　Berelson, B. 56, 148, 163, 217;
柏格尔　Berger, A.A. 89, 230;
贝塔朗菲　Bertalanffy, L. von 8;
伯德惠斯特尔　Birdwhistell, R. 85, 89;
布鲁默　Blumer, H. 120, 213;
博加特　Bogart, L. 146, 148, 154;

· 233 ·

波伦鲍姆　Bolumbaum, J. 147；
布东　Boudon, R. 214, 219, 220, 230；
布伯　Buber, M. 119；
布格林　Burgelin, O. 225；
凯里　Carey, J. 138, 214；
卡西尔　Cassirer, E. 91, 229；
乔姆斯基　Chomsky, N. 33, 35, 53, 54, 80, 229；
克拉克　Clarke, A.C. 46；
孔德　Comte, A. 215, 230；
库利　Cooley, C.H. 15, 17, 27, 120, 162, 213；
克雷克　Craik, J. 90, 231；
柯蓝　Curran, J. 20, 25, 232；
库什曼　Cushman, D. 230；
切特罗姆　Czitron, D. 1, 14~18, 138, 139, 159, 224, 230；
戴维斯　Davis, D.K. 230；
德弗勒　DeFleur, M. 5, 11, 18, 35, 42, 105, 148, 150~152, 154, 170, 175, 184~186, 203, 222, 224, 227, 230；
德福雷斯　De Forest, L. 43, 95；
德里达　Derrida, J. 81, 230；
杜威　Dewey, J. 15, 16, 98, 127；
德鲁克　Druker, P. 48；
涂尔干　Durkeim, E. 130, 215, 230；
艾柯　Eco, U. 32, 75, 81~83, 96, 111, 141, 225, 230；
爱因斯坦　Einstein, A. 213；
埃斯卡皮　Escapit, R. 229；
费斯廷格　Festinger, L. 67, 68, 122, 123；
菲德勒　Fidler. R. 93, 94, 99, 156, 158, 159, 231；
费舍尔　Fisher, B.A. 122, 123；

· 人名索引 ·

弗兰克　Frank, A. 51;

格伯纳　Gerbner, J. 182, 183;

格拉斯　Grass, J. 84;

格雷马斯　Greimas, A.J. 93, 230;

吉罗　Guiraud, P. 74, 78, 79, 93, 110, 111, 113, 114, 229;

古尔维其　Gurevitch, M. 19, 20, 23, 24, 168, 221, 225, 232;

古腾堡　Gutenberg, J.G. 40, 41, 47, 94;

哈贝马斯　Habermas, J. 23, 146, 150, 230;

霍尔　Hall, E. 85, 86, 90, 116, 132, 195;

霍尔　Hall, S. 18~20, 24, 153, 225;

霍克斯　Hawkes, T. 83, 84, 92, 108, 109, 229;

海德　Heider, F. 67;

叶姆斯列　Hjemslve, L. 76, 78, 91;

霍加特　Hoggart, R. 24, 153;

霍克海姆　Horkheimer, M. 22, 150;

霍夫兰　Hovland, C. 6, 14, 173, 216, 218, 221;

英格尔斯　Inkeles, A. 166;

英尼斯　Innis, H. 17, 84, 135~139, 195, 214, 224;

詹姆斯　James, W. 16, 55, 89;

雅克布逊　Jakobson, R. 84, 92, 94, 108~116;

杰奎斯　Jaques, E. 126;

卡茨　Katz, E. 161, 163, 170, 172;

克拉帕　Klapper, J. 172, 173;

考夫卡　Koffka, K. 62;

克里斯泰娃　Kristeva, J. 76;

朗格　Langer, S. 91, 92, 229;

拉斯韦尔　Lasswell, H.D. 6, 11, 17, 104, 112, 113, 140~142, 148, 167, 169, 214, 217;

拉兹洛　Laszlo, E. 229, 230;

拉扎斯菲尔德　Lazarsfeld, P.F. 6, 13, 14, 17, 22, 161, 170, 172, 221;

勒纳　Lerner, D. 51;

列维—斯特劳斯　Lévi-Strauss, C. 80, 229;

列文　Levine, R. 90, 231;

卢因　Lewin, K. 12, 62, 63, 67, 142, 215, 218, 230;

李普曼　Lippmann, W. 17, 148, 150, 175, 182, 229;

小约翰　Littlejohn, S.W. 9, 72, 123, 230;

马尔库塞　Marcuse, H. 22, 150, 230;

马科夫　Markoff, J. 189, 193, 194;

马克思　Marx, K. 9, 19, 24, 42, 66, 95, 126, 143, 215, 223;

马特拉　Mattelart, A. 200~202, 231;

米德　Mead, G.H. 15, 27, 120, 213;

麦考姆斯　McCombs, M. 6, 175~177, 214;

麦克卢汉　McLuhan, H. 1, 17, 84, 95, 96, 115, 135~139, 159, 168, 195, 198, 214, 224, 231;

麦奎尔　McQuail, D. 36, 56, 66, 68, 107, 114, 130, 131, 145, 153, 181, 199, 229;

莫里斯　Morris, C. 76;

纽科姆　Newcomb, T. 67;

内尔—纽曼　Noelle-eumann, E. 6, 174, 178;

奥斯古德　Osgood, C. 67;

帕克　Park, R.E. 15, 17, 215;

巴甫洛夫　Pavlov, I.P. 80;

皮尔士　Peirce, C.S. 73, 75, 224;

皮亚杰　Piaget, J. 101~103, 112;

·人名索引·

波斯特　Poster, M. 231;

莱伊　Rey, A. 196;

罗杰斯　Rogers, E. 11, 51, 162, 181;

莞斯　Roth, L. 201;

卢梭　Rousseau, J.J. 126;

罗素　Russell, B. 212;

萨姆瓦　Samovar, L.A. 133, 134;

萨皮尔　Sapir, E. 80;

索绪尔　Saussure, F. de 75, 76, 78, 91, 224;

席勒　Schiller, F. 229;

施拉姆　Schramm, W. L. 8, 10, 11, 18, 25, 29, 33～36, 39, 47, 48, 51, 54, 56～59, 64, 66, 68, 69, 81, 82, 112, 114, 139, 142～144, 156, 158, 165, 169, 172, 173, 194, 223, 229;

香农　Shannon, C. 7, 10, 55;

斯蒂芬森　Stephenson, W. 102, 103, 112;

史蒂文森　Stevenson, N. 146, 147, 231;

斯图阿特　Stwart, S. 119;

斯温格沃德　Swingewood, A. 230;

泰勒　Taylor, F. 125;

托马斯　Thomas, W.I. 215;

蒂奇纳　Tichenor, P. 180;

托多罗夫　Todorov, T. 93;

托尔曼　Tolman, E. 102, 112, 213;

托尔曼　Tolman, R. 213;

特伦赫姆　Trenholm, S. 117～119;

范戴克　Van Dijk, I.N. 115;

华莱士　Wallace, P. 196, 197, 199, 200;

韦弗　Weaver, W. 10, 55, 56;
韦伯　Weber, M. 125, 130;
沃尔夫　Whorf, B. L. 80;
维纳　Wiener, N. 8, 131, 229;
温德尔　Windahl, S. 168, 229;
瓦拉寇特　Woollacott, J. 23, 220, 221, 232;
赖特　Wright, C. 104, 112;
扬　Young, K. 198, 199。

后 记

我自 1986 年开始在安徽大学新闻系讲授传播学课程。当时全国各大学新闻院系开设此课程的仍然不多,也没有一本我国编写的传播学教材。我认识到,这一新兴学科面临的重要课题之一就是在一个相对简明的体系之内将主要的传播学理论阐述清楚。要做到这一点,就必须将自己对这一学科全面的和有个性的认识熔铸其中。

传播学在我国历经 20 余年的发展,已经取得了令人瞩目的成绩。对西方传播学理论的译介以及针对我国传播现实的理论研究均取得很大进展。在新闻与传播教育方面,传播学的地位得到充分确认。这些都为传播学的发展以及传播学理论襄助我国相关从业人员素质的提高创造了更加有利的条件。

本书在框架建构上受到施拉姆体系的影响,但仍然试图将施拉姆较为忽视的非行为主义研究成果吸收进来。特别是在传播研究的语境理论、符号学方法以及方法论比较方面,本书尝试作出更深入的探索。对于网络传播这一新兴传播方式,本书也力图作出较为深入和全面的传播学理论分析。

由这些年的传播学教学和科研实践,我深感中国传播学的发展有赖于联系中国的社会语境,挖掘和寻找中国的理论话语,针对中国的传播现实开拓研究领域。一方面,这当然不意味着这种探索和西方传播研究中的理论和方法是不能融合的,实际上情况恰恰相反;另一方面,中国传播学研究也亟待使自身的社会观背景、理论脉络以及重点领域更加清晰。

我认为,中国传统的传播思想值得进一步挖掘。譬如,孔子认为"诗"可以"兴观群怨"的思想,完全能从文艺社会学的领域扩展到传播社会学的范围。孔子简明表达的传播功能观,在当代社会仍不失其概括力和指导性。再如,朱自清先生对文化传播内容"雅俗共赏"特点的历史分析,表现了他对现代文化传播特征的敏锐把握,我们用之分析当代的大众传播现象,不仅会表现出和西方传播学研究相似的关注取向,而且会获得和中国文化发展历程深刻的有机联系。

本书在写作过程中,芮必峰教授始终给予热诚的关心,在此谨表谢忱。汪苑菁和叶琳玲两同学曾帮助校对打印稿,也在此表示感谢。

石庆生